本著作获西安石油大学优秀学术著作⋯
陕西省人文社科重点研究基地油气资源经济⋯

我国石油天然气会计研究

Research on Oil and Gas Accounting in China

杨惠贤　著

中国财经出版传媒集团

经济科学出版社
Economic Science Press

前　言 <<

<< Preface

　　石油和天然气（简称"油气"）是埋藏在地下的矿产资源，在未探明之前，是一种未知的、没有确定使用价值的矿产资源，经过石油工业部门或石油公司的普查、物探、钻井、测井等地质勘探手段查明地质储量、远景储量，技术可采储量，并确定经济可采储量及其地下的埋藏情况；然后进行开发建设形成油气开采设备设施，再通过油气生产过程将埋藏于地下的油气采出，最后实现销售，从而实现油气资源的价值。石油天然气生产活动就是指发现和开采位于地壳内的递耗性石油天然气资源的活动，石油天然气会计则是关于石油公司的油气矿权取得、勘探、开发及开采等油气生产活动的会计理论与方法，包括油气矿权取得、勘探和开发等活动的会计确认、计量及其会计信息披露的有关理论与方法、会计规范及会计实务。我国油气会计发展中形成了一些特殊的会计方法，体现了服务国家经济管理和促进石油工业发展的理念；我国 2006 年 CAS NO. 27《石油天然气开采》等准则及应用指南对油气会计做出规范，"产量法"计提油气资产折耗等方法允许使用、对计提油气资产预计拆除恢复成本和对油气生产活动会计信息揭示提出要求等，形成需要讨论的油气会计问题；中国石油天然气股份公司和中国石油化工股份公司在国内上市需要

遵循我国企业会计准则，而包括中国海洋石油有限公司在内的三大石油公司都在海外上市，编制和提供年报需要遵从国际财务报告准则、美国公认会计准则和美国 SEC 上市公司会计要求等，使得固有的油气会计历史成本缺陷、油气会计的国际协调需要讨论；石油公司海外业务扩展、原油价格波动、非常规油气开采形成新的油气矿权交易会计，包括会计确认、计量问题等也是我国油气会计发展中值得讨论和研究的问题。本研究是对这些问题的讨论，其中既包括我国油气会计发展历史及未来发展的讨论，也包括油气储量与油气资产关系的探讨、油气会计基本理论与方法的分析、油气资产产量法计提折耗的方法及其在我国的应用，中外油气信息披露的比较与协调等问题的研究；还包括石油公司油气会计信息披露实践、油气储量及其价值信息披露的相关性研究，油气矿权交易基础上的油气储量价值评估、实践以及矿权交易的会计的讨论等。本研究还将油气价格变化、非常规油气生产、其他有关准则变化对油气会计理论与实践的影响渗透到研究中，目的是促进我国油气会计的发展和完善，并推动矿产资源会计研究的开展。

本书是作者以多年对我国石油天然气会计研究积累的成果为基础，经过重新整理，并添加了会计准则和环境变化对我国油气会计的影响等问题的研究撰写而成的。本书出版中获得了西安石油大学优秀学术著作出版基金和陕西省人文社科重点研究基地西安石油大学油气资源经济管理研究中心的资助；在本书写作中还获得了西安石油大学赵选民教授和邵立英副教授的大力支持，作者在此一并表示感谢。由于作者水平有限，书中的错误和缺点在所难免，敬请读者批评指正。

2016 年 12 月作者于西安

目 录 <<

<< Contents

第1章　我国油气会计发展及国际趋同　/　1

1.1　石油行业的特殊性及其会计问题　/　2

1.2　我国油气会计发展　/　3

1.3　我国油气会计国际趋同及未来发展　/　22

本章参考文献　/　35

第2章　油气资产确认及与油气储量资产关系研究　/　39

2.1　油气资产确认探讨　/　40

2.2　油气资产与油气储量资产概念辨析　/　51

2.3　我国石油公司油气资产历史成本与其价值量差异分析　/　64

2.4　油气资产与油气储量资产关系研究总结　/　69

本章参考文献　/　70

第3章　油气资产产量法折耗在我国的应用　/　73

3.1　我国油气资产折耗与摊销方法选择　/　74

3.2　我国油气资产折耗产量法的应用　/　79

3.3　我国油气资产折耗产量法与其他折耗方法的比较　/　86

3.4　我国油气资产折耗产量法的应用问题　/　93

本章参考文献　/　117

第4章　我国油气会计信息披露模式及国际比较　/　119

4.1　油气资产历史成本计量模式对会计信息质量的影响　/　120

4.2　提升油气会计信息质量研究　/　124

4.3　我国油气资产"历史成本＋储量数量"信息模式及
国际比较　/　138

本章参考文献　/　147

第5章　我国石油公司油气会计信息披露研究　/　149

5.1　我国石油公司油气会计信息披露内容及比较分析　/　150

5.2　基于灰色关联度分析的我国石油公司储量信息相关性研究　/　185

5.3　我国石油公司油气会计信息披露评价与完善途径　/　196

本章参考文献　/　200

第6章　我国油气资产价值评估研究　/　203

6.1　我国油气资产价值评估的意义　/　204

6.2　矿权价值评估的历史与现状　/　209

6.3　改进收益现值法模型及在我国油气资产价值评估
中的应用　/　212

6.4　我国油气矿权价值评估中的风险及控制　/　227

6.5　我国油气资产产权价值评估管理研究　/　233

本章参考文献　/　238

第7章　我国油气矿权资产交易会计问题研究　/　241

7.1　油气矿权及油气资产产权关系　/　243

7.2　油气矿权交易导致的会计问题　/　256

7.3　我国油气矿权会计确认、计量与披露规定　/　262

7.4　油气矿权会计的国际比较　/　271

7.5　研究结论及建议　/　277

本章参考文献　/　281

第1章

我国油气
会计发展及国际趋同

　　中华人民共和国成立后的石油工业是在一穷二白的基础上发展起来的，石油天然气会计也是随着石油工业的发展形成并发展起来的，并随着石油工业管理体制的改革而不断发展，形成了从计划经济管理到计划指导下的市场经济、再到完全的市场经济时期不同的、典型的石油天然气会计制度和规范。这里对我国不同时期油气会计特点加以讨论，并对我国目前油气会计的国际趋同加以研究，以有益于我国油气会计未来发展，也给其他采掘业会计的改革发展提供借鉴。

1.1 石油行业的特殊性及其会计问题

1.1.1 石油行业的特殊性

石油和天然气是埋藏在地下的矿产资源，在未探明之前，是一种未知的、没有确定使用价值的矿产资源。经过石油工业部门或石油企业的地质勘探部门的普查、物探、钻井、测井等手段查明预测地质储量、控制地质储量、远景储量，并最终确定可采油气储量及其地下的埋藏情况，然后进行开发建设形成油气开采设备设施，再通过油气生产过程将埋藏的油气采出，最后实现销售，从而实现油气资源的价值。石油天然气生产活动就是指发现和开采位于地壳内、递耗性石油资源的活动。

基于石油和天然气生产活动的特殊性，石油和天然气生产不同于一般加工制造业生产，通常包括以下几个步骤：（1）地质和地球物理勘探。指采集和评价可能含有石油储量的地质构造数据，包括地表勘察和地下勘察。可以表现为钻探试验井。（2）钻井。找到油藏后，为确定其是否具有工业开采量，向油层钻一口或数口井。对有关资料进行分析评价后，如果作业者认为没有储量或者不具开采价值，该井被回填放弃，这种井被称为干井；如果作业者认为该井可以开采，则可以完井。（3）开发过程。对已探明储量的油田实施开发井网钻井和相应的地面设施工程建设。（4）生产和销售。将油田从油气藏提取到地表，在矿区内收集、拉运、处理、现场存储，然后销售。

油气行业的特征包括勘探投资大、风险高，并且风险与收益相关程度低。勘探投资活动实质上是寻找油气储量，较少的投资可能发现了价值高出投资数倍的矿藏，也可能是花费巨额勘探投资费用而未发现矿藏，或矿藏没有足够储量，或者不具备商业开采的价值。同时，从地质和地球物理勘探到商业可开采评估再到投资建设需要多年时间，这样就使得油气储量单个勘探项目的收益与投资的不确定性和风险非常高。投资支出如何处理，发现储量如何计量，直接影响会计信息内涵。其与一般制造企业投资产出绩效存在差异，按照一般会计原则确认资产价值、编制会计信息难以客观反映油气企业价值信息。

随着油气的开采，石油天然气等不可再生资源正在日益减少，容易开采的油气资源也越来越少，产量递减趋势是不可避免的，并且减少后不能通过人力和自然的力量进行重置，其价值也随储量资产的减少逐渐降低。另外，随着开采程度增加，开采成本也呈现递增趋势，在采油过程中，采用注水、注气、酸化、压裂等工艺稳定产量，但是产量递减的趋势不可避免。同时，开采过程中含水率将不断上升，导致开采成本的递增。不同区块地质差异导致生产成本项目内容不具有可比性。不进行开发和开采时，油气蕴藏量不会折耗，其价值也不会发生转移，即油气储量只有物质实体的有形损耗而没有无形损耗，这构成了代表油气储量的油气资产区别于油气固定资产的特征，从而使油气资产的折耗不同于其他固定资产的折旧。经营地区的政治和经济环境存在不稳定的风险，为了抵抗各种风险，油气资源的开采常常会采用联合经营模式。

1.1.2　石油天然气会计问题

石油天然气会计是对油气矿权取得、勘探、开发及生产活动的有关会计问题进行的会计规范，并对与油气生产有关的信息进行揭示。其中最典型的是对油气矿权取得、勘探和开发活动的会计规范，及其会计信息披露的有关规定。

1.2　我国油气会计发展

我国企业会计制度及会计准则最重要的作用是保证企业向国家（经济管理者以及投资者）、投资者和债权人等会计信息使用者提供真实可靠的会计信息，为其经济管理和投资决策服务。新中国成立以来，我国的石油工业管理经历了1949～1980年严格的计划经济管理时期，1981～1998年石油工业从计划经济向市场经济过渡时期和1998年至今石油企业改组为股份有限公司，并在全球发售股票，在纽约、伦敦和香港等地证券交易所上市，进入石油工业的市场经济管理体制时期。在不同的石油工业管理时期，由于各个时期石油企业的投资者不同，会计信息的目标和要求也不相同，导致企业会计处理及其信息披露的要求不同，因而使各个时期的油气会计制度及准则的特征也不相同。

1.2.1　计划经济下的石油天然气会计

在 1949～1980 年，我国的石油工业管理体制虽然几经波折，但采取的都是高度集中的计划经济管理方式。在这种管理方式下，石油企业经营的目标是找出油气并生产出来。石油工业主管部门既是一个政府机关，又代表国家管理企业，负责从投资、原材料购进、人员调配到原油去向、炼制、石油化工等一切工作。处于我国高度集中的计划经济体制下的石油工业体制，决定了这一时期我国的油气会计必须为国家计划管理服务。

1. 勘探、开发和生产分别管理，形成具有各自特点的三套会计账

油气开采活动包括矿区权益的取得以及油气的勘探、开发和生产等阶段。矿区权益，是指企业取得的在矿区内勘探、开发和生产油气的权利；油气勘探，是指为了识别勘探区域或探明油气储量而进行的地质调查、地球物理勘探、钻探活动以及其他相关活动，油气勘探支出包括钻井勘探支出和非钻井勘探支出。油气开发，是指为了取得探明矿区中的油气而建造或更新井及相关设施的活动。油气生产，是指将油气从油气藏提取到地表以及在矿区内收集、拉运、处理、现场储存和矿区管理等活动。

中华人民共和国成立也是我国高度集中的计划经济管理的开始，当时石油工业几乎是从零开始，只有玉门、延长等油田直归燃料工业部管理，油气产量较低。1955 年 7 月，成立石油工业部全面负责石油工业的生产建设工作，地质部承担石油资源的普查工作。20 世纪 50 年代后期至 70 年代初，在中央及石油部的统一领导和部署下，先后建成大庆油田、渤海湾等各大油田。1970 年 6 月，燃料工业部划归新成立的燃料化学工业部，1978 年恢复石油工业部，1980 年石油工业部归国家能源委员会管理。

这一时期开始，我国油气会计与一般工业企业一样，采用的是借贷记账法，并以权责发生制为会计基础，基本与国际管理一致，这一方法也一直延续至今。但是这一时期开始的油气会计，从核算上讲，学习的是苏联的工业生产、基本建设、大修理分三套总账，各自独立核算的做法，勘探、开发和生产分属不同的管理部门，不同的部门管理方法也各不相同，并且各部门的资金管理分割成块，不能相互挪用。油气勘探开发生产管理情况见表1-1。

表1-1　　　　　　　　　　　勘探开发生产管理

生产阶段	勘探阶段			开发阶段	生产阶段
生产活动	地质勘探和钻井工程			油田建设等开发工程	油气生产支出 油田维护支出
	区域勘探支出	圈闭预探支出	评价勘探支出	开发支出 滚动勘探开发支出	
管理部门	地质部、国家计委等			石油工业部、燃料化学工业部、国家能源委员会（后为国家计委）等	燃料工业部、石油工业部、燃料化学工业部、国家能源委员会（后为国家计委）等

注：生产阶段的油田维护支出（类似于工业企业大修理）与油气生产支出分别管理。

整个油气生产过程中，地质勘探和钻井工程由专门的地质勘探单位承担、油田建设开发工程是通过大会战等方式由石油工业部（后演变为燃料化学工业部、国家能源委员会、国家计委）等直接管理，这两个部分分属于两块不同的基本建设，所需资金分别报石油工业部，通过财政预算无偿获得。

油气地质勘探单位将来源于国家的地质事业费拨款用于地质与地球物理勘探的支出，钻井工程勘探支出的部分采用直接核销方式。

油田开发投资支出由专门的建设单位负责，其资金主要来源于石油工业部，在大会战建设中，还有些人、财、物资源是从其他油田无偿调拨形成的。油田设施建成后，其价值全部以"固定资产"方式转入油气生产单位。

油气生产企业所需用于正常生产经营的流动资金由财政部实行计划管理，低于计划定额的部分由财政增拨，多于计划定额的部分需上交财政部门；企业的大修理、技术改造资金、包括自1961年开始计提的"油田维护费"等专款专用，设专户存储。

为了与计划管理体制相适应，油气生产整个过程中形成了"地质勘探事业单位"会计、"基本建设"会计、"工业企业生产"会计三套账及三套与油气生产有关会计报表。并且在"工业企业生产"账中又按固定资金、流动资金和专用资金分为三块，在资产负债表上分段反映，各自平衡。这三个部分也有着不同的考核指标。

2. 勘探钻井支出采用"差额核销法"

1956 年开始石油工业部根据石油工业生产的特点制定了一些石油行业自己的核算办法，开始对勘探钻井支出使用"差额核销法"，即钻井支出如果探井出油，按照有效井数加上生产井成本作为"固定资产"转出。其余的则直接以"地质事业费支出"核销，这种将探井支出中"有效井数加上生产井的成本"作为固定资产（现为"油气资产"）的核算办法一直延续至今，2006 年 CAS NO. 27《石油天然气开采》也做出了类似的规定。

3. 油气生产企业的耗费并非油气产品生产过程中的全部耗费

（1）高度集中的计划经济体制下，油气生产企业取得油气探矿权和开采权是无偿的，是国家直接以行政手段分配给石油企业的。同时，油气矿权由各石油企业独占并不允许转让。因而油气成本中不包含油气矿权成本。

（2）油气勘探支出只有探井出油的部分被转入油气生产企业的固定资产（油气资产），通过计提折旧形成油气生产成本的一部分，其余油气勘探支出均以地质事业费形式核销，并未形成油气生产企业的生产耗费。

（3）油气生产企业成本中的"油田维护费"中包含资本性支出。自1961 年开始，玉门、大庆油田等试行直接在生产成本中计入"油田维护费"，并推广至全国油田，"油田维护费"的列支范围几经修订，在 20 世纪 80 年代中期扩大到 10 项。"油田维护费"计提的目的是为了适应中晚期油田的生产情况，促进合理开发，减缓原油生产的递减速度，提高最终采收率而采取的措施[①]。具体的管理过程是：由原石油部每年根据各油田企业上报的油田维护工程项目的需要，批准一定的"油田维护费"列入各

---

① 1981 年财政部和原石油部共同制定的油田维护费制度中规定，根据油气田生产特点，为了维护油田合理开采，减缓油气生产的递减速度，提高油气最终采收率，油气田生产企业需在油气生产成本中单列"油田维护费"项目，据实列支油田维护费用。引自《石油、天然气会计问题研究》课题组. 油田维护费会计问题研究 [J]. 会计研究，2001（9）：34－37.

油田企业的原油生产成本中。

"油田维护费"由油田企业在规定的列支范围内支出，支出范围包括：第一，井网调整，包括补打加密调整井，增加出油井点。第二，打注水井和将水淹油井改建为注水井，以保持地层压力，补充地层能量，延缓油田产量递减。第三，增加抽油机、潜油泵等机械，建设酸站和砂场等设施，调整和延伸油气水管线和供电、通信线路，为加强井下作业，提高油井完好程度，改善油层条件，为适应油田地下情况和生产情况的变化采取增产措施创造条件，达到延缓产量递减的效果。第四，其他，如为了保证油田调整而修建的一般道路、道班房、交通车站以及购置的非机动养路设备和工具等；为了满足油田生产而扩充土地所发生的土地征购和青苗补偿费用；为了确保油田安全生产而修建的小型防洪堤、防火墙、造防风防沙林等；为适应油田调整需要而补充修建的简易房屋、帐篷、活动板房以及相应的水、电、气配套工程；还包括在已开发油田的边缘所进行的少量的地质勘探[1]。从上面的"油田维护费"支出范围可以看出，其中大部分的支出属于资本性支出，应当计入固定资产。虽然这一情形之后有所改善，但仍然有相当大一部分属于资本性支出的费用计入了当期的油气生产成本。2001年，我国"油田维护费"约占油气生产成本的52%，其中注气、注水井等增产性支出超过"油田维护费"的一半[2]。

（4）"油气资产"采用一般加工制造行业的"固定资产"科目核算。在科目及核算上，我国石油企业没有将"油气资产"与一般"固定资产"加以区分；在"油气资产"的折旧上，不论是20世纪60年代曾在大庆油田等采用的加速折旧法，缩短折旧年限等，还是普遍采用年限平均法，都与油气资产价值实现的方式不匹配，即计提折旧的金额均与生产油气的固定资产所代表的探明开发储量不相适应。

4. 允许油气资产直线法加速折旧

大庆油田在实施油田维护费的同时，采用加速折旧法。1963年提出了

---

① 赵广长. 试论油田维护费的性质与合理提取 [J]. 西安石油学院学报，1989 (3)：1 - 8.
② 《石油、天然气会计问题研究》课题组. 油田维护费会计问题研究 [J]. 会计研究，2001 (9)：34 - 37.

油井的折旧应在生产旺盛的时期计提，不能像一般的固定资产一样看待，油井折旧年限为 3～5 年。1964 年财政部正式批复同意实行折旧费计提改革的办法。石油部将固定资产折旧改革分了两步走：第一步先进行油田固定资产折旧改革，第二步再进行炼油固定资产折旧改革。油田着重解决油井折旧，包括输油管线折旧，采用两种折旧方法：一种为 5 年直线折旧法；另一种为 5 年递减加速折旧法。20 世纪 60～70 年代，部分油井产量递减很快，则采用递减加速折旧法，生产较稳定的油井采用直线法计提折旧。[①]油气资产折旧方法改革，提高了折旧率，为提高石油企业内部资金筹措能力，促进生产发展起了很大作用。

5. 没有"资本保金"概念，资本科目"政府资金"的余额经常处于变动状态

这一时期，设有"政府资金"科目核算国家对企业的投资，但是没有"资本保金"概念，"政府资金"的余额经常处于变动状态。油气生产企业的资金可以被无偿地调出调入。当企业接受调入资金、接受开发形成的固定资产、计提"油田维护费"时，相应增加"政府资金"；相反，当企业资金被调出、固定资产产生变价损失时，经批准则减少"政府资金"，并且有专门的"政府资金增减表"对政府资金的增减加以反映。遵循我国财政体制收、支两条线，油气企业计提的折旧与实现的利润全部上交国家。油气企业仅仅是一个"成本中心"或"利润中心"。

6. 会计的主要任务是为编制计划和检查计划执行情况服务

1949～1980 年，我国的石油工业管理体制采取的是高度集中的计划经济管理方式，会计的主要任务是为编制计划和检查计划执行情况服务，会计核算上不重视成本与效益，企业盈利上缴财政，亏损由财政弥补。

1.2.2 向市场经济过渡时期的石油天然气会计

1981～1998 年是石油工业从计划经济向市场经济过渡的时期。这一时

---

① 林金高等. 石油、天然气会计问题研究［M］. 大连：东北财经大学出版社，2002：58－66.

期，石油企业统收统支的财务制度被打破，在勘探开发资金管理的改革上，石油勘探开发资金的无偿拨付逐渐减少直至取消，建立石油勘探开发基金，专门用于石油企业的勘探开发支出。自 1982 年开始，石油工业开始利用外资，先后采取国家计委统借统还和石油部自借自还的方式，吸取世界银行贷款、日本能源贷款、日本伊滕忠贷款等多项外资，以弥补石油工业发展过程中的资金缺口，并形成了我国这一时期特殊的油气生产成本会计。

1. 1981～1993 年石油工业改革的初期

（1）逐渐取消石油勘探开发资金的无偿拨付，勘探开发专门报表逐渐消失。20 世纪 80 年代初，石油企业被试行"拨改贷"，原来预算内投资和"地质事业费"无偿拨款改为有偿借款方式，在基建计划内向建设银行取得贷款。此后，国家向石油企业用于预算内的投资和地质事业费的拨款越来越少。截至 1993 年，国家向石油企业用于预算内投资和地质事业费拨款仅占石油企业勘探投资总额的 4% 左右。大量的资金需要通过国内外银行贷款等方式自筹。

这一时期，经济体制改革中"拨改贷"使石油企业的资金使用不再无偿，各石油企业在"1 亿吨产量包干"中又形成了自身的利益，因而对油气新区勘探开发采取的石油会战方式已不再适用。在新区开发资金的管理上放弃了以往大会战方式，不再采用从其他油田无偿调入资金的方式，并产生了勘探开发建设项目管理和甲、乙方合同招标制度。

同时，这一时期石油企业生产经营目标，除了找出油气并生产出来之外，开始逐渐注重经济效益的核算。油气生产企业开始逐渐拥有原材料采购、部分资产的处置、工资、职工集体福利等方面的权利，但是其油气生产、销售价格，销售去向还是在国家严格的控制之下或受到较强的约束。

（2）建立石油勘探开发基金专门用于石油企业的勘探开发支出。为了弥补国家预算内投资和地质事业费拨款减少给石油企业勘探投资造成的资金不足问题，石油行业主管部门在经国家有关部门批准后建立了石油勘探开发基金。石油企业形成的勘探开发基金主要用于：第一，石油、天然气勘探，包括地质调查、地球物理勘探以及油气田探井工程；第二，石油、天然气开发，包括新的油气田开发井工程和地面建设工程；第三，为加强油气田勘探开发，提高技术装备水平，购置设备等。使用该项资金的油气田企业，每年按实际支出列入年度财务决算，属于形成固定资产的，如探井出油转作采油井以及购置技术装备等，同时将使用的勘探开发基金转作企业的资本金；属于不能形成固定资产的费用支出，经审查批准后，冲销该项基金。基金开始是来自原油销售的"高平价差"收入，1988 年后其主要来源加入了"储量有偿使用费①"。高平价差收入是原油产量包干中超产节约商品原油按国际市场油价售出高于按国家规定价格售出的部分。此后高、平油价不断有所调整，1992 年高平油价并轨，"高平价差"不再产生。"储量有偿使用费"是在 1988 年经财政部、国家物价局等有关部门批准，按原油产量每吨、天然气产量每立方米提取一定金额，并且是"通过行政方法每年统一规定一个数值，如 1988 年每吨原油（天然气 1 000 立方米）提取 5.08 元，1989 年为 32.7 元，1990 年为 47.09 元②，1991 年为 59 元③，1996 年，原油、天然气储量有偿使用费提取标准分别为 80 元和 40 元④。各油田提取的储量有偿使用费，由石油主管部门根据勘探需要，在全国范围内统一使用。

（3）油气生产成本中加入了储量有偿使用费。石油企业提取的"储量有偿使用费"直接计入油气生产成本，即在油气生产成本的核算上，出现了非支出项目的"储量有偿使用费"。如中国石油天然气总公司规定：所属各油气田企业按规定标准提取的储量有偿使用费，应于次月全额上交总

---

① 储量有偿使用费是中国石油天然气总公司依据原石油工业部、财政部、国家物价局《关于调整国内平价、高价原油出厂价格和实行石油及天然气储量有偿使用办法的通知》规定，从 1988 年 1 月 1 日起，按照原油天然气产量定额提取，计入油气生产成本，用于油气资源勘探的专项资金。最初的原油储量有偿使用费按原油产量每吨提取 80 元（其中：大庆、胜利、辽河、新疆、吐哈、塔里木每吨提取 100 元）；天然气储量有偿使用费按产量每千立方米提取 40 元。如需对储量有偿使用费提取标准进行调整，由中国石油天然气总公司报经财政部批准后，方可实施。

② 邱亿如，刘晓莹. 油气成本中储量有偿使用费的计算 [J]. 江汉石油学院学报，1994（6）：97 – 100.

③ 1991 年 3 月 13 日财政部、中国石油天然气总公司《关于原油提价收入财务处理和提高原油储量有偿使用费提取标准的通知》，从 1991 年 1 月 1 日起，原油储量有偿使用费在现行按产量每吨提取 49 元的基础上，提高到 59 元，每吨提高 10 元。

④ 财政部《关于提高储量有偿使用费提取标准的通知》规定从 1996 年 1 月 1 日起，原油、天然气储量有偿使用费提取标准分别在现行按产量每吨提取 59 元和每千立方米提取 20 元基础上，提高 80 元和 40 元。

公司，由总公司集中安排使用。储量有偿使用费按照"取之于企业，用之于勘探"的原则，全部用于中国石油天然气总公司所属地质勘探和油气田企业。其具体使用范围是：其一，以油气勘探前期准备为主的区域勘探项目；其二，以发现各类圈闭，提交预测和控制储量为主的预探项目；其三，已经提交预测储量或控制储量，以提交油气探明储量为主的评价勘探项目；其四，在已开发油田内或周边的新区块、新层系进行滚动勘探项目；其五，为了提高储量的动用程度，对未动用储量进行技术和作业措施，以达到开发的未动用储量评价项目；其六，总公司确定的科学探索井替代国际勘探新技术的勘探科技工程及综合研究等项目；其七，为提高勘探工作技术含量而购置的大型勘探设备以及支持勘探装备国产化的研制、开发费用；其八，具有大型成套资料处理、解释系统的勘探计算机工程项目；其九，勘探后勤支持项目；其十，国外勘探及其他勘探项目。

储量有偿使用费的提取，虽然弥补了油气生产企业费用支出中不包含地质勘探支出的不足，但储量有偿使用费直接计入了生产成本，并且计入成本的储量有偿使用费是以生产的油气产量为依据，并不直接反映获得油气储量所耗费的地质勘探支出。

（4）形成了地质勘探会计核算规范。1983年1月，石油工业部颁布的《地质勘探成本核算和管理办法》是我国石油行业第一个地质勘探成本核算办法，它标志着地质勘探费用的核算由原来的不计入成本转入规范的成本核算，同时也说明石油企业成本核算制度的建设已趋于完整。

2. 1994～1998年改革期间的油气会计

1993年我国开始会计制度改革，我国石油部所属石油企业、中国海洋石油总公司的会计制度均应遵循企业会计制度（《工业企业会计制度》），1994～1998年的改革对油气会计的影响主要包括以下三个方面：

（1）建立了资本金制度，将原"政府资金"全部作为国有资本金投入企业，并要求对资本金实行保值增值。

（2）取消了固定基金、流动基金、大修理基金等大部分的专用基金制度，将"地质事业费""基本建设"和"工业企业生产"三套账合为一套账，按基本符合国际惯例的《工业企业会计制度》（1993）进行会计核算并编制会计报表。

（3）1996 年《资源法》的出台，使油气资源的探矿权、采矿权的获得从无偿变为有偿，但有关会计处理方法还未完成规范。

1.2.3　市场经济时期的石油天然气会计

1998 年，根据九届人大一次会议批准的《国务院机构改革方案》关于"将石油天然气总公司和石油化工总公司下属的油气田、炼油、石油化工、化肥、化纤等石油与化工企业以及省市石油公司和加油站，按上下游结合的原则，分别组建两个特大型石油石化集团公司"的决定，1998 年 7 月，中国石油天然气集团公司和中国石油化工集团公司正式成立，这两个公司不再履行政府的职能，成为完全意义上的企业，至此，我国石油工业完全进入市场机制运行时期。在会计上，根据财政部《关于划转石油集团公司和石化集团公司部分企业资产财务关系的通知》的规定，经改组的中石油和中石化两大集团公司于 1998 年将划归该公司管理的企业的国家资本金合并作为集团公司的国家资本金，并以此作为对所属企业的长期投资；同时，各所属企业的原国家资本金调整为"法人资本金"——石油（石化）集团公司资本。这一资本金关系的调整，改变了集团公司同国家以及集团公司同所属企业的财务关系，在财务上也实现了政企彻底分开，将集团公司作为一个国家投资的特大型企业推向了市场，取消了原石油、石化总公司的政府职能。此后，两大集团公司又各自改组成为股份公司，中国石油天然气股份有限公司（以下称"中石油"公司）、中国石油化工股份有限公司（以下称"中石化"公司）。这两个公司已不再履行任何政府职能，成为完全意义上的企业，使其股票在海内外上市。这一时期油田企业会计核算发生了深刻变化，我国油气会计涉及的法规制度逐步完善。

1. 产生油气矿权会计问题

1996 年 8 月 29 日通过的《中华人民共和国矿产资源法》首次规定探矿权、采矿权有偿取得，并允许转让，于是出现了油气矿权取得、使用和转让的会计处理问题。

（1）出现油气探矿权使用费、采矿权使用费会计问题。1996年《矿产资源法》中的第三款规定："勘查、开采矿产资源，必须依法分别申请，经批准取得探矿权和采矿权，并办理登记；已经依法申请取得采矿权的矿山企业在划定的矿区范围内为本企业的生产而进行的勘查除外。"第五款规定"国家实行探矿权、采矿权有偿取得的制度。"1999年财政部、国土资源部印发《探矿权采矿权使用费和价款管理办法》对包括油气企业在内的资源开采企业从国家获得探矿权和采矿权，以及在中华人民共和国领域及管辖海域勘查、开采矿产资源，应交纳的探矿权和采矿权使用费做出了规定。其中第三条和第四条是对探矿权和采矿权使用费以及矿权采矿权价款包括内容的解释[①]。第五条和第六条分别规定了探矿权和采矿权使用费，并规定了探矿权和采矿权价款收取标准。[②] 于是在会计上需要对于这些支出进行会计处理。1999年财政部出台《企业和地质勘查单位探矿权采矿权会计处理》规定，其中《企业探矿权采矿权会计处理规定》和《地质勘查单位探矿权采矿权会计处理规定》对探矿权、采矿权取得的会计处理规定如下：

申请取得国家出资勘查形成的探矿权，应交纳探矿权使用费和探矿权价款，二者直接记入"勘探开发成本"或者"地勘生产"科目，勘探结束形成地质成果的，转入"地质成果"科目；不能形成地质成果的，

---

① 1999年财政部、国土资源部印发的《探矿权采矿权使用费和价款管理办法》中规定的探矿权采矿权使用费包括的内容：（1）探矿权使用费。国家将矿产资源探矿权出让给探矿权人，按规定向探矿权人收取的使用费。（2）采矿权使用费。国家将矿产资源采矿权出让给采矿权人，按规定向采矿权人收取的使用费。探矿权采矿权价款包括的内容：（1）探矿权价款。国家将其出资勘查形成的探矿权出让给探矿权人，按规定向探矿权人收取的价款。（2）采矿权价款。国家将其出资勘查形成的采矿权出让给采矿权人，按规定向采矿权人收取的价款。

② 1999年财政部、国土资源部印发的《探矿权采矿权使用费和价款管理办法》中规定的探矿权采矿权使用费收取标准：（1）探矿权使用费以勘查年度计算，按区块面积逐年缴纳，第一个勘查年度至第三个勘查年度，每平方公里每年缴纳100元，从第四个勘查年度起每平方公里每年增加100元，最高不超过每平方公里每年500元。（2）采矿权使用费按矿区范围面积逐年缴纳，每平方公里每年1 000元。探矿权采矿权价款收取标准：探矿权采矿权价款以国务院地质矿产主管部门确认的评估价格为依据，一次或分期缴纳；但探矿权价款缴纳期限最长不得超过2年，采矿权价款缴纳期限最长不得超过6年。未按规定及时缴纳探矿权、采矿权使用费和价款的，由探矿权、采矿权登记管理机关责令其在30日内缴纳，并从滞纳之日起，每日加收2%滞纳金；逾期仍不缴纳的，由探矿权、采矿权登记管理机关吊销其勘查许可证或采矿许可证。

一次计入当期损益。地质成果转入开采时，形成资产的部分，转入"固定资产"科目。

企业通过交纳采矿权价款取得的由国家出资形成的采矿权计入"无形资产"科目，并在采矿权受益期内分期平均摊销。企业申请取得采矿权，其应交纳的采矿权使用费直接计入当期管理费用。

期末"地质成果"和"勘探开发成本"科目的余额单设项目放在"其他长期资产"项目下。

（2）出现油气矿权转让会计问题。1996 年《矿产资源法》中的第六款对包括油气矿权在内的矿权转让做出了规定："探矿权人有权在划定的勘查作业区内进行规定的勘查作业，有权优先取得勘查作业区内矿产资源的采矿权。探矿权人在完成规定的最低勘查投入后，经依法批准，可以将探矿权转让他人"。"已取得采矿权的矿山企业，因企业合并、分立，与他人合资、合作经营，或者因企业资产出售以及有其他变更企业资产产权的情形而需要变更采矿权主体的，经依法批准可以将采矿权转让他人采矿"。于是在会计上需要对油气矿权转让进行会计处理。同样在 1999 年颁布的《企业和地质勘查单位探矿权采矿权会计处理》中的《企业探矿权采矿权会计处理规定》和《地质勘查单位探矿权采矿权会计处理规定》对矿权转让的会计处理的规定如下：

国有企业实际占有的由国家出资勘查形成的探矿权和采矿权在转让时，应首先补交探矿权和采矿权价款部分，记入"地质成果"或"无形资产——采矿权"科目，其中属于按规定转增资本的部分，记入"实收资本"科目。探矿权和采矿权在转让时，记入"其他业务收入"科目，将探矿权和采矿权成本从"地质成果"或"无形资产——采矿权"科目结转至"其他业务支出"科目。

企业按规定转让由本企业自行出资勘查形成的探矿权时直接记入"其他业务收入"或者"经营收入"科目；同时将探矿权和采矿权成本从"地质成果"结转至"其他业务支出"或者"经营成本"科目。

2. 油气成本核算的内容有所变化

（1）根据财政部、中国石油天然气总公司 1998 年 3 月 2 日发布的

《储量有偿使用费管理暂行办法》，在石油企业改组成为股份有限公司后，"油田维护费"和"储量有偿使用费"不再计提，也不再计入油气成本；其他石油上市公司亦是如此①。

（2）企业取得的探矿权支出和勘探油气资源形成的支出允许被计入油气企业的耗费，影响企业损益。

（3）"油田维护费"核算方法严格按照会计要素定义。随着 2006 年我国会计基本准则及具体准则的修订和实施，我国石油公司按照会计准则对"油田维护费"的处理进行了修订，严格按照会计要素定义，对于"油田维护费"的支出中符合资产定义的计入资产，不符合资产定义的则直接计入当期损益。

3. 石油企业适用的企业会计制度和会计准则

石油企业在改组上市后，财务会计的主要目标已从向政府提供投资决策所需的信息转为向广大股东、债权人等提供财务信息。因此，油气会计应该核算哪些内容，采用什么样的会计处理方法，依据哪些会计原则，提供哪些油气生产经营信息等，是以满足投资者、债权人和其他财务信息使用者决策需求为原则的。

石油企业成为股份上市公司后，要按照股份公司遵从的会计制度和会计准则进行会计处理，并编制会计报表。三大石油公司的勘探开发支出均是按照"成果法"的要求，当探井出油，按照有效井段支出计入固定资产（油气资产），其他油气勘探支出则计入当期损益（管理费用）。

2001 年我国《企业会计制度》和《企业会计准则——固定资产》要求油气资产（包括在固定资产内）计提减值准备，如《企业会计准则——固定资产》规定，当固定资产的可收回金额低于其账面价值，企业应当按可收回金额低于账面价值的差额计提固定资产减值准备，并计入当期损益。如果有迹象表明以前期间据以计提固定资产减值的各种因素发生

---

① 石油大明：根据财政部关于改变储量有偿使用费和油田维护费核算办法的通知规定，胜利油田大明集团股份有限公司按照原来有关规定按原油 100 元/吨提取进入生产成本的油气储量有偿使用费取消，自 2000 年 1 月 1 日起不再上交。来自石油大明：取消油气储量有偿使用费［N］. 全景网络证券时报 http：//finance. sina. com. cn，2000 - 3 - 10。

变化，使得固定资产的可收回金额大于其账面价值，则以前期间已计提的减值损失应当转回，但转回的金额不应超过原已计提的固定资产减值准备，计提的减值准备记入"营业外支出"科目。

此外，还要按照在国外上市的证券交易所的规定调整和编制会计报表，如我国中石油、中石化和中海油三大石油公司按照北美投资者的要求提供油气勘探、开发、经营成果及油气储量的有关信息。

4. 油气会计基本方法选用的是成果法

我国陆上石油企业重组并改制后在油气资产会计政策上，均是借鉴国际通行的油气会计方法中的成果法形成的，可以将其称为成果法或近似成果法[①]，中海油公司是借鉴国际石油公司运作模式成立的国家公司，开始就是按照市场经济体制设计和运作的，其改组的股份公司在海外上市后，油气会计政策采用的也是成果法。如我国中石油公司 2000 年 1 月 1 日开始实行的《中国石油天然气股份有限公司会计制度》中的油气会计政策是借鉴国际油气会计核算方法中的成果法形成的，这在其会计制度附录中的《勘探开发成本核算办法》中做出了明确说明。主要内容有：勘探成本的成功探井资本化，列入资产中油气井及相关设施；矿区取得成本中的探矿权成本，勘探成本中的其他成本列入损益中的地质勘探费用；矿区取得成本中的采矿权费用、价款计入管理费用或先计入无形资产，再摊入管理费用；开发成本全部资本化列入油气井及相关设施。油气井及相关设施的折耗采用直线法。

中石化公司关于油气政策在其制度中未有专门说明，但从其油气生产的主要子公司，胜利油田公司 2000 年 1 月开始实施的《胜利油田有限公司会计核算办法》中的会计科目、会计报表编制说明中可以得出，其采用的方法也是在借鉴国际油气会计中的成果法形成的。其主要内容有：勘探成本中的成功探井资本化，列入油气资产；矿区取得成本中的探矿权成本、勘探成本中的其他成本则列入损益项目，勘探费用中；矿区取

---

① 根据《石油、天然气会计问题研究》第 5 章，我国三大石油天然气公司会计制度现状分析部分内容得出结论。林金高等. 石油、天然气会计问题研究［M］. 大连：东北财经大学出版社，2002：53 – 66.

得成本中的采矿权费用、采矿权价款计入管理费用或先计入无形资产，再摊销计入管理费用，开发成本全部资本化列入油气资产中，油气资产按直线法计提折耗。

中海油公司的油气会计政策在中海油公司会计制度中虽未专门说明，但从中海油公司《内部财务管理办法》中的海上油气资产管理和《会计核算办法》中的会计科目及会计科目使用说明中可以看出，其海上油气勘探开发的核算方法与成果法近似，即将油气勘探、开发投资的初始获得成本以及投产后的后续投资予以资本化，形成海上油气资产，然后予以摊销。

1.2.4 石油天然气会计规范时期

2006 年我国财政部颁布针对石油天然气生产业务的会计准则，CAS NO. 27 号《石油天然气开采》，以规范石油天然气（以下简称"油气"）开采活动的会计处理和相关信息的披露。内容包括油气开采活动中的矿区权益取得、油气勘探、开发活动的会计处理，油气储量、勘探开发支出以及企业拥有油气权益的信息披露规定。其中油气会计典型的变化是：

1. 遵从重要性会计信息质量要求，可单设与油气勘探开发有关的资产及损益类科目

资产类科目有"油气资产"和"勘探支出"。"油气资产"科目的设置和使用使得油气资产从固定资产中分离出来；"勘探支出"则记录全部的勘探开发支出，当其符合资本化条件时，转入"油气资产"，没有形成勘探成果时，则转入损益类科目，"勘探费用"。

2. 对油气矿权取得的会计处理做出了新的规定，并对油气矿权的货币性转让会计处理进行了规范

（1）对于油气矿权取得支出符合资本化条件的直接计入油气资产。符合资本化条件的支出包括：①申请取得矿区权益的成本，包括探矿权使用费、采矿权使用费、土地或海域使用权支出、中介费以及可直接归属于矿区权益的其他申请取得支出；②购买取得矿区权益的成本，包括购买价款、中介费以及可直接归属于矿区权益的其他购买取得支出。

（2）不符合资本化条件的油气矿权取得支出则计入当期损益。不符合资本化条件的油气矿权取得支出包括矿区权益取得后发生的探矿权使用费、采矿权使用费和租金等维持矿区权益的支出。

（3）油气矿权的转让只包括货币性交易，针对探明矿区权益和非探明矿区权益分别做出了规定。将油气矿权的转让分为探明矿区转让和非探明矿区转让是因为这些权益给企业带来利益的方式不同。转让全部探明矿区权益和部分探明矿区权益均需按照成本与转让所得之间的差额确认损益；转让单独计提减值准备的全部未探明矿区权益的，转让所得与未探明矿区权益账面价值的差额，计入当期损益；否则转让的未探明矿区只有当转让所得大于全部未探明矿区账面价值时确认收益，不确认损失。

3. 允许油气资产的折耗与摊销采用产量法

油气矿权中的未探明矿区权益，因给企业带来利益不同而不计提折耗与摊销；油气矿权中的探明矿区权益和油气资产中的井及设备与设施在保留原来年限平均法计提折旧、折耗与摊销的基础上，允许企业采用产量法对油气资产计提折旧、折耗与摊销。产量法是以矿物或矿物含量的物理数量或者以矿物的价值为计算基础计算折耗的方法。油气资产产量法是按照单位油气产量将油气资产成本分期计入油气产品成本的资产计提折耗的计算方法，其计算实质类似于固定资产折旧方法中的工作量法[①]。其计算公式为：

$$油气资产折耗金额 = \frac{需要计提折耗的油气资产的账面价值}{年初预计的油气储量} \times 当期油气产量$$

$$= \frac{需计提折耗的油气资产的账面价值}{年末预计的油气储量 + 当年油气产量} \times 当期油气产量$$

其中包含的年初或年末预计的油气储量是输入较多参数估计数的估算数值，这也是我国首个需要通过较多观测数据估计才可以计算的折旧、折

---

① 工作量法是指按实际工作量计提固定资产折旧额的一种方法。一般是按固定资产所能工作的时数平均计算折旧额。适用于那些在使用期间负担程度差异很大，提供的经济效益很不均衡的固定资产。

耗与摊销数据。

4. 对油气资产的废弃及油气资产减值计提做出了规定

CAS NO. 27《石油天然气开采》对矿权中未探明矿权、探明矿权和井及设备与设施的废弃、计提弃置费用处理及未探明矿权的资产减值处理做出了规定。

企业承担的矿区废弃处置义务，满足 CAS NO. 13《或有事项》中预计负债确认条件的，应当将该义务确认为预计负债，并相应增加井及相关设施的账面价值。不符合预计负债确认条件的，在废弃时发生的拆卸、搬移、场地清理等支出，应当计入当期损益。

未探明矿区权益计提减值，应当至少每年进行一次减值测试。未探明矿区权益可以单个区块（单个矿区取得成本较大）进行减值测试，也可以按照若干具有相同或类似地质构造特征或储层条件的相邻矿区所组成的矿区组（单个矿区取得成本较小且与其他相邻）进行减值测试。

探明矿区权益的减值、矿区井及设备与设施的减值，按照 CAS NO. 8《资产减值》进行处理。

在2006年《资产减值》准则中对于油气资产已经计提的减值准备不允许转回，计提减值时记入损益类科目"资产减值损失"。并且企业一旦对油气资产计提了减值在任何的情况下都不允许转回。

5. 对报表外的油气储量及油气会计辅助信息的披露内容做出了规定

披露信息的内容包括：

（1）拥有国内和国外的油气储量年初、年末数据。

（2）当期在国内和国外发生的矿区权益的取得、油气勘探和油气开发各项支出的总额。

（3）探明矿区权益、井及相关设施的账面原值，累计折耗和减值准备累计金额及其计提方法；与油气开采活动相关的辅助设备及设施的账面原价，累计折旧和减值准备累计金额及其计提方法。

以上的变化反映出，目前我国油气业务会计已基本实现了与国际会计的接轨。

1.2.5　我国油气会计发展总结

每个国家的会计因其经济管理、法律体制的差异有所不同，一个国家的不同时期也有不同的表现。经济的发展离不开会计，经济越发展，会计越重要。与经济发展相适应的会计，就能促进经济建设的发展。会计既受社会政治、经济、法律和社会文化的影响，又反过来服务和影响社会政治、经济、法律和社会文化的发展。从前面我国油气会计本身的发展变化轨迹，可以看出：

1. 我国油气会计的发展以服务国家管理为核心，为我国石油工业的发展发挥了重大作用

会计信息，在以价值指标反映的经济信息总量中占绝对比重，是一个既关系到企业微观经济管理，又关系到行业和国家宏观经济评估与调控的重要因素；会计信息反映企业财务状况和经营成果，是企业资金的有效运作，是生产经营与管理业绩的分析与评价的基础，关系到对企业甚至整个行业未来发展的正确决策。从我国油气会计的发展变化轨迹看，作为特殊采掘业的石油天然气会计，更多的是受国家油气行业管理体制的对石油企业制度安排的影响，也与行业生产经营的特殊性直接相联系。在我国油气会计发展的多数年份里，会计核算的目的都是为国家计划经济管理体制服务，会计核算的目标是为国家宏观经济决策提供其所需的经济信息。我国油气会计的发展，在努力适应经济发展的要求中求得自身的改革与发展，并且取得了明显的效果，为我国油气工业的发展发挥了巨大的作用。

新中国的石油工业基本上是从"一穷二白"开始的，在石油工业的发展中，建立了完全与我国油气工业管理体制相适应的会计核算原则和方法。针对计划经济时期国家对于油气矿区权益的管理，油气企业不需要做出会计处理；对于油气勘探、开发和生产分别按计划管理，油气勘探支出均以地质事业费形式核销，之后又采用钻井支出如果探井出油，按照有效井数加上生产井的成本作为"固定资产"转出的"差额核销法"；企业在油气会计中形成的油气生产成本中的"油田维护费"，大庆油田开始的缩短油气资产的折旧年限、使其加速折旧，并形成向国家财务和计划管理部门申报的各自不同的会计报告；在向市场经济过渡时期，建立的石油勘探开发基金专门用于石油企业的勘探开发支出，在油气生产成本中加入了储量有偿使用费，满足了我国计划经济下及计划经济向市场经济过渡时期国家对石油工业的政策实施需要，并提供了国家经济管理决策所需的信息，为我国石油工业的发展发挥了重大作用。

2. 适应我国石油公司国际融资需要形成石油天然气会计准则

我国三大石油公司重组改制后，在国际金融市场筹集资金，在海内外上市，需要遵循国际会计准则为投资者提供会计信息。我国石油公司按照我国石油天然油气会计以往的规则，并适应金融市场的要求，创造性地制定了企业内部油气会计的制度和方法，其中采用的油气会计基本方法都是适合大型石油公司的"成果法"。这些方法也包括油气矿权会计，勘探、开发和生产活动会计方法，以及在证券市场融资向股东和债权人提供所需信息的油气会计信息披露方法。这些制度和规则在 2006 年通过与企业会计基本准则和其他具体会计准则的协调加以规范和完善，形成 CAS NO. 27《石油天然气开采》，既满足了国际投资者和债权人等油气会计信息的要求，也为我国石油天然气公司的国际化发展提供了更为坚实、可靠的会计方法。

3. 随着我国企业会计制度和准则的发展而不断完善

石油天然气会计是应用于石油天然气矿区取得、勘探、开发和生产全过程的采掘行业的特殊行业会计，属于财务会计的范畴，它是财务会计在石油天然气行业的延伸和发展，石油天然气会计在基本理论、会计确认、计量模式、报告形式等方面既有着一般财务会计的特点，又有着其适应油气行业的特殊性。

我国 1993 年、2001 年和 2006 年企业会计制度和准则的改革，无不影响石油天然气会计的发展。2001 年我国《企业会计制度》和《企业会计准则——固定资产》中对包括油气资产在内的固定资产计提减值准备及转回的规定，2006 年 CAS NO. 4《固定资产》准则以及 CAS NO. 8《资产减值》准则中包含对油气资产计提减值准备及转回（修改）的规定（虽然2001 年与 2006 年对油气资产减值准备有关处理的规定不同），2006 年我国CAS NO. 4《固定资产》准则和 CAS NO. 27《石油天然开采》准则中包含对石油天然气生产承担的拆除、恢复义务中满足负债确认条件的会计处理等。这些规定无不影响我国油气会计的确认、计量和披露，也促使我国石油天然气会计随着我国企业会计制度的发展而发展。

4. 中国特色的石油天然气会计体系已经形成并被世界认可

从前面对我国油气会计发展的阐述中可以看出，我国油气会计是随着我国石油工业管理体制的发展而发展，并在发展中创立了许多适合石油企业实际的会计工作组织及核算方法，丰富了我国油气会计的内容，也为我国油气会计改革打下了基础。其中还有一些至今仍在使用的方法，如勘探钻井支出采用"差额核销法"，钻井支出如果探井出油，按照有效井数加上生产井成本作为"固定资产"转出；我国三大石油公司成立至 2006 年我国《石油天然气开采》准则出台之前的油气会计方法采用的是成果法，但是油气资产都是采用直线法进行摊销，可以将其称为成果法或近似成果法。2006 年的会计准则依然允许企业对油气资产按照年限平均法和产量法计提折耗等。

综上分析，我国油气会计的产生与发展受到国家对企业的宏观经济管理制度变迁的推动或制约，同时，油气会计为国家宏观经济管理提供了决策需要的信息，也为石油工业和石油企业的发展提供了坚实的基础和保障。我国石油工业管理体制的不断发展变化，催生了对会计的新需求，最终导致我国油气会计制度的改革与发展，也形成了我国油气会计的特点。

1.3　我国油气会计国际趋同及未来发展

1.3.1　我国油气会计国际趋同

随着美国证券交易委员会（SEC）对美国会计准则与国际财务报告准

则趋同日程表的提出和运行，世界主要经济体和主要会计主体将更多地采用国际财务报告准则，我国在 2006 年出台 1 个基本准则和 38 个具体准则后，会计准则的国际趋同度日益提高。我国 CAS NO. 27《石油天然气开采》是我国第一次以单项准则的方式对石油天然气行业的会计行为进行规范，该准则的颁布对于我国石油天然气行业会计信息质量的提升、信息披露成本的降低及其长期发展有重要的意义[①]。CAS NO. 27 与 IASB 于 2004 年发布的 IFRS NO. 6（国际财务报告准则第 6 号）《矿产资源的勘探与评价（*Exploration for and Evaluation of Mineral Resources*）》趋同程度也非常高，但是也有一定的差异。

从 CAS NO. 27 与 IFRS NO. 6 的标题就可以看出，CAS NO. 27 是针对单一的石油天然气行业会计问题制定的会计准则，而 IFRS NO. 6 则是针对整个采掘业制定的准则，并且 CAS NO. 27 包括石油公司获得油气的全部工艺过程，而 IFRS NO. 6 只涉及资源的勘探与评价环节。对比 CAS NO. 27 与 IFRS NO. 6 的总则、目标和框架结构可以看出，IFRS NO. 6 的框架是依照会计程序来安排的，即按会计目标、范围、资产的确认、计量、列报、减值和披露来安排。但 CAS NO. 27 有别于其他会计准则，是按照企业的生产阶段：矿区权益取得、勘探、油气的开发和生产这样的结构来安排的，相关会计定义和资产的确认与计量问题也是按各个生产阶段分别进行规定的。

王菲菲和作者（2014）[②] 将 IFRS NO. 6 涉及的内容选定 6 个可比项目 26 个观测点，采用赵选民和怡敏[③]（2012）对于会计准则趋同度中使用的方法将相关的内容划分为：强制要求、允许、不涉及和禁止四个级别，与 CAS NO. 27 的内容的趋同程度进行比较，可以看出两个准则在具体会计规定上还是有一定的差别的。其中 6 个可比项目 26 个观测点，项目 1 目标与结构有 3 个观测点，包括准则目标、准则范围和准则结构；项目 2 矿区权

① 吴杰，张自伟. 我国石油天然气准则国际趋同度分析与测量——以 CAS27 与 IFRS6 的比较为基础 [J]. 财会通讯，2008（10）：23 – 25.

② 王菲菲，杨惠贤.《石油天然气开采》准则与 IFRS6 的对比与趋同 [J]. 辽宁工程技术大学学报（社会科学版），2014（3）：165 – 167.

③ 赵选民，怡敏. 中国石油天然气会计准则国际趋同度测量分析 [J]. 会计之友，2012（2）：98 – 101.

益的获取与转让有 6 个观测点，包括矿区权益的定义、矿区权益确认、矿区取得支出计量、矿区取得支出的处理、矿区权益折耗和矿区权益转让；项目 3 矿产资源的勘探与评价有 5 个观测点，包括矿产资源勘探的定义、矿产资源勘探支出确认、矿产资源勘探支出的处理、矿产资源勘探与评价，资产的折耗和移除与恢复义务；项目 4 矿产资源的开发与生产有 6 个观测点，包括矿产资源开发的定义、矿产资源开发支出的构成、矿产资源开发的处理、矿产资源生产的定义、矿产资源生产成本的构成和矿产资源生产的处理；项目 5 减值有 4 个观测点，包括减值确认、减值计量、减值测试与评估和减值处理；项目 6 披露有 2 个观测点，包括会计政策和会计信息。而其中强制要求表示强制要求的会计处理方法，允许表示非强制的会计处理方法，不涉及表示一方规定而另一方不涉及的方法，禁止则表示一方规定而另一方禁止的会计处理方法。

完成以上步骤后，对 IFRS NO. 6 涉及的内容选定 6 个可比项目 26 个观测点，进一步运用修正的 Jaccard 系数法和张国华、曲晓辉（2009）提出了按照匹配度和模糊聚类相结合的办法与 CAS NO. 27 的内容的趋同程度进行比较，研究结果表明我国石油天然气准则在与国际财务报告准则方面有了一定的趋同，在矿区资源的开发与生产、矿产资源的勘探与评价以及相应的减值处理方面有较高的趋同度。

但是还应该看到，IFRS NO. 6 是一个过渡性的准则，不应该为了趋同而趋同，而是要实际地考虑我国特色，进行实际地保留与改进。我国还没有针对除油气采掘类业之外的采掘业进行会计规范，我国应该积极参与到国际会计准则的制定中。

1.3.2 我国油气会计的未来发展

会计是受社会环境变化推动，在适应社会及经济发展的变化而不断改进和发展的，这在我国油气会计发展的阐述中已经清晰地看到。近年我国油气企业的生产和生存环境发生了较大的变化，其中主要是原油价格的剧烈波动、非常规油气生产等。因此，除油气会计需要深入探讨的问题及完善之外，还需要对新环境下的油气会计问题进行研究。

1. 需要对已有的会计问题进行研究和改进

（1）需要对油气储量等相关专业名词添加解释。我国会计准则只对经济可采储量给出了定义，我国中石油公司和中石化公司在国内外上市，对国内股东披露的储量信息依据的是 2004 年 4 月国家质量监督检验检疫总局和国家标准化委员会联合颁布的新版《石油天然气资源/储量分类》国家标准（GB/T 19492—2004），2005 年 4 月国土资源部出台的国家地质矿产行业标准《石油天然气储量计算规范》（DZ/T 0217—2005）；同时三大石油公司在海外上市，尤其是在美国纽约上市，则需要按照美国 SEC 的要求计算和披露信息，而中美之间有关储量虽然在 2004 年后已经趋同，并基本与国际接轨。但是在一些细节上还是有差异，如会计准则中对于油气储量等名词的解释及运用等，因此需要在这方面进行讨论和完善。

（2）我国油气储量信息披露形成的有关审计问题需要相应规范。我国油气储量信息是会计准则规定需要披露的信息，需要通过注册会计师审计，但是对于这些信息的审计方法需要进行研究和完善。储量评估需要详细的地质资料、专业技术人员采用专门的方法进行估算，其中有许多需要输入的技术、未来的成本和销售价格假设等参数，注册会计师常用的方法是对被审计人已经发生事项的审计，要求注册会计师对储量进行审计极具难度；并且在储量估算中，由于存在第三方评估对资料的掌握程度和技术应用水平的局限，由石油公司内部技术人员评估油气储量又存在客观性和独立性问题。中国石油天然气集团公司曾于 20 世纪 90 年代初，聘请了美国的 Intera 国际咨询公司和加拿大的 Sproule 国际咨询公司，对大庆、胜利、新疆、华北和四川等单位的部分油、气田进行储量评价和剩余经济可采储量计算。2000 年我国三大石油公司在海外上市后，每年中期和年末的储量资产评估都完全依赖外国咨询公司来做，2003 年各石油公司开始开展油气储量自评估工作。如中石油公司 2015 年报中，在原油天然气储量资料部分披露其由总部和各地区公司的储量评估师和审计师队伍负责公司储量评估和审计工作，并聘请独立第三方评估公司按 SEC 的准则，对公司年度评估的证实储量再进行独立的评估。第三方评估的证实储量按 SEC 要求进行披露①。在储量表的前面说明已评估探明储量和探明开发储量（基准日分别为 2013 年 12 月 31 日，2014 年 12 月 31 日和 2015 年 12 月 31 日），表是根据独立工程顾问公司 DeGolyer and MacNaughton、Gaffney, Cline & Associates（GCA Singapore）、Gaffney, Cline & Associates（GCA Houston）、McDaniel & Associates、RyderScott 和 GLJ 的报告编制而成的。中石化公司在 2015 年报中的经营业绩部分披露其对储量评估工作通过两级管理系统进行管理，自己评估，然后聘请外部顾问协助其遵守美国证券交易委员会的规则和法规②。中海油公司在 2015 年年报中的经营业绩部分披露，其 2011 ~ 2015 年净证实储量中，分别有约 23%、36%、52%、52% 和 62% 为公司自评估结果，其他由第三方机构评估完成。并且是按照美国证券交易委员会 SEC 2010 年 1 月 1 日起生效的《石油和天然气报告现代化》最终规则编制的，不论是企业对于储量进行估算还是聘请第三方人员进行估算，对于储量的审计与一般公司审计不同，其中包含许多对未发生事项的审计，而对已经发生事项的审计和未发生事项的审计是完全不同的。

国际会计准则委员会对于油气储量信息并没有要求进行披露，对于储量信息披露要求最多的美国是将储量信息作为补充信息，不需要经过审计。我国也可考虑取消对于储量的审计，考虑第三方专业技术机构对其进行审核，并披露审核人的信息。

（3）我国石油公司油气储量信息披露的适度问题。油气储量信息属于影响国家经济安全的因素之一，对于油气储量信息披露到何种程度，既达

---

① 中石油公司 2015 年年报中的原油天然气储量资料部分披露：公司近年推行油气储量评估和审计人员职业资格认证管理，已建立了覆盖总部和各地区公司的储量评估师和审计师队伍，负责公司储量评估和审计工作。同时，本公司在勘探与生产板块设有专职的储量管理部门，该部门的管理人员和员工平均在石油行业拥有 20 年以上的专业技术经验和 10 年以上 SEC 准则储量评估经验，数名成员拥有储量专业领域的国家级注册资质。各地区公司设有储量管理委员会和多专业的储量研究室。评估结果由各地区公司和勘探与生产分公司实行两级审查，最后由本公司储量评估领导小组审定。

② 中石化公司 2015 年年报中的经营业绩部分披露：储量信息的初步收集和汇总由油田分公司级别的不同的工作部门（包括勘探、开发、财务和法律部门）共同完成。勘探及开发部门共同编制储量评估的初步报告。随后，各油田分公司的储量管理委员会会同技术专家对初步报告进行审阅，以确保储量评估数据的质量和数量符合技术指南的要求，同时确保评估数据合理并准确。在公司级别，储量委员会主要负责储量评估工作的管理和协调，审阅并批准储量评估的年度变化和结果，并披露本公司已探明的储量信息。公司还聘请外部顾问协助其遵守美国证券交易委员会的规则和法规。

到满足投资者的需求，又不威胁国家安全是一个值得研究的问题。美国SEC要求2010年开始实施的《油气报告现代化》规范中要求披露以可靠技术增加的储量，并披露其地理位置及探明油气储量、产量、部分勘探井和开发井等信息，而这些信息涉及石油公司的技术秘密和知识产权；其中可以选择披露的油气概算储量和可能及其地理位置，则涉及公司的商业秘密。这给我国在海外上市的三大石油公司提出了挑战，我国三大石油公司均为国家石油公司，还肩负着保护国家能源安全的重大责任，因此对储量信息披露的程度需要谨慎考量。

2. 研究新的环境下油气会计的问题及改进

（1）油价波动对油气储量计算的影响问题。近年国际原油价格波动频繁，并在2008年一个年度中出现暴涨暴跌、急剧波动；2008年西德克萨斯原油期货价格（WTI）最高位为7月11日每桶147.27美元，而最低价为10月底的每桶60美元①，2009年美国西德克萨斯中质原油（WTI）每桶原油价格一度跌破每桶34美元，2月中旬开始止跌回升，10月最高突破每桶80美元②。这种大幅度的油价格波动对原油经济可采储量的计算产生了极大的影响，也对油气资产的折耗和油气资产减值产生了较大的影响。我国石油公司在2015年对油气储量数量做出了大幅度的调减，中石化公司下降的比例超过20%。见表1-2和表1-3。

表1-2　　　　三大石油公司2012～2015年原油储量估计修正　　　单位：百万桶

年份	中石油公司	中石化公司	中海油公司
2012	-16	9	111
2013	-124	-10	95
2014	-16	-38	22
2015	-1 663	-638	-228

资料来源：三大石油公司2012～2015年年报中的石油和天然气生产活动补充资料（未经审计）。

① 2008年国际油价总体上呈现出暴涨暴跌、急剧波动，2008年初至7月国际油价出现急剧暴涨，7月11日纽约市场西德克萨斯原油期货价格（WTI）盘中飙升至每桶147.27美元的历史最高价位，较2007年末大涨超过50%；但是自7月中旬以后国际油价翻转，出现连续暴跌，至10月底跌至60美元平台运行，跌幅超过了55%。2008年前11个月，WTI原油期货价格平均为每桶105.2美元，同比大涨49.2%。资料来源：牛犁. 2008～2009年国际油价走势回顾与展望 [N]. 中国网 china. com. cn. http://www.china.com.cn/economic/txt/2009-01/12/content_17094115.htm. 2009-01-12.

② 数据来自2009年中石油公司年报。

表 1-3　　　　三大石油公司 2012~2015 年原油储量估计修正占
年初储量的百分比　　　　　　　　单位: %

年份	中石油公司	中石化公司	中海油公司
2012	-0.14	0.32	5.93
2013	-1.13	-0.35	4.68
2014	-0.15	-1.34	0.96
2015	-15.70	-23.02	-10.10

资料来源: 同表 1-2。

油价取值是经济可采储量计算中最重要的参数之一，我国 2005 年《石油天然气储量计算规范》中采用的是年末的价格进行计算的，这种方法很容易受到短期油价波动影响，代表性较差。因此，油价波动对油气储量计算的影响值得商讨和研究，并考虑是否也参考美国 SEC 2000 年规则将储量计算中的油价修订为石油公司用年度内 12 个月的月平均价格来计算。

（2）石油公司海外收购和合作经营等导致的国内与国外储量披露问题。近几年我国三大石油通过签署石油合同参与合作项目、签订协议收购油气公司、组建合资公司等多种方式，在世界范围内获取海外油气资源，然后进行合作开发、联合开发或独立开发海外油气资源，海外油气资源拥有量及产量不断上升。如中石油公司 2009 年签署了包括伊拉克鲁迈拉油田在内的多个海外合作项目；2010 年与英国石油公司（BP）、伊拉克南方石油公司（South Oil Company）组成的鲁迈拉联合作业，开始有序的产能建设工作；2011 年 9 月签订协议收购从事煤层气勘探和开发业务的 Bow Energy Limited；2012 年，完成与壳牌、加拿大能源公司等非常规天然气项目交割；2013 年成功收购美国康菲石油公司西澳大利亚海上天然气和陆上凯宁盆地页岩气项目部分权益、澳大利亚必和必拓公司西澳大利亚布劳斯项目全部权益以及埃克森美孚公司伊拉克西古尔纳-1 项目 25% 的工作权益；与巴西国家石油公司全资附属公司签订收购巴西能源秘鲁公司全部股份的协议；2014 年与壳牌合作收购澳大利亚 Arrow 能源有限公司，成功进入澳大利亚煤层气业务。见表 1-4。

表 1 - 4　　　　　　中石油公司 2009 ~ 2014 年海外油气合作项目简要介绍

2009 年	签署了包括伊拉克鲁迈拉油田在内的多个海外合作项目
2010 年	与英国石油公司（BP）、伊拉克南方石油公司（South Oil Company）组成的鲁迈拉联合作业
2011 年	签订协议收购从事煤层气勘探和开发业务的 Bow Energy Limited
2012 年	完成与壳牌、加拿大能源公司等非常规天然气项目交割
2013 年	成功收购美国康菲石油公司西澳大利亚海上天然气和陆上凯宁盆地页岩气项目部分权益、澳大利亚必和必拓公司西澳大利亚布劳斯项目全部权益以及埃克森美孚公司伊拉克西古尔纳 - 1 项目 25% 的工作权益
	与巴西国家石油公司全资附属公司签订收购巴西能源秘鲁公司全部股份的协议
2014 年	与壳牌合作收购澳大利亚 Arrow 能源有限公司，成功进入澳大利亚煤层气业务

《2013 年国内外油气行业发展报告》显示，2013 年中国石油企业海外油气权益总产量快速增长，首次突破 1 亿吨，同比增长 10% 以上。中石油公司受南苏丹项目复产的推动，油气权益产量由上一年的 5 200 万吨增至 5 800 万吨；中石化公司在收购尼日利亚、北海和埃及等在产项目后，油气权益产量首次超过 3 000 万吨；中海油公司[①]则得益于尼克松的产量贡献，油气权益产量增长接近 1 倍，达到 1 800 万吨。中石油公司 2013 年海外并购金额达到 149 亿美元，是资产收购投入最多的石油公司[②]。2014 年中国石油公司海外油气权益产量超过了 1.3 亿吨油气当量，同比增长约 10%，但"三桶油"全年新项目收购金额不足 30 亿美元[③]。中石油公司近年海外油气产量情况见表 1 - 5。

截至 2015 年末，我国三大石油公司在海外油气勘探投资公司情况分别见表 1 - 6 至表 1 - 8。总体上中海油在海外的投资项目比较多，范围涉及亚洲（不含中国）、大洋洲、非洲、北美洲（不含加拿大）、南美洲和欧洲，并且间接控股的附属公司（子公司）比较多，一般地，单个项目规模都不是很大。

---

①　中海油公司 2015 年年报披露，中海油公司在中国以外的油气勘探开发和生产活动主要在加拿大、美国、英国、尼日利亚、阿根廷、印度尼西亚、乌干达、伊拉克、巴西和澳大利亚等地进行。
②　高立萍．中石油去年油气产量 2.38 亿吨 投资回报率逐年降低［N］．东方财富网（来源于第一财经日报）http：//finance. eastmoney. com/news/1354, 20140116353927497. html. 2014 - 1 - 16.
③　师烨东．油企海外收购"变盘"：央企休息 民资接力［N］．网易财经（本文来源于每日经济新闻）http：//money. 163. com/15/0211/01/AI4S27J600253B0H. html. 2015 - 2 - 11.

表 1-5　　　　　　　　　中石油公司海外油气产量

项目	2010 年	2011 年	2012 年	2013 年	2014 年	2015 年
油气当量产量（百万桶）	102.30	120.80	136.90	136.50	147.20	203.50
增长率（%）	—	18.08	13.33	-0.29	7.84	38.25
占中石油油气当量产量比率（%）	8.33	8.99	10.65	9.80	10.10	13.60

资料来源：根据中石油公司各年年报统计。

表 1-6　　　中石油公司主要海外油气投资附属公司及联营企业和合营企业

企业名称	经营地/注册地	业务性质	注册资本	持股比例（%）	
				直接	间接
一、联营企业和合营企业					
Arrow Energy Holdings Pty Ltd.	澳大利亚	煤层气勘探开发和销售	2 澳元	—	50
二、附属公司					
中石油国际投资有限责任公司	中国	其主要附属公司和合营公司的主要业务活动是在境外从事原油、天然气、油砂和煤层气的勘探、开发和生产	313.14 亿元	100	

资料来源：中石油公司 2015 年年报。

表 1-7　　　中石化公司重要海外油气投资子公司、合营公司和联营公司

被投资单位名称	主要经营地	注册地	法人代表	业务性质	注册资本	公司直接和间接持股/表决权比例(%)
一、子公司						
中国石化国际石油勘探开发有限公司（国际勘探）		中国		石油、天然气勘探、开发、生产及销售等领域的投资	8 000 百万元人民币	100
中国石化海外投资控股有限公司（海外投资控股）		中国		海外业务投资和股权管理	300 百万美元	100
二、合营公司						
Taihu Limited（Taihu）	俄罗斯	塞浦路斯	不适用	原油和天然气开采	25 000 美元	49

续表

被投资单位名称	主要经营地	注册地	法人代表	业务性质	注册资本	公司直接和间接持股/表决权比例(%)
Mansarovar Energy Colombia Ltd.（Mansarovar）	哥伦比亚	英属百慕大群岛	不适用	原油和天然气开采	·12 000 美元	50
三、联营公司						
Caspian Investments Resources Ltd.（CIR）	哈萨克斯坦共和国	英属维京群岛	不适用	原油和天然气开采	10 000 美元	50

注：以上合营公司和联营公司的企业类型均为有限责任公司。

资料来源：中石化公司2015年年报。

表1-8　　　中海油公司从事海外油气业务的间接控股的附属公司

公司名称	注册成立/设立地点	已发行及缴足之普通股股本/注册资本	集团应占股本权益百分比（%）	主要业务
一、间接控股的附属公司				
CNOOC SES Ltd.	马来西亚	1 美元	100	在印度尼西亚从事油气勘探、开发及生产活动
CNOOC Muturi Limited	曼岛	7 780 770 美元	100	在印度尼西亚从事油气勘探、开发及生产活动
CNOOC NWS Private Limited	新加坡	2 新加坡元	100	在澳大利亚从事海上油气勘探、开发及生产活动
CNOOC Exploration & Production Nigeria Limited	尼日利亚	1 000 万奈拉	100	在非洲从事油气勘探、开发及生产活动
CNOOC Iraq Limited	英属维尔京群岛	1 美元	100	在伊拉克提供油气勘探、开发服务
CNOOC Canada Energy Ltd.	加拿大	100 普通股无面值 103 000 优先股无面值	100	在加拿大从事油砂勘探、开发及生产活动
CNOOC Uganda Ltd	乌干达	100 万乌干达先令	100	在非洲从事油气勘探、开发及生产活动

续表

公司名称	注册成立/设立地点	已发行及缴足之普通股股本/注册资本	集团应占股本权益百分比（%）	主要业务
Nexen Energy ULC	加拿大	13 671 421 700 普通股无面值	100	在加拿大从事油气勘探、开发及生产活动
Nexen Petroleum U. K. Limited	英格兰和威尔士	98 009 131 英镑	100	在英国从事油气勘探、开发及生产活动
Nexen Petroleum Nigeria Limited	尼日利亚	3 000 万奈拉	100	在尼日利亚从事油气勘探、开发及生产活动
OOGC America LLC	美国	不适用	100	在美国从事油气勘探、开发及生产活动
Nexen Petroleum Offshore U. S. A. Inc.	美国	15 830 美元	100	在美国从事油气勘探、开发及生产活动
Nexen Oil Sands Partnership	加拿大	不适用	100	在加拿大从事油气勘探、开发及生产活动
CNOOC PETROLEUM BRASIL LTDA	巴西	21.86 亿雷亚尔	100	在巴西从事油气勘探、开发及生产活动
二、联营公司投资				
Northern Cross（Yukon）Limited	加拿大	22 691 705 普通股无面值	60	在加拿大从事油气勘探、开发及生产活动

注：除中海石油深海开发有限公司为通过中海石油（中国）有限公司（中海油公司）间接控股外，其他均为通过中国海洋石油国际有限公司间接控股。

资料来源：根据中海石油 2015 年年报整理。

通过各种投资方式取得的油气储量和产量如何反映在公司的年报中，已经成为有关方面关注的焦点。讨论的重点集中在油气探明储量以及油气产量的合并范围或披露口径上，即石油公司在年报中披露的油气探明储量或产量是否只包括合并公司的储量或产量，而不包括权益法投资的储量或产量①，这些问题需要加以讨论和研究。

（3）技术革新导致的非常规油气开采的信息披露问题。当油价上升到一

---

① 钱明阳. 上市石油公司油气储量和产量披露研究［J］. 国际石油经济，2009（10）：36 - 41.

定程度，寻找和开发替代资源就成为必然。近年我国油气企业积极开展油砂、页岩油、煤层气、天然气水合物等非常规油气资源的勘探和开发活动，并且已经有所成效，尤其是在页岩气的勘探开发上。页岩气勘探开发是2006~2010年才开始起步的，目前仍是相对新兴的产业，全球对页岩气的勘探开发并不普遍，虽然美国和加拿大做了大量工作，欧洲许多国家亦开始着手页岩气勘探开发的研究，俄罗斯仅有局部少量开采。我国中石油公司在2012年3月钻出了国内第一口页岩气水平井，威201-H₁井，并顺利完井，该井位于四川省威远县境内。目前，中石油公司在我国四川有7口页岩气井投入试采[1]；2012年中石油公司从壳牌公司购买后者在加拿大的一个页岩气项目20%股份的协议[2]。2012年11月，中石化公司在涪陵焦石坝地区实施的第一口页岩气井——焦页1HF井钻获20.3万立方米高产页岩气，是中国第一口具有商业开发价值的页岩气井[3]。2015年中石油公司页岩气探明储量超千亿立方米，中石化公司探明已开发储量页岩气（涪陵页岩气田）10 160亿立方英尺，探明未开发储量1 810亿立方英尺。截至2016年3月中石化公司涪陵页岩气田累计产量超57.66亿立方米，已投产190口井[4]。

我国非常规油气资源丰富，除页岩气外，我国石油公司积极从事油砂、页岩油、煤层气、天然气水合物等非常规油气的开发。目前在我国各石油公司年报中的油气产量统计中包含该部分油气数量，但是各石油公司的油气储量报告包括这些非常规油气与否并没有做出说明，通常是不包括这部分储量的，造成了石油公司油气生产活动中的油气产量信息和油气储量信息的不匹配问题。虽然中海油公司的年报中未经审计的石油天然气生产活动资料部分披露的有关储量信息包括区域储量信息，除石油、天然气

---

① 梁现瑞. 国内第一口页岩气水平井在四川完井［N］. 新华网四川频道新闻中心（转自四川日报）. http：//www. sc. xinhuanet. com/content/2011 - 04/02/content_22440580. htm. 2011 - 4 - 2.

② 陈其珏. 中石油参与壳牌公司加拿大非常规天然气项目获批［N］. 和讯网新闻（转自上海证券报）. http：//news. hexun. com/2012 - 02 - 11/138139126. html. 2012 - 2 - 11.

③ 中国石油化工集团公司. 中国石化海相页岩气勘探取得重大突破［N］. 国务院国有资产监督管理委员会. 网站/中央企业/央企要闻/经营动态. http：//www. sasac. gov. cn/n86114/n326638/c706446/content. html. 2013 - 6 - 21.

④ 重庆网络广播电视台. 中石化涪陵页岩气田累计产量超57亿方［N］. http：//news. cbg. cn/cqxwlb/2016/0423/3295207. shtml. 2016 - 4 - 23.

储量外，还包括合成油、沥青储量等信息，比中石油公司和中石化公司详细。2008 年 12 月 SEC 发布了的《油气报告条例》将油砂和油页岩等非传统的油气生产活动纳入了油气生产活动中，并对"油气生产活动"和"探明油气储量"的定义做了重大修订，拓宽了油气生产活动的范围，我国也需要在这个方面跟进给予研究，对非常规油气储量和产量是否应该披露和如何披露加以讨论和研究。

3. 积极参与 IAS 油气会计问题专题研究促进我国油气会计发展

IASB 于 2004 年发布了 IFRS NO. 6（国际财务报告准则第 6 号）《矿产资源的勘探与评价（Exploration for and Evaluation of Mineral Resources）》，但是这一准则是关于整个采掘业的矿权取得及勘探和勘探评价的，不涉及矿产资源产品的生产和销售，并且其中的规定也较为基础，没有储量信息披露的要求，更没有涉及前面讨论的对已有的会计问题进行研究和改进中的油价波动对油气储量计算的影响问题，一国石油公司海外收购和合作经营等导致的国内与国外储量披露问题和技术革新导致的非常规油气开采的信息披露问题等。这些问题也会成为未来 IASB 采掘业项目组讨论研究的重点。

作为采掘业会计准则研究的延续，国际会计准则理事会于 2005 年成立了"国际会计准则理事会采掘业研究项目组"对采掘业项目进行继续研究。该研究项目组的成员来自澳大利亚、加拿大、挪威、南非等国家的准则制定机构，同时成立了专家组提供指导和专业咨询。采掘业研究项目是一个解决采掘业上游生产活动会计准则的综合性项目，项目组在 2009 年 8 月 11 日发布了研究报告《采掘业讨论文本（草案）》作为其工作的阶段性总结。在此基础上，2010 年 4 月 1 日 IASB 发布讨论稿《采掘活动》向全球征求意见，主要内容涉及与财务报告有关的问题，尤其是：（1）资源及储量的定义——涉及是沿用当前的定义还是制定一套新的包括确认和披露有关的矿产资源和油气储量的定义；（2）可以作为资产在财务报告中进行列示的矿产资源和油气储量判定方法；（3）可以在财务报告中列示的矿产资源和油气储量的初始计量方法；（4）在矿产资源和油气储量的初始计量之后的会计期间如何继续进行计量，例如，价值重估、减值或摊销；（5）在确认之前发生的费用是否应该完全费用化或者部分资本化；（6）需要在财务报告上披露的有关矿产资源和油气储量的信息等。这其中涉及上述的有关问题，但不是全部问题。这些问题未来终究是要被讨论和解决的，我国应该积极参与到非常规能源的评估和规则制定的讨论中去，以促进我国油气会计的发展，同时在相关方法的选择中还需要从维护我国的利益和保护经济安全方面出发，对其披露内容和方式方法慎重选择①。

本章参考文献

[1] 陈鹏，杨惠贤. 我国石油工业管理体制变迁对油气会计的影响 [J]. 西安石油学院学报（社会科学版），2001（5）：35 – 37.

[2] 赵选民等. 新中国石油天然气会计核算变迁及发展 [M]. 北京：中国财政经济出版社，2001：38 – 79.

[3] 赵广长. 试论油田维护费的性质与合理提取 [J]. 西安石油学院学报，1989（3）：1 – 8.

[4]《石油、天然气会计问题研究》课题组. 油田维护费会计问题研究 [J]. 会计研究，2001（9）：34 – 37.

[5] 林金高等. 石油、天然气会计问题研究 [M]. 大连：东北财经大学出版社，2002：53 – 66.

[6] 中华人民共和国财政部（2001.11.21），企业会计准则——固定资产 [S]. 法律图书馆新法规速递. http：//www. law-lib. com/law/law_view. asp? id = 16604.

[7] 中华人民共和国财政部（财会 [2000] 25）. 企业会计制度 2001 [M]. 北京：经济科学出版社，2001：20 – 29.

[8] 国际石油经济编辑部. SPE 石油经济评价论文集 [M]. 北京：中国石油天然气总公司信息研究所，1996.

[9] 邱亿如，刘晓莹. 油气成本中储量有偿使用费的计算 [J]. 江汉石油学院学报，1994（6）：97 – 100.

[10] 财政部、国土资源部文件（财综字 [1999] 74 号）：探矿权采矿权使用费和价款管理办法 [S]. 1999.

---

① 李岩，王莲英. 美国 SEC 油气储量披露新规及其影响分析 [J]. 商业会计，2010（16）：8 – 10.

［11］财政部、中国石油天然气总公司 1998 年 5 月 21 日（工字［1998］33 号文）：储量有偿使用费管理暂行办法［S］. 1998.

［12］全景网络证券时报. 石油大明：取消油气储量有偿使用费［N］. 新浪财经纵横＼股票＼新闻公告，http：//finance. sina. com. cn/stock/marketMsg/2000 － 03 － 10/22794. html，2000 － 3 － 10.

［13］王菲菲，杨惠贤. 石油天然气开采准则与 IFRS6 的对比与趋同［J］. 辽宁工程技术大学学报（社会科学版），2014（3）：165 － 167.

［14］胡建忠. 油气会计规范和研究报告综述［J］. 会计之友，2005（8）下：13 － 18.

［15］财政部会计准则委员会. 企业会计准则第 27 号——石油天然气开采［M］. 北京：经济科学出版社，2006：91 － 93.

［16］财政部会计司组织翻译. 国际财务报告准则第 6 号：矿产资源的勘探和评价［J］. 会计研究，2005（1）：82 － 84.

［17］财政部. 企业会计准则——应用指南《企业会计准则第 27 号——石油天然气开采》应用指南［S］. 中华会计网校财经法规 http：//www. chinaacc. com/new/63/64/78/2006/11/wa223058595011211600217052 － 0. htm，2016. 10.

［18］吴杰，张自伟. 我国石油天然气准则国际趋同度分析与测量——以 CAS27 与 IFRS 6 的比较为基础［J］. 财会通讯，2008（10）：23 － 25.

［19］赵选民，怡敏. 中国石油天然气会计准则国际趋同度测量分析［J］. 会计之友，2012（2）：98 － 101.

［20］牛犁. 2008 ～ 2009 年国际油价走势回顾与展望［N］. 中国网财经，http：//www. china. com. cn/economic/txt/2009 － 01/12/content_17094115. htm. 2009 － 1 － 12.

［21］丁圆荣. 国际趋同视角下我国油气会计准则的完善［J］. 会计之友，2005（8）：39.

［22］李岩，王莲英. 美国 SEC 油气储量披露新规及其影响分析［J］. 商业会计，2010（16）：8 － 10.

［23］吴杰，吉寿松. IASB 采掘业会计研究项目的最新进展［J］. 中国石油大学学报（社会科学版），2008（4）：14 － 19.

［24］张国华，曲晓辉. 会计准则国际趋同度量方法拓展——模糊聚类分析法初探［J］. 南开管理评论，2009（1）：102 － 109.

［25］钱明阳. 上市石油公司油气储量和产量披露研究［J］. 国际石油经济，2009（10）：36 － 41.

［26］蔡利宏. 对我国会计发展趋势的思考，湖南税务高等专科学校学报［J］. 2008（3）：31 － 39.

［27］王建科，周计光．我国会计与国际会计的协调［J］．会计研究，1996（6）：54－55.

［28］姜永德，龚晓利．会计国家化与国际化之我见［J］．会计研究，1998（11）：16－20.

［29］王晓华．国际视野下我国财务会计发展的环境驱动［J］．财会月刊，2013（5）下：111－112.

［30］高立萍．中石油去年油气产量2.38亿吨投资回报率逐年降低［N］．东方财富网（来源于第一财经日报）http：//finance. eastmoney. com/news/1354，20140116353927497. html. 2014－1－16.

［31］师烨东．油企海外收购"变盘"：央企休息 民资接力［N］．网易财经（来源于每日经济新闻）http：//money. 163. com/15/0211/01/AI4S27J600253B0H. html. 2015－2－11.

第2章

油气资产
确认及与油气储量资产关系研究

在上一章我国油气会计的发展史中，已经看到我国油气会计基本方法选用的是成果法，不论是2006年我国颁布CAS NO.27《石油天然气开采》之前，还是CAS NO.27《石油天然气开采》准则中都要求采用成果法，这一章将对不同的油气资产确认的会计理论基础加以讨论；并对我国2006年我国颁布CAS NO.27《石油天然气开采》中油气资产的确认及其与美国的油气资产确认方法的异同加以分析；对我国理论界关于油气储量资产的不同认识加以研讨；对油气会计历史成本法在我国石油公司产生的问题——油气资产历史成本与价值量差异加以分析，并得出研究结论。

2.1 油气资产确认探讨

世界各国对油气资产的确认目前采用的还是历史成本法，在油气资产确认的规范中，最典型的是美国关于油气会计确认的理论与实务。1977 年 12 月美国 SFAS NO. 19 "石油和天然气生产公司的财务会计和报告" 和 1978 年 12 月美国 SEC 在 NO. 257 会计论文集（ASR NO. 257）给出了 "成果法（SE，也称'成效法'）" 的规则，1978 年 12 月美国 SEC 的 NO. 258 会计论文集（ASR NO. 258）给出了 "全部成本法（FC，也称'全部成本法'）" 的终审规则。在我国计划经济时期，油气勘探和开发活动支出的处理在广义上类似于成果法，我国三大石油公司改组上市后会计实务采用的也是成果法，我国 2006 年 CAS NO. 27《石油天然气开采》也要求企业采用成果法，因此下面对成果法和全部成本法加以讨论。

2.1.1 油气资产概念及特点

油气资产是石油企业为了获得油气产品而进行的油气矿权取得、勘探和开发活动中支付的费用中被资本化的部分，或者直接购入的矿区权益及井和相关设施。油气资产属于递耗资产，在使用中不断被耗损，价值随着计提折旧、折耗与摊销而减少。我国 CAS NO. 27《石油天然气开采》应用指南中指出：油气资产是指油气开采企业所拥有或控制的井及相关设施和矿区权益。

油气资产不包括开采油气所必需的辅助设备和设施（如房屋、机器等），我国 CAS NO. 27《石油天然气开采》应用指南中规定：开采油气所必需的辅助设备和设施（如房屋、机器等），作为一般固定资产管理，适用 CAS NO. 4《固定资产》。油气资产及其形成过程见图 2 – 1。

2.1.2 油气资产会计方法的理论基础及其影响探讨

油气资产确认中最典型的方法是美国及我国采用的成果法和美国采

用的全部成本法的规定，成果法把没有直接发现石油或天然气的勘探支出作为当期费用，成功的钻井成本作为资本性支出。全部成本法下，所有的勘探支出都被资本化。两种方法下的矿权取得成本和开发成本都被资本化，生产成本都被费用化。成果法下，尽管开发成本可能包括一口未成功开发井，但是所有的开发成本都被资本化，因为开发活动的目的被认为是建造一个油井、一套装备和设备的生产系统，而不是寻找石油和天然气。虽然从财务会计的概念出发，成果法更符合油气资产的定义，但是由于不同的方法对企业资产及损益产生的影响不同，就会计信息的相关性来说，全部成本法也有其存在的意义，尤其是对于业务较为单一的、规模较小的油气生产公司来讲更是如此。

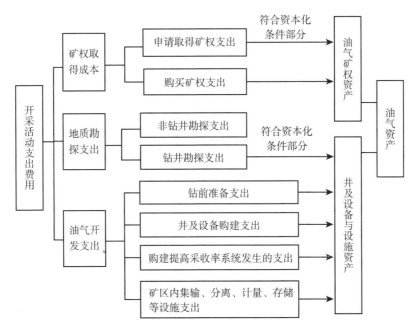

图 2-1　油气资产及其形成过程

1. 成果法下油气资产确认更符合财务会计概念中"资产的定义"

在成果法下，直接导致探明储量发现的成功勘探成本，才被认为是发现石油和天然气成本的一部分，并且能被资本化。没有导致一项资产具有未来经济收益的非成功勘探成本将被费用化。这种处理方法更符合财务会计概念中"资产的定义"。

美国 SFAS NO.19 文件第 143 段说明:"在目前接受的财务会计结构中,资产是一项期望提供未来收益的经济资源。非货币资产一般是按照获得或建造它们的成本来入账的。与具有可以取得未来收益的特定资产没有直接关系的成本一般不被资本化——不管那些成本对企业正在发展中的经营是多么重要。如果成本没有导致一项资产具有可取得未来收益,成本将被作为费用或者被认为是一项亏损。"我国《企业会计基本准则》第二十条中规定:"资产是指企业过去的交易或者事项形成的、由企业拥有或者控制的、预期会给企业带来经济利益的资源"。其中解释资产的形成包括"购买、生产、建造行为或其他交易或者事项"。并要求资产必须具备"预期会给企业带来经济利益",即资产必须具有"直接或者间接导致现金和现金等价物流入企业的潜力";第二十一条规定资产的确认必须同时满足以下两个条件,即"与该资源有关的经济利益很可能流入企业;该资源的成本或者价值能够可靠地计量"。因此,成果法中"直接导致探明储量发现的成功勘探成本"即是可以"导致经济流入企业"的支出被资本化的体现,而没导致探明储量发现的勘探成本在未来不可能给企业带来经济利益的流入,因此,在财务会计概念框架下,不符合资产的定义,被计入当期损益。

2. 全部成本法下油气资产确认不符合财务会计概念但反映企业未来

在全部成本法下,勘探成本中不论是成功的勘探成本,还是非成功成本都被资本化,即使非成功成本没有未来经济收益。支持全部成本法的人认为:由于没有已知方法来避免勘探石油和天然气过程中的非成功成本,发生在这个勘探过程中的成功成本和非成功成本和发现的储量之间没必要有直接的关系。这种处理方法显然不符合"资产"的定义及其确认条件。

从信息的相关性来讲,全部成本法也有其合理的一面。由于企业勘探业务成功的概率比较低,尤其是初探井成功率更低,另外,勘探成本,尤其是探井成本更高,于是企业如果不发生"油气勘探业务",则企业的资产和利润不会发生较大波动,但是企业未来没有资源接替,将影响其未来的发展；反之，如果石油公司发生了大量的"油气勘探业务"，成果法下大量的非成功井形成的金额巨大当期费用，使得石油公司的当期资产剧烈减少的同时，利润也剧烈减少。因此"勘探业务"越多，这种影响越大，因而更容易造成企业投资者对未来的悲观估计，与不发生"油气勘探业务"形成不合理的反差。

3. 成果法下成功钻井和未成功钻井的顺序对财务报表的影响

由于成果法下油气资产确认中对于非成功勘探井和非成功开发井支出的处理不同，非成功勘探井支出计入当期损益，而非成功开发井支出则确认为油气资产，因而造成由于钻井的顺序不同，即使钻井的结果一样，也会使得确认的资产和损益不同。全部成本法下油气资产确认中对于非成功勘探井和非成功开发井一样，都是将其确认为油气资产，因而钻井的顺序并不会对油气资产和损益产生影响。

例如，某石油公司油气会计政策采用的是成果法，公司2013年购买了一个深度为3 000米的油藏矿区权益。油藏是一个未知断层圈闭，位于储层的中心。为了确定和开发这个油藏储层，该公司以每口井2 000 000元的成本共钻了5口井，W_1井、W_2井、D_1井、B_1井和B_2井，其中W_1井、W_2井、D_1井为成功井，B_1井和B_2井为干井。见图2-2。

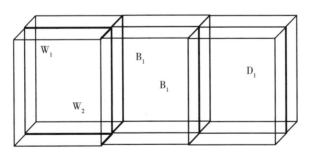

图2-2 钻井顺序示意

如果钻井顺序为先钻W_1井、W_2井、D_1井三口成功井，那么这三口成功探井的支出将被资本化，该油藏被确认为探明油藏，然后开发中钻B_1井和B_2井，虽然B_1井和B_2井为干井，但是按照成果法规则，B_1井和B_2井仍被资本化为油气资产。

如果钻井顺序为先钻 B_1 井和 B_2 井，且 B_1 井和 B_2 井为干井，则它们被确定为在未知区域内的勘探井，于是这两口干井的钻井支出将计入当期损益。随后即使钻出 W_1 井、W_2 井、D_1 井三口成功井，该油藏被确认为探明油藏，也只能将 W_1 井、W_2 井、D_1 井三口成功井支出资本化。

因此，石油公司钻井的顺序不同导致了该公司利润表和资产负债表上 4 000 000 元的差异。具体见表 2 - 1。

表 2 - 1　　　　成果法下钻井顺序对企业财务报表的影响　　　　单位：元

项　　目	钻井顺序	
	先钻 W_1、W_2、D_1 成功井 后钻 B_1 和 B_2 干井	先钻 B_1 和 B_2 干井 后钻 W_1、W_2、D_1 成功井
资产负债表		
油气资产	10 000 000	6 000 000
损益表		
勘探费用		4 000 000

2.1.3　我国油气资产确认及与美国的比较

1. 油气矿权取得、勘探和开发活动支出费用的界定

关于油气矿权取得、勘探和开发活动支出费用的界定基于国家法律，以及管理的体制的不同有所不同，在国家不同时期也有不同的表现，这在第 1 章我国油气会计发展史的阐述中已经有所体现，这里不再赘述。下面介绍我国油气矿权取得、勘探和开发活动支出费用的界定以及世界最典型的美国关于油气矿权取得、勘探和开发活动支出费用包含的内容。

我国 2006 年 CAS NO.27《石油天然气开采》是按照油气生产经营的环节，即矿权取得、勘探、开发及生产活动中支出费用的会计处理问题对油气资产形成进行的规定。其中对于矿权取得、勘探和开发活动中支出费用的内容与美国基本相似，但描述却不完全相同。具体包括：

（1）矿区取得支出费用。矿权取得支出包括：第一，申请取得矿区权益的成本包括探矿权使用费、采矿权使用费、土地或海域使用权支出、中

介费以及可直接归属于矿区权益的其他申请取得支出。第二，购买取得矿区权益的成本包括购买价款、中介费以及可直接归属于矿区权益的其他购买取得支出。

（2）勘探支出费用。油气勘探支出包括钻井勘探支出和非钻井勘探支出。钻井勘探支出主要包括钻探区域探井、勘探型详探井、评价井和资料井等活动发生的支出；非钻井勘探支出主要包括进行地质调查、地球物理勘探等活动发生的支出。

（3）油气开发形成的井及相关设施的支出。油气开发形成的井及相关设施的支出主要包括：钻前准备支出，包括前期研究、工程地质调查、工程设计、确定井位、清理井场、修建道路等活动发生的支出；井的设备购置和建造支出，井的设备包括套管、油管、抽油设备和井口装置等，井的建造包括钻井和完井；购建提高采收率系统发生的支出；购建矿区内集输设施、分离处理设施、计量设备、储存设施、各种海上平台、海底及陆上电缆等发生的支出。

按照美国 SX4 – 10 条例，石油公司为了获得油气产品而进行的油气矿权取得、勘探和开发活动中支出费用包括的内容：

第一，矿区取得支出费用。矿区取得支出费用包括因购买、租赁或以其他途径取得一个矿区而发生的各项费用。它们主要包括租赁定金，选择购买权或租赁矿区的费用，购买土地和采矿权时属于采矿权的费用部分，为取得采矿权而发生的佣金、手续费、法律费用和其他费用。

第二，勘探支出费用。勘探费用是指实施下列各项作业发生的费用：一是确定那些可能值得调查的区域；二是调查可能含有石油和天然气储量的特定区域，包括钻探井和勘探参数井。勘探费用可能发生在取得有关矿区之前（有时取得矿区之前发生的一部分费用计入勘探费用），也可能发生在取得有关矿区之后。勘探费用包括对地貌和地球物理调查的费用，地质人员、地球物理调查人员和进行这些调查的其他人员的薪金及其他费用。探井和勘探参数井的钻井和装备发生的全部费用以及干井贡献和井底贡献支出也都包括在勘探费用之中。

第三，开发支出费用。开发费用是指为获得石油和天然气探明储量以及为开采、处理、集输和贮存石油和天然气提供设施而发生的各项费用。

2. 我国油气矿权取得、勘探和开发活动支付资本化规定

我国油气矿权取得、勘探和开发活动支出费用的资本化规定是以资产定义及其确认条件为依据的，在没有冲突的情况下，与 2006 年出台准则之前已有的规定一致。我国 2006 年 CAS NO. 27《石油天然气开采》中规定油气企业形成油气资产的费用包括矿权取得、勘探和开发活动中支付的费用被资本化的部分。其中规定如下：

（1）矿区取得支出费用资本化的规定。为取得矿区权益而发生的成本应当在发生时予以资本化，矿区权益取得后发生的探矿权使用费、采矿权使用费和租金等维持矿区权益的支出，应当计入当期损益。

（2）勘探支出费用资本化的规定。勘探中的非钻井勘探支出于发生时计入当期损益；钻井勘探支出在完井后，确定该井发现了探明经济可采储量的，应当将钻探该井的支出结转为井及相关设施成本；确定该井未发现探明经济可采储量的，应当将钻探该井的支出扣除净残值后计入当期损益。

（3）油气开发形成的井及相关设施支出资本化的规定。油气开发活动所发生的支出，应当根据其用途分别予以资本化，作为油气开发形成的井及相关设施的初始成本。

目前我国矿权取得、勘探和开发活动中支出费用的资本化规定具体见表 2 - 2。

表 2 - 2　我国矿权取得、勘探和开发活动中支出费用资本化的规定

项　　目	成果法（SE）
取得矿区权益的成本	资本化为油气资产
矿区权益取得后的维持矿区权益支出	当期损益
非钻井勘探支出	当期损益
钻井勘探支出中的勘探干井	当期损益
钻井勘探支出中的成功的勘探井	资本化为油气资产
开发支出	资本化为油气资产

3. 我国油气矿权取得、勘探和开发活动支付资本化规定与美国的比较

（1）美国油气资产确认的规定。美国对于矿权取得、勘探和开发活动

中支出费用的确认有成果法和全部成本法两种方法。20世纪50年代中期之前，几乎所有的石油和天然气生产公司都采用了可能被人们一致称为成果法的会计原则，虽然各油气生产公司在成果法的运用上出现过许多差别，使得各公司之间完全缺乏可比性。成果法的理论基础为：假如寻找、取得和开发石油和天然气储量的费用支出结果直接找到储量，那么，这些寻找、取得和开发石油和天然气储量发生的费用支出就应该资本化。反之，假如这些活动的费用支出结果没有找到一定的储量，那么，它们就应该作为费用核销。在20世纪50年代中期，美国石油和天然气作业会计核算出现了全部成本法。在全部成本法中，把一个成本中心的勘探、取得和开发石油和天然气储量发生的所有费用支出全都资本化，无论这些活动的结果成功与否。全部成本法在运用中也有不同，如一个公司成本中心可能确定为全球范围，或一个洲或一个单独的国家；一个成本中心的石油和天然气矿物资产价值有关的"上限"的确定方法有多种。一般美国的小型、新成立的石油和天然气公司基本上都采用全部成本法，1970年大约有一半股份公开交易的石油和天然气生产公司采用全部成本法。1977年12月美国出台财务会计准则文件SFAS NO.19，"石油和天然气生产公司的财务会计和报告"，确定油气企业对费用支出资本化时应遵循成果法。但是遭到了许多有关人士的反对。1978年12月证券交易委员会在《第258号会计论文集》（ASR 258）中发布了对全部成本法的终审规则；在《第257号会计论文集》（ASR 257）中发布了对成果法的终审规则。对遵循成果法的公司规定的这些规则基本上与第19号财务会计准则文件（FAS）规定的那些规则相同。目前，财务会计准则委员会和证券交易委员会都没有改变这两种方法可接受性的计划。也就是说，美国目前的石油公司，包括证券交易委员会管辖之下的石油公司以及受注册会计师审计要求制约的公司，可以遵循证券交易委员会规定的全部成本法，也可以遵循第19号财务会计准则文件规定的成果法。

　　美国成果法和全部成本法的区别主要是哪些费用需要资本化，以及随后摊销这些资本化费用的方法。

　　由上述定义可以发现成果法与全部成本法既有区别又有联系，具体见表2－3。

表 2-3   美国成果法（SE）和全部成本法（FC）下油气资产的确认

项　目	成果法（SE）	全部成本法（FC）
地质和地球物理勘探成本	当期损益	资本化
矿权取得成本	资本化	资本化
勘探干井	当期损益	资本化
成功的勘探井	资本化	资本化
开发干井	资本化	资本化
成功的开发井	资本化	资本化

　　根据成果法理论，成果法以油田为成本归集和计算中心，只资本化与发现探明储量相关的成本费用，不直接相关的成本费用，作为当期费用处理。其特点是强调收入与费用的配比，不导致未来利益的成本不予资本化为资产，符合稳健性原则，可以更好地反映每个成本中心油气资源的实际成本。具体地，成果法下矿权取得、勘探和开发活动中支出费用资本化的内容包括矿权取得成本、成功的勘探井、开发干井和成功的开发井的成本。

　　根据全部成本法理论，全部成本法对全部勘探中发生的成本费用都加以资本化，不论这些成本费用是否成功发现探明油气储量。其特点是强调权责发生制原则，认为在寻找石油和天然气储量的过程中，发生在该活动中的成功和非成功成本都是发现石油和天然气成本的一个必要组成部分，发生成本和发现的储量之间没有直接联系。具体地，全部成本法下的矿权取得、勘探和开发活动中支出费用资本化的内容包括地质和地球物理勘探成本、矿权取得成本、勘探干井、成功的勘探井、开发干井和成功的开发井的成本。成果法和全部成本法在费用资本化上的区别主要是对于地质和地球物理勘探成本和勘探干井成本的处理不同，成果法将其计入当期损益，而全部成本法则将其资本化为油气资产。因而导致成果法下的油气资产入账价值小于全部成本法下的油气资产入账价值，并且也使得在油气资产后续计提折耗时因资产的基础不同，而导致摊销费用的不同，成果法下的油气资产折耗费用小于全部成本法下的油气资产折耗费用。

　　成果法与全部成本法相比较之下，对勘探费用和未成功勘探钻井成本的会计处理的不同，对石油公司的损益表有实质性的影响。具有大型勘探钻井方案和正常钻井成功率的公司，在成果法下，有一个很大数额的干井费用。那些干井成本将对采用成果法核算的公司的净收入数额产生不利的影响。另外，采用全部成本法核算的公司把勘探干井成本资本化，因此，这些成本除了通过摊销之外对净收入没有什么影响。作为费用列支的干井成本的不利影响对一些较小的公司影响特别大。

（2）我国与美国在油气资产确认上的比较分析。

第一，我国油气资产确认方法与美国的成果法基本一致，而与全部成本法则相去甚远。也可以说我国油气资产确认方法采用的是成果法。我国CAS NO. 27《石油天然气开采》应用指南也对此给出了明确说明："根据本准则第十三、十四和十五条规定，对于钻井勘探支出的资本化应当采用成果法，即只有发现了探明经济可采储量的钻井勘探支出才能资本化，结转为井及相关设施成本，否则计入当期损益。"

第二，从上面的阐述中可以看出，我国油气资产确认中的油气矿权取得、勘探和开发活动的内容与美国略有差异，主要内容是在矿权取得成本和勘探支出中的非钻井支出上。

第三，一般来讲，在有勘探支出的年份，按照我国会计准则规定和美国成果法下计算的资产要小于按照美国全部成本法下计算的资产，当然也同时影响当期损益，即按照我国会计准则规定和美国成果法计算的利润要小于按照美国全部成本法下计算的利润，这是由于对地质和地球物理勘探成本和干井成本的不同处理造成的；我国会计准则规定和美国成果法下这些成本被费用化，而在美国全部成本法下，则被成本资本化。

第四，在确定计提油气资产折耗的数额时，由于按照我国会计准则规定和美国成果法计算的资产要小于按照美国全部成本法下计算的资产，所以在以后计提油气资产折耗时，会导致按照我国会计准则规定和美国成果法计算的金额小于在全部成本法下计算的金额。

总体上讲，美国全部成本法使得石油公司的利润均衡化了。下面以实例对中美在油气资产确认上的差异加以讨论。

这里以某石油公司在其取得的一个矿区进行勘探作业为例。2013年3月3日开始在第一年期间，发生的取得成本、地质和地球物理勘探成本、勘探干井成本、成功勘探井成本、开发成本、生产成本、折旧折耗和摊销费用，以及取得的原油销售收入见表 2 - 4。

表 2 - 4 　　　　　石油公司 2013 年发生的成本、费用及收入 　　　单位：万元

成本收入项目	金　额
取得成本	3 000
勘探成本	44 000
地质和地球物理勘探成本	1 000
勘探干井	25 000
成功勘探井	20 000
开发成本	80 000
生产成本	
操作成本	12 000
折旧、折耗和摊销的费用：成果法	7 000
折旧、折耗和摊销的费用：全部成本法	20 000
收入	48 000

这里再分别按照我国的规定，美国成果法、全部成本法的规定计算石油公司的有关业务给企业带来的油气资产确认的影响。具体见表 2 - 5。

表 2 - 5 　　　　　　　　石油公司 2013 年部分资产负债表 　　　单位：万元

中国		美国			
		成果法		全部成本法	
资产	金额	资产	金额	资产	金额
矿区权益（取得成本）	3 000	矿区权益（取得成本）	3 000	取得成本	3 000
油气资产（井及设备与设施）		井及设备与设施		地质和地球物理勘探成本	1 000
		勘探干井		勘探干井	25 000
成功勘探井	20 000	成功勘探井	20 000	成功勘探井	20 000
开发成本	80 000	开发成本	80 000	开发成本	80 000
油气资产合计	103 000	油气资产合计	103 000	油气资产合计	126 000
减：累计折旧、折耗和摊销	7 000	减：累计折旧、折耗和摊销	7 000	减：累计折旧、折耗和摊销	20 000
油气资产净值	96 000	油气资产净值	96 000	油气资产净值	106 000

从表 2 - 5 中可以看出，我国会计准则规定与美国成果法的报表项目不一致，但是油气资产确认内容是一致的。但是按照我国会计准则的规定或美国成果法计算的油气资产及油气资产净额与全部成本法有较大的差距，全部成本法下的油气资产合计和油气资产净值分别高出成果法或按我国会计准则的规定计算的油气资产 23 000 万元和 10 000 万元。

我国会计准则规定与美国油气资产确认方法的不同不但使得确认资产的金额不同，同时影响当期损益的大小。这里分别按照我国的规定和美国成果法和全部成本法计算石油公司的有关业务对企业损益的影响，具体见表 2 - 6。

表 2 - 6　　　　　　　　　石油公司 2013 年部分损益表　　　　　单位：万元

中国		美国		
项目	金额	项目	成果法	全部成本法
营业收入	48 000	收入	48 000	48 000
营业成本	19 000	费用		
勘探费用	26 000	地质和地球物理勘探成本	1 000	0
		勘探干井费用	25 000	0
		生产成本	12 000	12 000
		折旧、折耗和摊销	7 000	20 000
		费用合计	45 000	32 000
营业利润	3 000	净收入	3 000	16 000

从表 2 - 6 中可以看出，美国的成果法和我国会计准则规定的报表项目不一致，但是对利润的影响是一致的。按照成果法或我国会计准则的规定计算的利润与全部成本法则相差较大，全部成本法下的利润高出按成果法或按我国会计准则的规定计算的利润 13 000 万元。

2.2　油气资产与油气储量资产概念辨析

油气储量资产和油气资产是石油公司最为重要的资产，油气储量资产和油气资产的数量和价值作为石油行业赖以生存和发展的基础，不但决定着油气生产企业的生存和发展，也是投资者和债权人等会计信息使用者进行决策的重要依据。2006 年，我国财政部发布的企业会计准则 CAS NO. 27《石油天然气开采》，集成了我国石油天然气会计十几年在会计理论界的研究成果和会计实务界的做法，不但对我国石油天然气开采业中的有关会计问题进行了规范，而且借鉴了国际油气会计的一些规定。其中对油气资产的计量和披露模式做出了规定，但并没有明确油气资产或油气储量资产的定义和分类。油气资产和油气企业拥有的油气储量的特殊性决定其不同于其他资产的特殊性和其中存在的问题，这些问题在我国油气会计中依然存在，并且目前我国还存在一些不同的认识和争议。对油气储量资产与油气资产进行探讨和辨析，不仅可以加强油气资产管理，更有利于油气会计信息使用者更为准确地理解和使用会计信息。关于油气储量资产是否就是油气资产目前还有不同的认识，以下就油气资产与油气储量资产的概念加以辨析。

2.2.1 油气储量概念及其分类

1. 油气储量概念

油气储量指石油天然气的自然赋存数量，可用吨、桶、立方米或油气当量来计量，API 标准。油气储量是最重要的油气矿产资源，并且油气储量的种类及其数量和质量特征构成了油气储量实物量管理的主体内容。多国政府及世界各石油组织、机构对油气储量都有比较规范的界定。

美国、加拿大、苏联和世界石油大会都对油气储量有较为详细的描述。同时对储量的定义也趋于一致，如经济可采油气储量指估算的原油、凝析油、天然气和其伴生物质，在目前经济条件下，采用现有技术，根据现行的政府法规，从一个指定的日期算起的，从已知油气聚集体中预计可以商业性采出的数量①。

我国技术监督局 2005 年发布的"石油天然气储量规范"中做了如下

---

① 石油可采储量计算咨询报告集 ［R］. 北京：中国石油天然气总公司开发局，1996：10－12.

定义：油气资源量是指在地壳中天然生成并聚集起来的液态和气态碳氢化合物（烃）的量，包括原油、凝析油、天然的气态烃类或非烃类物质，以及由此伴生的自然富集物质的估计数量。

2. 油气储量分类

国内外有着不同的储量分类标准，SPE（美国石油工程师学会）、WPC（世界石油大会）、SEC（美国证券交易委员会）和 IAS（国际会计准则委员会）对油气储量的分类是目前世界上最具权威性的。我国《中华人民共和国石油储量规范》和《中华人民共和国天然气储量规范》是国内的规范文件。在地质储量中一般有已发现储量和未发现储量，对企业投资者来说，与其投资决策密切相关且最重要的是探明已发现储量，因此这里只讨论其中已发现的油气地质储量。

（1）SPE 与 WPC 储量分类。2000 年 6 月召开的第 16 届世界石油大会上通过的 SPE、WPC 共同提议的油气资源与储量分级分类标准详细而全面，其中石油天然气"已发现原始地质储量"是指根据不同勘探开发阶段所提供的地质、地球物理与分析化验等资料，经过综合资料估算分析，所取得的各项静动态资料与参数计算出的油气地质储量，是"总原始地质储量"减去"未发现原始地质储量"的部分。"已发现原始地质储量"包括"次商业性原始可采体积量"和"商业性原始可采储量"，其中"商业性原始可采储量"是指在经评价钻探证实油气藏（田）可提供开采并能获得经济效益后，以合理的确定性估算的，从已知油气藏中可以商业性采出的油气地质储量，减去"累计采出量"就是剩余可采储量。

SPE 与 WPC 储量分类将"剩余可采储量"定义为"已经投入开发的油气田，在某一指定年份还剩余的可采储量"。实际上，剩余可采储量无论是对油气藏（田）企业，还是国家、地区或全球，都是指目前还拥有的可供开采的剩余经济可采储量。"剩余可采储量"又包括探明储量、概算储量和可能储量。"探明储量"是指在地质和工程资料表明的情况下，以现行经济和操作条件能够从已知油气藏中以合理的确定性采出的原油、天然气和天然气液的数量。"概算储量"是指依据给定的经济、技术条件和政府法规，根据地质和工程资料的分析，以合理的置信度估算的，预期从已知油气藏中最终可采出的油气数量。"可能储量"是指在当时的经济、技术条件和政府法规下，根据地质和工程资料的分析，以较低可能性估算的，从某一指定日期以后，从已知油气藏中可商业性采出的油气数量。

SPE 和 WPC 的储量分类①见图 2 – 3。

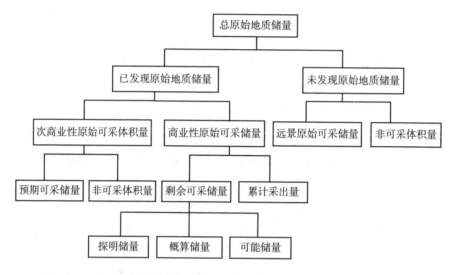

图 2 – 3　石油工程师学会和世界石油大会油气资源与储量分级分类示意

对企业的投资来讲，最重要的是已发现原始地质储量中的商业性原始可采储量，尤其是企业拥有的剩余可采储量。

（2）美国 SEC 油气储量分类。美国联邦证券法和能源政策与保护法案所制定的 SX4 – 10 条例规范中包含了油气资源储量的分类。其中"已发现的资源量"是指根据不同勘探开发阶段所提供的地质、地球物理与分析化验等资料，经过综合资料估算分析，所取得的各项静动态资料与参数计算出的油气地质储量，是在自然环境中所蕴藏的石油天然气地质总量"总油气资源"扣除"未发现的资源量"的部分。"已发现的资源量"根据是否可采又分为"可采资源"与"不可采资源"，"可采资源"减去"累计产出量"则为"油气储量"。

---

① Society of Petroleum Engineers（SPE）and World Petroleum Congress（WPC）Petroleum Resources Classification and Definitions [A]. Sixteenth World Petroleum Congress, Calgary Alberta Canada, 2001（6）：11 – 17.

"油气储量"又分为"探明储量"和"未探明储量"。其中的"探明已开发储量"是通过现有井，采用现有装置和操作方法，预期可采出的储量；可根据是否进行生产活动细分为"在生产储量"和"未生产储量"。"探明未开发储量"是相对于探明储量来说预期从未钻井部位的新井中，或从现有井中需要很大花费重新完井而采出的储量。

"未探明可采储量"是与"已探明可采储量"相比，对在油气藏类型方面和储层横向变化，以及边界性质等地质条件方面认识不完全清楚的状况下，利用容积法、井控网络法或概率统计法所确定的可采储量，其又可分为"概算可采储量"和"可能可采储量"。

美国 SEC 油气储量分类具体见图 2 - 4①。

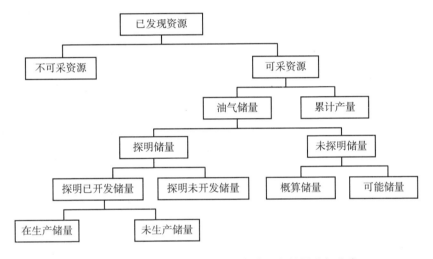

图 2 - 4 美国证券交易委员会油气资源与储量分级分类

（3）我国石油天然气资源储量分类。我国的油气资源储量分类是适应我国计划经济管理产生的，并形成计划经济向市场经济过渡时期，市场经济及与我国三大石油公司在海内外成功上市的不同时期的，适应油气工业国际化发展的油气储量分类标准。新中国成立后至改革开放前期，我国油气资源储量分类采用是油气资源计划经济管理适应的方法，20 世纪 50 年代开始采用的是苏联的 A、B、C 三级分类法，其中 A 类和 B 类属于探明

① 国际石油经济编辑部. SPE 石油经济评价论文集［M］. 北京：中国石油天然气总公司信息研究所，1996.

储量，C 类则属于概算储量和初算储量。1978 年我国的油气资源储量分类则修订为一级、二级、三级分类法。具体见表 2 - 7。

表 2 - 7　　　　　　　　我国计划经济时期的油气储量分类

年份	储量			资源	
1950 ~ 1978	探明储量	概算储量	初算储量	远景资源	推测资源
	A，B	C_1	C_2	D_0	D_1，D_2
1978	一级、二级、部分三级	部分三级		—	

随着我国经济的发展以及计划经济向市场经济的过渡，1982 年 2 月我国适应开发海洋石油资源的需要成立"中国海洋石油总公司"，该公司属于国家石油公司，它依据《中华人民共和国对外合作开发海洋资源条例》对外合作，勘探、开发和生产海洋石油资源，其运作开始即是按国际石油公司模式设计的，这需要我国油气储量的概念和统计与国际接轨。1983 年我国原石油工业部参照国际石油分类方案，将油气资源量分为探明储量、概算储量、远景资源量。其后 1988 年，由全国储委石油及天然气专业办公室主持制定的《石油储量规范》（GBn269 - 88）和《天然气储量规范》（GBn270 - 88），进一步规范了分级分类的体系标准，以控制和预测储量取代了概算储量，具体见表 2 - 8。

表 2 - 8　　　　　　　　我国经济转型期的油气储量分类

年份	储量				资源	
	探明储量		概算储量		远景资源量	
1983	开发储量	未开发储量	初探储量	可能储量	圈闭法预测	生油量法预测
1988	开发储量	未开发储量	基本储量	控制储量	预测储量	潜在资源量	推测资源量

1999 ~ 2000 年我国三大石油公司先后改组并在国际金融市场上市，我国石油工业也完全进入市场经济时期，这不但对我国三大石油公司的经营管理提出了挑战，也对石油天然气储量的基本概念及理论的国际化提出了要求。于是我国国家质量监督检验检疫总局、国家标准化管理委员于 2004 年 4 月颁布了《石油天然气资源、储量分类》国家标准（GB/T19492 -

2004）。《石油天然气资源、储量分类》中规定"地质储量"由"总原地质资源量"扣除"未发现原地质资源量"形成，它包括"探明地质储量""控制地质储量"和"预测地质储量"三个部分，"控制地质储量"和"预测地质储量"为新增加内容。这一规范是在与国际接轨的同时，考虑新旧规范衔接形成的，以避免油气资源评价体系在评价结果上的巨大落差，并实现新旧分类体系的平稳过渡。

《石油天然气资源、储量分类》中对油气储量的分类见图2-5。

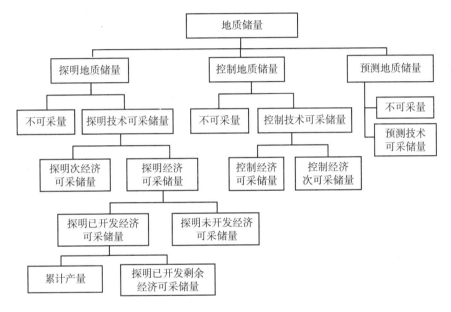

图2-5　我国油气资源与储量分级分类

"探明地质储量"是指在油气藏评价阶段，经评价钻探证实油气藏（田）可提供开采并能获得经济效益后，估算求得的、确定性很大的地质储量，其相对误差不超过±20%。"探明地质储量"扣除"不可采量"形成"探明技术可采储量"。《石油天然气资源、储量分类》中对于"探明技术可采储量"以"探明经济可采储量"和"探明次经济可采储量"进行划分，取消了基本探明级别，使探明储量在开发状态的分类上更加明确。并明确了相应的技术可采储量含义。

"探明经济可采储量"指当前已实施的或肯定要实施的技术条件下，按当前的经济条件（价格、成本等）估算的、可经济开采的油气数量。

"探明次经济可采储量"是指"技术可采储量"减去"经济可采储量"的部分,具体包括如下两部分:第一,可行性评价为次经济的技术可采储量;第二,由于合同和提高采收率技术等原因,尚不能划为探明经济可采储量的技术可采储量。

"原油和天然气经济可采储量"是指在储量寿命期各年井口产量的累计值。井口产量的天然气是指首级分离器中扣除了凝析油的天然气。商品产量的天然气是指扣除了各种损耗(包括火把、运输损失)和企业内部自用(未发生市场交易)的天然气。为满足企业管理和投资者的需求,在储量报告中也应计算和阐明可商品化的天然气经济可采储量数量,便于与国际标准对比。

"探明经济可采储量"指所估算的在当前已实施或先导试验证实并肯定付诸实施的操作技术条件下,已有开发方案,并已列入中近期开发计划的经实际生产或测试证实了商业性生产能力的,今后可经济开采的油气储量,相对误差不超过 20%。具体是指满足下列条件所估算的经济可采储量:第一,依据不同要求采用评价基准日或合同的价格和成本以及其他有关的经济条件;第二,已实施的操作技术,或先导试验证实的并肯定付诸实施的操作技术,或本油气田同类油气藏实际应用成功的并可类比和肯定付诸实施的操作技术;第三,已有开发方案,并已列入中近期开发计划;天然气储量还应已铺设天然气管道或已有管道建设协议,并有销售合同或协议;第四,含油气边界是钻井或可靠的压力测试资料证实的流体界面,或者是钻遇井的油气层底界,并且含油气边界内达到了合理的井控程度;第五,实际生产或测试证实了油气层的商业性生产能力,或目标储层与邻井同层位或本井邻层位已证实商业性生产能力的储层相似;第六,可行性评价为经济的;第七,将来实际采出量大于或等于估算的经济可采储量的概率至少为 80%。

"探明经济可采储量"根据开发程度又可分为"已开发经济可采储量"和"未开发经济可采储量""已开发经济可采储量"中的"剩余可采储量"是指已经投入开发的油气田,在某一指定年份还剩余的可采储量。可采出的剩余储量会随着开采时间的推移逐年减少。

我国 2006 年 CAS NO. 27《石油天然气开采》中从提供相关会计信息

的目标出发，只给出了探明经济可采储量的定义和探明已开发经济可采储量的组成内容。探明经济可采储量是指在现有技术和经济条件下，根据地质和工程分析，可合理确定的能够从已知油藏中开采的油气数量。探明已开发经济可采储量包括，矿区的开发井网钻探和配套设施建设完成后已全面投入开采的探明经济可采储量，以及当提高采收率技术所需的设施已建成并已投产后相应增加的可采储量。

（4）我国储量分类的国际比较。从以上我国计划经济时期和向市场经济过渡时期的储量分类看，我国的探明储量相当于国际储量分类中的可采储量，控制和预测储量相当于国际储量分类中的概算储量和可能储量，我国储量分类中的预测储量和控制储量的技术可靠性也比较低。并且与国际储量分类相比可以看出，这一时期，我国对于油气储量的划分存在较为严重的缺陷，主要体现在对于储量、探明储量和可采储量，只注重技术方面的管理，关注的内容主要是已发现的资源量、探明可靠程度较高的资源量和技术可采储量，对于这些储量中的经济性，如已发现的可采资源量的部分、已探明的剩余经济可采储量部分和经济可采储量没有给予足够的关注度和足够的重视。具体见表2-9。

表2-9　　　　我国计划经济和向市场经济过渡时期储量分类的缺陷

对象	关注重点	缺陷
储量	已发现的资源量	没有对已发现的可采资源量的部分给予足够重视
探明储量	探明可靠程度较高的资源量	对已探明的剩余经济可采储量的关注度不够
可采储量	技术可采储量	没有对经济可采储量给予足够的重视

注重对储量技术方面的管理，忽视对储量的经济管理也是我国计划经济时期和向市场经济过渡时期管理的典型特征。通过对国内外油气储量分类的阐述，可以看出国外的储量分类体系大体上来说是基本相同的，强调以经济为核心，只不过SEC的储量定义及分类是基于SPE的分类标准，对探明储量经济性的进一步严格规定。我国2004年4月颁布的《石油天然气资源、储量分类》与国际通行标准相比，经济性观念显然有大幅提升，虽然在技术层面有所侧重。如企业最关注的探明已开发剩余经济可采储量可基本对应于国际标准规定的探明可采储量，但在估算概率

方面较国际标准相对宽松。例如，SPE 和 WPC 的探明储量要求等于或超过估算值的概率为 90% 以上，而我国对经济可采储量的概率只要求 80% 以上即可。

2.2.2 油气资产与油气储量资产辨析

油气储量资产和油气资产是石油企业最重要的资产，其数量和价值不但决定着油气生产企业的生存和发展，也是投资者和债权人进行决策的重要依据。但是目前我国理论界对油气储量资产和油气资产还有一些不同的认识。

我国一些学者认为油气储量资产与油气资产的内涵和外延并不一致。如我国学者杜增华（2006）认为"石油天然气资产是石油天然气生产活动中取得的预计可以为该主体带来未来经济利益的地下石油天然气储量资源及直接应用于开采这些储量的不可移动的相关设施。"应将"油气资产划分为地下油气储量资产和非储量油气资产两部分"[①]。还有一部分学者认为我国目前并没有对油气储量资产加以确认和计量。如万寿义，王金梁（2009）认为："我国于 2006 年发布的 CAS NO.27《石油天然气开采》准则中仅规范了油气企业从事的矿区权益取得、勘探、开发和生产等油气开采活动的会计处理和相关信息披露，并没有把油气储量资产列入油气资产的范围，更没有将其在报表中进行列示，这样不利于投资者进行投资决策"[②]。黄灿标（2005）也指出："我国的石油天然气行业，历年来并不对储量资产进行确认、计量与揭示，美国石油公司现时流行的油气产品成本核算的成果法和全部成本法的相同处是都没有确认油气储量资产"[③]。这里作者对以上观点却不敢苟同。作者认为：油气储量资产与油气资产只是从不同的方面对油气生产企业拥有的可以带来经济利益的油气资产的描述而已。

（1）油气储量不是油气资产的观念是计划经济观念的衍生。油气储量

---

① 杜增华. 油气资产定义的探讨 [J]. 石油化工技术经济，2006（6）：58.
② 万寿义，王金梁. 我国油气储量资产的会计问题初探 [J]. 现代财经，2009（1）：60 - 61.
③ 黄灿标. 石油天然气行业之资产的确认与计价 [J]. 会计之友，2005（10）：63 - 64.

是现实的油气资源，是地质勘探劳动的直接成果。在我国产生油气储量资产与油气资产不同的争议主要是基于计划经济体制下，我国石油企业一般将油气储量作为一种实物进行管理，油气储量的概念、分类、数量、质量特征构成了实物管理的主要内容。而不是像国际上通行的那样将油气储量作为企业的一种特殊资产进行管理。随着我国大石油公司改组形成的有限公司并相继在海外上市，我国油气行业已完全进入市场经济体制，石油公司已经成功地进入了国际市场，油气储量管理的经济性不但从油气储量分类的概念中得以体现，并且国家国土资源委员会和三大石油公司在储量管理的经济性上完全给予重视，并在油气资产的管理上得到体现。

（2）从油气资产的性质来讲，油气资产就是油气储量资产。西方会计中通常认为：油气资产是一种典型的递耗资产，是通过发掘、开采、逐渐耗竭而难以恢复、更新或按原样重置的自然资源，包括油藏、油田和气田等。我国学者龚光明（2002）将石油天然气资产界定为：已经探明的、具有商业开采价值、经过开采会逐渐耗竭而难以恢复的石油天然气储量资源[1]。以上说明油气资产就是油气可以给企业带来利益的储量资源，也就是油气储量资产。

（3）从油气资产的内容来看，油气资产就是油气储量资产。如我国学者李志学（2000）认为："油气资产是为开发油气资源而投入的矿区取得、勘探和开发投资的价值形态，包括矿区取得成本、地质和地球物理勘探成本、钻井与开发投资等"[2]。郑少锋（2006）从涵盖范围的角度对油气资产进行了界定，指出油气资产应当包括：一是部分勘探与评价资产，即按照成果法计量的探明储量的资本化地质勘探支出；二是开发活动形成的资产，在会计实务上统一作为"井及相关设备"进行核算[3]。同时，我国油气会计实务界没有给出油气资产的确切定义，但是明确地给出了油气资产包含的内容，其中油气资产包含内容与"油气资产就是油气储量资产"这一说法并不矛盾。如中国石油天然气集团公司会计手册（2007）认为，油气资产包括取得探明经济可采储量的成本、暂时资本化的未探明经济可采

① 龚光明. 石油天然气资产会计论［M］. 北京：石油工业出版社，2002：23.

② 李志学. 油气储量资产化管理［M］. 西安：西安地图出版社，2000：30.

③ 郑少锋，赵选民. 论石油天然气资产减值的测试［J］. 天然气工业，2006（5）：140－143.

储量的成本、全部油气开发支出以及预计的弃置成本。探明经济可采储量，是指在公司现有技术和经济条件下，根据地质和工程分析，可合理确定的能够从已知油气藏中开采的油气数量。油气资产具体包括：油、气生产井（含已转作生产井的探井）、注入井、资料研究井等；联合站、油气集输站、计量站、注水站、压气站、配水间等相关设施；井场工艺流程装置、热采设施；集输油气支管线、集输油气干管线等；油气处理设施；储油设施；污水处理等其他环保设施；油气田内部供水排水（包括水源水质处理以及相应地面设施和水源工程）、供电、通信设施和其他生产用建筑物；提高采收率设施；开发用辅助设备设施；弃置费用；矿区权益以及其他油气田生产设施等。《中国石油化工股份有限公司内部会计制度》将油气资产包含的内容具体分类如下：第一，油气生产井（含已转作生产井的探井）、注入井、资料研究井等；第二，联合站、油气集输站、计量站、注水站、压气站、配水间等；第三，井场工艺流程装置、热采设施；第四，集输油气支管线、集输油气干管线；第五，油气处理与储油设施；第六，污水处理和其他环保设施；第七，油气田内部供水排水（包括水源水质处理以及相应地面设施和水源工程）、供电、通信设施和其他生产用建筑物；第八，提高采收率的设施；第九，开发用辅助设备设施及其他油气田用生产设施。《中国石化资产分类标准》（Q/SH 0417 – 2011）规定，ZY油田井及相关设施主要包括：一是油气水井；二是计量站、集气站、注水站、注气站、联合站等；三是单井管线、集输管线、集输干线、注水管线、注水干线等；四是油库等。中海油公司财务年报（2015）中也指出：本集团采用成果法核算油气资产，是将油气资产的初始获取成本予以资本化。资本化的油气资产包括成功探井的钻井及装备成本，所有开发成本（包括建造安装平台，海底管线及油气资产终端等基础设施的建造、安装及完工成本），以及开发钻井成本，建造提高采收率措施的成本，也包括为延长资产的开采期而发生的改进费用，以及相关的资本化的借款费用等。

（4）美国有关研究及规范中显示，油气资产就是油气储量资产。美国SEC在FASB 1977年12月发布SFAS NO. 19财务会计准则委员会文件建议油气会计处理中采用成果法遭到很多反对的情况下，于1978年3～4月召开听证会，并于 1978 年 8 月表示主张 RRA。其中 RRA 即是将石油天然气储量未来现金流量现值作为油气资产处理，而将获得油气储量的勘探和开发费用均作为成本费用处理。这一方法虽然因其对收入确认的否定、石油天然气储量未来现金流量现值的不确定性对会计信息客观性的影响等被放弃，但从中可以看出，油气储量资产的价值是石油天然气勘探开发费用的替代。同时，不论是美国 1978 年 12 月的 SEC NO. 257 "会计系列文件"或者 SFAS NO. 19 财务会计准则委员会文件采用的成果法，还是美国 SEC NO. 258 "会计系列文件"采用的全部成本法，都要求对以历史成本（取得成本和井及相关设备设施）计量的油气资产进行最高限额测试，即将地下油气储量未来现金流量的现值作为这些油气资产的最高限额，这也说明了，美国准则中是以历史成本（取得成本和井及相关设备设施）来衡量所发现油气储量的价值。

2.2.3 油气资产与油气储量资产辨析的会计理论分析

从会计基本理论中关于资产的定义出发进行分析，同样可以认为油气资产就是油气储量资产。美国 FASB 认为 "资产是可能的未来经济利益，它是特定个体从已经发生的交易或事项所取得或加以控制的资源"①；IASC 认为，"资产是作为以往事项的结果而由企业控制的，可能向企业流入未来经济利益的资源"②；我国 2006 年的会计基本准则认为 "资产是由过去的交易或事项所引起的、为某一主体所拥有或控制的、能够带来未来经济利益的经济资源"③。从以上三个阐述不难看出，资产应当具备以下三个特征：（1）资产是由企业过去的交易或者事项形成的；（2）资产应为企业拥有或者控制的资源；（3）资产预期会给企业带

---

① 美国财务会计准则委员会，娄尔行译. 论财务会计概念 ［M］. 北京：中国财政经济出版社，1992：128.

② 国际会计准则委员会，财政部会计司译. 国际会计准则 ［M］. 北京：中国财政经济出版社，1993：31 – 33.

③ 中国会计准则委员会，企业会计准则——基本准则 ［S］. 中华人民共和国财政部令第 33 号，2006 年 2 月 15 日，中央政府门户网站，转引自：财政部网站 http：//www. gov. cn/flfg/2006 – 04/11/content_250845. htm.

来经济利益。由国内外资产的定义，作者可以认为，油气资产必须是企业过去交易或事项导致的，油气资产必须是已经发生的事项；纯粹的自然资源不可能被确认为油气资产，只有经过企业的努力发现和建设了有关设施可以将其从地下采出来，才可以被认为是资产。没有任何付出的自然资源，不属于会计确认的资产范畴。也就是说，只有经过努力，付出成本，并发现或经过开发形成的未开发和已开发的石油天然储量才能被认为是企业的油气资产。

同时，如果地下没有油气储量，则不论美国 SEC NO. 257 会计系列文告，还是 CAS NO. 27《石油天然气开采》中的成果法，抑或是美国 SEC NO. 258 会计系列文告中的全部成本法下，油气矿权取得成本、勘探成本以及开发成本中的资本化部分形成的油气资产的价值，将不会给企业带来经济利益，因此其价值将不复存在，按照资产的定义，其价值也将为零。也可以说，不论以何种方式确认形成的油气矿权取得、勘探和开发中形成的资产，油气资产的价值最终取决于可以从地下开采出的储量的价值。

由此，也可以说，油气储量资产就是油气资产，他们是从不同方面对企业同一资产的描述。可以说，油气资产是指为某一主体拥有权益的、已经花费了努力的、预计可以为该主体带来未来经济利益的地下石油天然气资源[①]。但是油气储量资产价值决定于在现有的技术经济条件下，可以从地下开采出的储量的价值。

2.3 我国石油公司油气资产历史成本与其价值量差异分析

不论是在成果法，还是在全部成本法下，油气资产成本取决于油气矿权取得成本、勘探成本以及开发支出中被资本化的部分。但是给企业带来

---

① 吴杰，孙秀娟，栾灿根. 石油天然气勘探开发会计［M］. 北京：石油工业出版社，2001：60–80.

的利益是未来开采出的油气数量产生的现金净流入（现值）的金额，而影响这一金额的因素复杂、多样，包括油气的供求，油气探明储量的不可再生性，替代资源的供求，开采需要付出的成本，企业想要得到的投资收益或付出的投资资金成本，等等。却与油气矿权取得成本、勘探成本以及开发支出中的资本化成本部分毫无关系。勘探耗费不是产品的生产成本，而仅仅是一种发现成本；油气储量资产的价值在数量上则取决于在现有技术和经济条件下，可以从地下开采出的油气储量产生的未来现金流量的现值。它们是从不同方面对企业同一资产的描述，但是其数值上却存在巨大差异，并且这种差异在原油价格较高的情况下更加明显。

油气探明储量的发现成本（油气资产的资本化成本）与发现价值（开采出的油气数量未来现金净流入（现值）的金额）相脱离，使成果法和全部成本法这两种历史成本会计计量模式的应用遇到了困难。这里不再是如何应用历史成本原则的问题，而是一个更深层次的问题。按照历史成本原则，用取得费用（成果法）或取得费用及全部勘探费用（全部成本法）来标志探明油气储量的价值，是对油气资产价值的歪曲反映，与会计的充分披露原则和相关性原则相矛盾。下面对我国三大石油公司油气资产资本化成本净值与储量价值差异情况进行讨论。

2.3.1 石油公司油气资产资本化成本净值与油气储量价值的估算法

1. 油气资产资本化成本净值的估算法

我国三大石油公司油气资产会计政策一直以来采用的都是成果法，不论是 2006 年我国颁布 CAS NO. 27《石油天然气开采》之前，还是 CAS NO. 27《石油天然气开采》之后，都要求采用成果法。成果法下油气资产资本化成本净值包括的内容由资本化的油气资产减去累计折耗及摊销形成。其中油气资产资本化的部分包括未探明矿区的取得成本、探明矿区的取得成本、勘探井被资本化的部分、油气田开发中形成开发井、完井支出、地面（海上）设施支出和二次采油（注水、注气）设施成本等。但是分析石油公司油气资产资本化成本净值与油气储量价值的表现，需要来自石油公司的数据。因此，这里以我国中石油公司、中石化公司和中海油公司三大石油公司年报披露的"原油及天然气勘探及生产活动补充资料（未经审计）"中数据为依据进行分析。在三大石油公司原油及天然气勘探及生产活动补充资料（未经审计）中，油气资产资本化成本净值中包含的内容有所不同，尤其是中石油公司和中石化公司的油气资产资本化成本净值金额包括辅助设施成本及其对应的折耗与摊销，中海油公司则不包括在内。具体见表2－10。

表2－10   我国三大石油公司披露的油气资产资本化成本净值金额的计算

中石油公司	中石化公司	中海油公司
取得成本及生产性资产	油井和有关的设备和设施	已探明的油气资产
加：辅助设施	加：辅助设备和设施	加：未探明的油气资产
加：在建工程	未完成的油井、设备和设施	减：累计折旧折耗及摊销
资本化成本合计	总资本化成本	
减：累计折旧、折耗及摊销	减：累计折旧、耗减、摊销及减值准备	
资本化成本净值	净资本化成本	净资本化成本

注：三大石油公司各年度油气资产资本化成本净值计算中的项目名称可能也有所不同。

资料来源：三大石油公司2015年年报"原油及天然气勘探及生产活动补充资料（未经审计）"内容。

2. 油气储量价值的估算法

油气储量价值是指企业未来开采出的油气数量产生的未来现金净流入（现值）的金额。涉及开采出的油气销售获得收入，开采前需要支付的开发支出、生产费用支出、缴纳的税费支出等，以及用收入减去所有支出后的净额以某个折现率折成的现值。其中折现率可以是投资者要求的收益率，也可以是投资或筹集资金的成本；计算收入、支出时，除了油气开采量（经济可采储量）估算外，还需要对开发支出，油气价格、单位产品的生产费用进行估算；对税费金额以及折现率等进行估计和取值。

这里以我国中石油公司、中石化公司和中海油公司三大石油公司年报披露"原油及天然气勘探及生产活动补充资料（未经审计）"中的数据为依据进行分析，以此介绍我国三大石油公司油气储量价值的估算方法。我国三大石油公司都是按照美国 SFAS NO. 69 及美国 2008 年 12 月 SEC 发布，2010 年开始实施的《油气报告条例》中对于油气价值估算的要求对油气储量价值进行估算的，其中对于所有的参数取值都进行了规范，因而也称为"经贴现的未来净现金流量标准化度量"。三大石油公司采用方法是完全相同的，只是在项目的名称上略有差异。

如我国中石油公司在 2015 年的年报中披露：有关探明油气储量的经贴现的未来净现金流量标准化度量按中石油公司估计探明油气储量时使用的价格、期末成本、与现有探明油气储量有关的现行法定税率以及 10% 的年折现率计算得出。油气价格是指在本报告期截止日以前的 12 个月的算术平均价格，每个月价格确定为该月第一天的价格，但不包括基于未来条件做出的价格调整；成本即期末采用的成本。增值税从"未来现金流量"中扣减、企业所得税包含在"未来的所得税费用"中、其他税费作为生产税费，包含在"未来生产费用"中。具体计算过程如下：

未来现金流量（收入）

减：未来生产费用

　　未来开发费用

　　未来的所得税费用

未来的净现金流量

减：以 10% 贴现率估计现金流量的时间价值

经贴现的未来净现金流量标准化度量

2.3.2　三大石油公司油气资产资本化成本净值与储量价值差异讨论

前面已经述及石油公司油气资产历史成本形成的油气资产资本化成本净值与其价值量是存在差异的，下面以三大石油公司上市以来年报中披露的数据为依据，对此进一步加以讨论。

1. 中石油公司油气资产资本化成本净值与储量价值的比较分析

将中石油公司 1999～2014 年各年中油气资产资本化成本净值与储量价

值差异进行比较，具体见图 2－6。

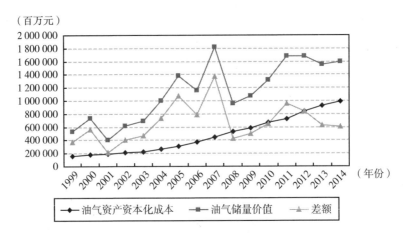

图 2－6　1999～2014 年中石油公司油气资产资本化
成本净值与储量价值的差异

资料来源：图中的数据均为中石油公司年报"原油及天然气勘探及生产活动补充资料（未经审计）"中对应部分的数据统计整理。

在 1999～2014 年，中石油公司油气储量价值在各个年度都明显高于油气资产资本化成本净值，但是其差异波动也比较大。其中差额中最大的是 2007 年，差额为 1 375 285 百万元；最小的是 2001 年，平均差额也超过 660 000 百万元，差额的标准差为 294 808 百万元。

2. 三大石油公司油气资产资本化成本净值与储量价值的差额比较

在 1999～2014 年，我国三大石油公司基本上都是储量价值高于油气资产资本化成本净值，其中中石油公司的这种差额最大，差额的波动也最大，具体见图 2－7。当然也是因为中石油公司的油气资产规模比中海油公司和中石化公司大得多，中海油公司有个别年份的油气储量价值低于油气资产资本化成本净值。从三大石油公司各年度油气储量价值超出油气资产账面价值（油气资产资本化成本净值）与年初的油气资产账面价值的比值进行比较（见图 2－8）的百分比，可以看出，三大石油公司 1999～2014 年，除了 1999 年，油气储量价值超出油气资产账面价值的百分比非常一致，这种差异更多的是受油气价格的影响形成的。

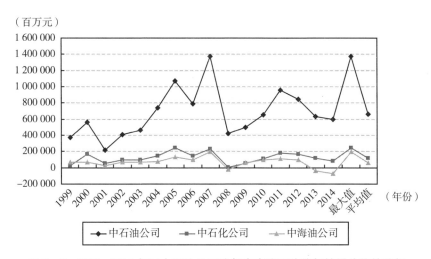

图2-7　1999~2014年三大石油公司油气资产账面价值与储量价值的差额

资料来源：图中的数据均为中石油公司、中石化公司和中海油公司年报"原油及天然气勘探及生产活动补充资料（未经审计）"中对应部分的数据统计整理。

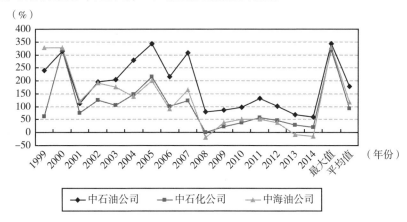

图2-8　1999~2014年三大石油公司油气储量价值超出油气资产账面价值的百分比

资料来源：同图2-7。

2.4　油气资产与油气储量资产关系研究总结

1. 油气储量资产与油气资产是从不同的方面对企业拥有的同一资产的不同描述

油气储量资产与油气资产是从不同的方面对油气生产企业拥有的可以

带来经济利益资源，即对企业拥有的资产的描述。可以说，油气资产是指某一主体拥有权益的，已经花费了努力的、预计可以为该主体带来未来经济利益的地下石油天然气资源。但是油气储量资产价值决定于在现有的技术经济条件下，可以从地下开采出的储量的价值。

2. 油气储量资产与油气资产在价值量上不同

油气储量资产与油气资产的价值在数量上通常存在很大的差异。对油气储量资产和油气资产认识上的分歧产生于油气储量资产历史成本计量和其具有的公允价值的不一致性。

3. 关于油气储量资产与油气资产在价值量上的协调的研究尚需深入

油气储量资产与油气资产在价值量上的协调尚有争议，并需进一步研究。目前在会计上使得油气资产公允价值计量与油气储量资产价值一致的方法，仍然是不可实施的，并仍是国内外会计学者需要深入研究的课题。在公允价值计量不可行的情况下，公允价值及其相关信息如何披露的问题，包括公允价值信息披露的程度、参数、假设的取得、披露的表述等也是需要探讨和解决的问题。

4. 需要更多关于导致油气储量资产与油气资产价值差异影响因素的研究

油气储量资产及油气资产价值是投资者进行投资决策的重要信息，投资者不仅需要了解二者之间差异的数量，而且更需了解导致二者差异的因素，目前关于二者数量差异影响因素的研究并不多见，因此，未来需要有更多的关于导致油气储量资产与油气资产价值差异影响因素的研究。

本章参考文献

[1] 杨惠贤，陈莹昭. 油气储量资产与油气资产辨析及其价值计量研究 [J]. 西安石油大学学报（社会科学版），2012（2）：5－9.

[2] 李志学，杨惠贤，王岚. 石油天然气会计教程 [M]. 东营：中国石油大学出版社，2010：30－43.

［3］杜增华. 油气资产定义的探讨［J］. 石油化工技术经济，2006（6）：58.

［4］Society of Petroleum Engineers（SPE）and World Petroleum Congress（WPC）. Petroleum Resources Classification and Definitions［S］. Sixteenth World Petroleum Congress，Calgary Alberta Canada，2001（6）：11–17.

［5］万寿义，王金梁. 我国油气储量资产的会计问题初探［J］. 现代财经，2009（1）：60–61.

［6］黄灿标. 石油天然气行业之资产的确认与计价［J］. 会计之友，2005（10）：63–64.

［7］龚光明. 石油天然气资产会计论［M］. 北京：石油工业出版社，2002：23.

［8］李志学. 油气储量资产化管理［M］. 西安：西安地图出版社，2000：30.

［9］郑少锋，赵选民. 论石油天然气资产减值的测试［J］. 天然气工业，2006（5）：140–143.

［10］美国财务会计准则委员会，娄尔行译. 论财务会计概念［M］. 北京：中国财政经济出版社，1992：128.

［11］国际会计准则委员会，财政部会计司译. 国际会计准则［M］. 北京：中国财政经济出版社，1993：31–33.

［12］财政部会计准则委员会. 企业会计准则第27号——石油天然气开采（企业会计准则2006）［M］. 北京：经济科学出版社，2006：91–93.

［13］吴杰，孙秀娟，栾灿根. 石油天然气勘探开发会计［M］. 北京：石油工业出版社，2001：60–80.

［14］FASB. Statement of Financial Accounting Standards No. 157. Fair Value Measurements［S］. 2006.

［15］IASB. Identifying the unit of account for the fair value measurement of reserves and resources［S］. 2006.

［16］FASB. Statement of Financial Accounting Standards No. 69. Disclosures about Oil and Gas Producing Activities［S］. 1982.

［17］财政部会计司组织翻译. 国际财务报告准则第6号：矿产资源的勘探和评价［J］. 会计研究，2005（1）：82–84.

［18］金玉琳. 油气储量资产的计量与披露问题研究［D］. 西安石油大学，2011：8–12.

［19］石油可采储量计算咨询报告集［R］. 北京：中国石油天然气总公司开发局，1996：10–12.

［20］张伦友. 国内外油气储量的概念对比与剖析［J］. 天然气工业，2005

（2）：60.

［21］中华人民共和国国家质量监督检疫总局，中国国家标准化管理委员会．石油天然气资源/储量分类 GB/T19492－2004［S］．2004：4.

［22］Society of Petroleum Engineers（SPE）and World Petroleum Congress（WPC）Petroleum Resources Classification and Definitions，Sixteenth World Petroleum Congress，Calgary Alberta Canada，2001（6）：11－17.

［23］［美］詹宁斯等著，王国梁等译．石油会计核算——原则、程序和问题［M］．北京：石油工业出版社，2002：510－558.

［24］林金高等．石油、天然气会计问题研究［M］．大连：东北财经大学出版社，2002.7：20－29.

［25］国际石油经济编辑部．SPE 石油经济评价论文集［M］．北京：中国石油天然气总公司信息研究所，1996.

［26］刘庆琳，冯连勇．油气资源/储量分类标准比较研究［J］．经营管理，2005（14）：1－2.

第3章

油气资产
产量法折耗在我国的应用

油气资产是一种典型的递耗资产，典型的体现是按照产量法计提损耗。在我国计划经济体制下，油气开采会计实务中是将油气资产按照一般固定资产管理，对其在使用中的损耗也是按照一般固定资产的折旧方法，通常是按照年限平均法计提折旧。我国三大石油公司改组形成的在海外上市的公司，需要按照国际会计准则提供财务报告，对于油气资产折耗需调整为产量法进行计算并对外报告。我国将油气资产作为递耗资产真正在会计上体现还是在我国 2006 年《企业会计准则》及其应用指南中，虽然其中仍保留了原直线法对油气资产计提折耗①。这一章将对油气资产折耗方法及其产生的影响加以探讨。由于我国还有油气资产计提折旧的惯例，作者在本章对油气资产耗费的会计处理讨论中将其称为"折耗""折耗与摊销"或折旧折耗与摊销。

---

① CAS NO. 27《石油天然气开采》第六条和第二十一条规定，企业应当采用产量法或年限平均法对油气资产计提折耗。

3.1 我国油气资产折耗与摊销方法选择

油气资产的性质，尤其是油气资产价值被减少的方式是其选择摊销方法的依据，因此这里首先对油气资产的性质及油气资产折耗加以探讨。

3.1.1 油气资产的性质及折耗

1. 油气资产的性质

递耗资产是自然界形成的，通过开掘、开采、逐渐耗竭变为存货，直到采伐殆尽，并且难以恢复、更新或按原样重置的自然资源，包括矿藏、油藏、油田和气田等。油气资产是一种典型的递耗资产。我国 CAS NO. 27《石油天然气开采》应用指南中也对油气资产的性质做了界定：认为"油气资产是指油气开采企业所拥有或控制的井及相关设施和矿区权益。油气资产属于递耗资产。"

石油公司的油气资产表现出的特点是油气资产的价值与地下油气储量相关联。从油气资产的形成过程也可以看出，油气资产就是为了开采地下油气资源而形成的，油气资产的价值取决于地下油气储量，如果油气储量枯竭，则油气资产也就失去了存在的价值。

油气资产在不同的时期生产的油气数量不同，呈现的是产量递减、成本递增规律。通常油田开采初期油气产量比较高，油气田投入开采以后，其产量将因为地下自然能量的不断减弱而逐渐下降，尽管为了稳定产量可以采用注水、注气、酸化、压裂等二次采油甚至三次采油工艺，但产量递减趋势是不可避免的。另外，随着开采的深化，开采成本也呈现递增趋势，如在采油过程中，含水率将不断上升，导致开采成本递增。见图 3-1。

2. 油气资产折耗

折耗是指递耗资产随着采掘、采伐工作的开展而逐渐转移到所开采的产品成本中去的那部分价值。简言之，折耗是递耗资产成本的转移价值。在会计学上，自然资源的分摊方法被称为折耗。油气资产在使用中被损耗，其价值发生转移，就是油气资产折耗。我国 CAS NO. 27《石油天然气开采》应用指南指出："油气资产的折耗，是指油气资产随着当期开发进展而逐渐转移到所开采产品（油气）成本中的价值"。

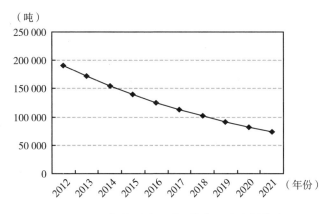

图 3-1　西部某原油开采区块年原油产量估计

3.1.2　油气资产折耗与固定资产折旧不同的理论分析

递耗资产不同于其他的固定资产，其资产的价值是通过折耗的方法将其成本转移到生产成本或经营费用中。也就是说，对于油气资产来讲，随着地下油气储量被开采，其成本逐渐由递耗资产转为可销售的油气产品成本，这种成本的转移称为折耗。递耗资产的折耗与机器、设备、房屋等固定资产的折旧不同，主要区别有：

（1）折耗指递耗资产实体的减少，并且其数量和价值同时减少；而折旧指固定资产价值的减少，实物数量不变①，而不是固定资产实体的耗减。

（2）折耗只是在采掘、采伐等工作进行时才发生，而折旧是在固定资产使用时才发生，但固定资产的折旧不限于使用过程。

———————

① 严九. 折耗法在油气田企业的应用 [J]. 石油企业管理, 1996 (2)：38-39.

（3）递耗资产除森林类资产可以造林补植外，大多不能重置，而折旧性的固定资产则大多可以重置。

（4）递耗资产是在采掘或采伐中生产出来的，直接成为企业可供销售的商品，因而折耗费用是产品成本的直接组成部分，而折旧性的固定资产是劳动手段，它有助于产品的生产，不直接构成商品的一部分，因而折旧费用一般属于产品成本的间接费用。

3.1.3   产量法是油气资产折耗的最佳方法

1. 油气资产产量法折耗的必然性

我国财政部《企业会计准则讲解（2010）》第二十八章《石油天然气开采》中关于产量法的定义是：产量法，又称单位产量法。该方法认为，油气资产的服务潜力随着使用程度而减退，特定矿区所发生的资本化成本与发现并开发该矿区的探明经济可采储量密切相关，每一产量单位应当承担相同比例的成本[1]。

石油天然气公司的资本化成本，都是为了获得和开采石油天然气储量而发生的。因此，油气资产的折耗的方法应该是使得油气价值的耗减、使用价值的体现以及对使用寿命的估计得到体现。油气资产寿命应该是直至地下的油气资源储量被开采完毕，其折耗率也应该是单位油气储量的资产价值，其价值的转移方式应该是以油气储量的减少，即油气开采量为依据。所以，从以上无论是对油气资产的性质分析、还是油气资产折耗与固定资产折耗不同的分析，油气资产应当采用的折耗方法都应该是产量法。采用产量法对油气资产计提折耗，依据每期产量对资本化的成本进行摊销，不仅反映了为获得石油天然气储量所付出的代价，能够使油气开采所形成的固定资产投资与油气田生命周期内全部油气产量相匹配，能更好地实现收入与费用的配比。

（1）产量法能够更准确地反映油气资产在报告期间的消耗。

---

① 财政部企业会计准则编审委员会. 企业会计准则案例讲解［Z］. 上海：立信会计出版社，2010（12）：397.

（2）产量法更符合国际惯例，在国际上得到广泛使用①。

油气资产采用产量法计提折耗，随着油气资产的折耗，油气储量不断下降，见图3-2所示。因此，产量法是一种较为科学的计算油气资产折耗的方法。

图3-2　2008～2009年辽河油田区块油气资产折耗计提水平和证实已开发储量变化对比

资料来源：郭俊鹏.证实已开发储量评估结果对会计计量的影响［J］.会计之友，2014（25）：78-82.

2. 油气资产折耗产量法原理

会计学上的产量法，又称"单位产量法"。产量法可以以矿物或矿物含量的物理数量为计算基础，也可以以矿物的价值为计算基础。由于油气产品市场价格的不断变化，油气资源的价值也会跟着一起波动，油气资产折耗的产量法通常以油气资源的经济可采数量为计算基础。因此，可以将油气资产产量法定义为：**按照单位油气产量将油气资产成本分期计入油气产品成本的计算方法。**该方法是以产量及单位产量为基础对油气资产计提折耗。其计算实质类似于固定资产折旧中的工作量法。其计算公式为：

$$油气资产折耗金额 = 油气资产的折耗率 × 当期油气产量$$

$$油气资产折耗率 = \frac{需要计提折耗的油气资产的账面价值}{年初预计油气储量}$$

---

① 韩振宇.油气资产折耗问题管见［J］.财会月刊（综合），2006（4）：78.

$$= \frac{需计提折耗的油气资产的账面价值}{年末预计的油气储量 + 当年油气产量}$$

或者：

$$油气资产折耗金额 = \frac{需要计提折耗的油气资产的账面价值}{年初预计油气储量} \times 当期油气储量$$

$$= \frac{需计提折耗的油气资产的账面价值}{年末预计的油气储量 + 当年油气产量} \times 当期油气产量$$

从以上油气资产折耗金额的计算可以看出：产量法下的区块油气资产折耗金额取决于需要计提折耗的油气资产的账面价值、区块油气产量和探明已开发储量三个影响因素。年折耗额与油气已探明储量金额呈现反方向变动、与年实际油气产量呈同方向变动，并随着已探明储量和年实际油气产量的变动而变动，也使每年的固定资产折耗费用与每年油气开采收益实现了最大限度的配比。

从产量法的计算公式可以看出，油气资产折耗的提满日期就是经济开采储量开采完毕的日期。

3.1.4　我国油气资产折耗方法的选择

由于油气矿区取得及油气勘探、开发形成资产的确认方法有成果法和全部成本法，二者在产量法上的应用也不同，因此形成成果法下的产量法和全部成本法下的产量法。美国财务会计委员会准则（FASB）1977 年 12 月发布的 SFAS NO. 19《石油和天然气生产公司的财务会计和报告》以及美国 1978 年 12 月 SEC NO. 257 会计论文集（ASR NO. 257）中对企业采用成果法下的油气资产折耗与摊销做出了规定。

我国油气资产确认的方法采用的是成果法，因此也采用的是成果法下的产量法。但是自新中国成立以来对油气资产的管理方式一直与一般固定资产相同，多年形成运用年限平均法计提折耗的惯例，因此我国 CAS NO. 27《石油天然气开采》中仍允许采用直线法。由此形成了我国油气资产折耗同时采用产量法和年限平均法可选择使用的现状（我国 CAS NO. 27《石油天然气开采》第六条和第二十一条分别规定，企业应当采用产量法或年限平均法对油气资产计提折耗）。但是企业采用的油气资产折耗方法，一经确定，不得随意变更。

年限平均法，又称"直线法"。该方法将油气资产成本均衡地分摊到各会计期间。采用该方法计算的每期油气资产折耗金额相等。中国与美国油气资产折耗方法对比如表 3 – 1 所示。

表 3 – 1　　　　　　　　中国油气资产折耗方法及与美国的对比

中国	美国
产量法	产量法
成果法下产量法	成果法下产量法
	全部成本法下产量法
年限平均法	

3.2　我国油气资产折耗产量法的应用

我国 CAS NO. 27《石油天然气开采》第六条和第二十一条分别规定，企业应当采用产量法或年限平均法对探明矿区权益以及井及相关设施等油气资产计提折耗。本节对我国油气资产折耗的产量法加以介绍和探讨。

3.2.1　产量法下需要计提折耗的油气资产

从前面的阐述中可以看出油气资产（以开采油气为目的的已资本化的矿区取得、勘探与开发成本）的内容包括未探明矿区取得成本、已探明矿区取得成本、井及相关设备设施成本（已完成的开发钻井、成功探井及其他开发成本）以及未完工程和在建井的成本。未探明矿区取得成本由于给企业带来的利益的不确定性，因而不需要计提折耗；但与未探明矿权权益不同，探明矿区权益能够给企业带来的利益与探明油气储量相关，虽然其给企业带来的利益可能估计不是很准确，但也并非完全不可估计，因此，我国会计准则规定探明矿权权益应该摊销；直接用于开采石油天然的设备与设施当然也需要计提折耗。所以，需要计提折耗的油气资产包括已资本化的探明矿区取得成本及完工投入使用的井及相关设备设施成本。当然未完工程和在建井的成本也不需要计提折耗。

也就是说，随着生产的进行而一起进行折旧、折耗与摊销处理油气资产的内容有：

（1）已资本化的探明矿区取得成本；

（2）井及相关设备设施成本。

未探明矿区取得成本不需要计提折耗。

3.2.2　产量法下油气资产折耗计提的依据

探明矿区取得成本和井及相关设备设施的计提折耗依据的储量是不同的，矿区权益即探明矿区取得成本应以探明经济可采储量为基础，井及相关设施以探明已开发经济可采储量为基础。

取得成本以探明储量为依据计提折耗。取得成本与所取得矿区能够生产出来的合理储量（探明储量）相关，而探明储量中，包括通过现有的油气井及相关设备设施能够生产出来的探明开发储量，还包括通过未来开发投资（已探明）所能生产出来的探明未开发储量。

井及相关设备设施成本以探明已开发储量为依据计提折耗。现有的井及相关设备设施成本则只与它所服务的探明开发储量相关，应以探明开发储量为依据计提折耗。其中探明已开发经济可采储量包括，矿区的开发井网钻探和配套设施建设完成后已全面投入开采的探明经济可采储量，以及当提高采收率技术所需的设施已建成并已投产后相应增加的可采储量。

3.2.3　产量法下油气资产折耗计提成本范围

就折耗范围或折耗基数而言，成果法是以成本中心来归集资本化费用并进行折耗计算的。成果法下的成本中心是一个矿区或者基于一个共同地质特征的矿区的一些合理的归集，像一个油田或者一个储油层。

我国 CAS NO.27《石油天然气开采》第六条规定：企业应当采用产量法或年限平均法对探明矿区权益计提折耗。采用产量法计提折耗的，折耗额可按照单个矿区计算，也可按照若干具有相同或类似地质构造特征或储层条件的相邻矿区所组成的矿区组计算。第二十一条规定：企业应当采用产量法或年限平均法对井及相关设施计提折耗。井及相关设施包括确定发现了探明经济可采储量的探井和开采活动中形成的井，以及与开采活动直接相关的各种设施。采用产量法计提折耗的，折耗额可按照单个矿区计算，也可按照若干具有相同或类似地质构造特征或储层条件的相邻矿区所组成的矿区组计算。

我国 CAS NO.27《石油天然气开采》应用指南中对矿区的定义：是指企业进行油气开采活动所划分的区域或独立的开发单元。矿区的划分是计提油气资产折耗、进行减值测试等的基础。矿区的划分应当遵循以下原则：

（1）一个油气藏可作为一个矿区；

（2）若干相邻且地质构造或储层条件相同或相近的油气藏可作为一个矿区；

（3）一个独立集输计量系统为一个矿区；

（4）一个大的油气藏分为几个独立集输系统并分别进行计量的，可分为几个矿区；

（5）采用重大新型采油技术并实行工业化推广的区域可作为一个矿区；

（6）在同一地理区域内不得将分属不同国家的作业区划分在同一个矿区或矿区组内。

3.2.4 产量法下油气资产折耗的计算及会计处理

随着生产的进行而一起计提折耗与摊销处理的油气资产的内容包括已资本化的探明矿区取得成本和井及相关设备设施成本，下面分别就其计算和会计处理加以探讨。

1. 产量法下油气资产折耗的计算

（1）探明矿区权益计提折耗的计算。按照产量法的定义，成果法下的产量法对于探明矿区权益当期计提折耗的公式为：

$$探明矿区权益折耗率 = \frac{年末探明矿区权益的账面价值}{年初估计的探明经济可采储量}$$

$$或者 \quad = \frac{年末探明矿区权益的账面价值}{年末估计的探明经济可采储量 + 当期产量}$$

$$探明矿区权益折耗额 = 探明矿区权益折耗率 \times 当期产量$$

其中：年末探明矿区的账面价值是指需要计提折耗的探明矿区账户年末总值减去年初累计折耗。

我国 CAS NO.27《石油天然气开采》采用的成果法下的产量法对油气资产计提折耗，因此油气资产计提折耗的原理与上面的计算公式一致。如我国 CAS NO.27《石油天然气开采》第六条规定的当期探明矿区权益折耗金额的计算如下：

$$探明矿区权益折耗额 = 探明矿区权益账面价值 \times 探明矿区权益折耗率$$
$$探明矿区权益折耗率 = 探明矿区当期产量 / (探明矿区期末探明经济可采储量$$
$$+ 探明矿区当期产量)$$

（2）井及相关设备设施计提折耗的计算。成果法下的产量法对于当期井及相关设备设施计提折耗的公式为：

$$\begin{matrix}井及相关设备设\\与施折耗率\end{matrix} = \frac{年末井及设备与设施的账面价值}{年初估计的探明已开发经济可采储量}$$

$$或者 \quad = \frac{年末井及设备与设施的账面价值}{年末估计的探明已开发经济可采储量 + 当年产量}$$

井及相关设备设与设施的折耗额 = 井及相关设备与设施的折耗率 × 当期产量

其中：年末井及设备与设施的账面价值是指需要计提折耗的井及设备与设施账户年末总值减去年初累计折耗；矿区年末探明已开发经济可采储量是矿区剩余的探明已开发经济可采储量。

由于油气资产在其矿区废弃①时，有些设备与实施是有残值的，如地面与采油有关的装置（采油树后）的盐水处理设备及必需的管线、泵架处

———————

① 我国 CAS NO.27《石油天然气开采》第二十三条规定，矿区废弃，是指矿区内的最后一口井停产。

理器、分离器、回注设备，必需的输油管线、储罐设施、输油架、泵架、在储罐区安装附有溢流孔的周转通道等；有些有形成本虽然属于设备，但通常是无残值的，如油管、抽油杆、深井泵、井口（包括光杆、盘根盒）、投产作业、井下附件（泄油器、扶正器）及其他井下设备等；还有些开发中形成油气资产的成本是无残值的，如钻井液，固井用的水泥等也不会形成残值。国际油气会计实务中，由于这些设备与设施的残值因为相比拆除恢复成本相比较小，有些石油公司其在计提拆除恢复成本时扣除，或者在有些预计拆除和恢复成本可能不重要的陆上地区，也有公司既假定预计拆除和恢复成本与残值相等，不在计算公式中显示。如果考虑残值时，井及相关设备设施的单位探明开发储量折耗的成本应按下式计算：

$$\text{井及相关设备}\atop\text{设与施折耗率} = \frac{\text{年末井及设备与设施账面价值} + \text{预计拆除恢复成本} - \text{预计残值}}{\text{年初估计的探明已开发经济可采储量}}$$

$$或 = \frac{\text{年末井及设备与设施账面价值} + \text{预计拆除恢复成本} - \text{预计残值}}{\text{年末估计的探明已开发经济可采储量} + \text{当期产量}}$$

我国 CAS NO. 27《石油天然气开采》第二十一条规定井及相关设施折耗金额的计算如下：

$$\text{井及相关设}\atop\text{施折耗额} = \text{期末井及相关}\atop\text{设施账面价值} \times \text{矿区井及相关}\atop\text{设施折耗率}$$

$$\text{井及相关设}\atop\text{施折耗率} = \frac{\text{矿区当期产量}}{(\text{矿区期末探明已开发经济可采储量} + \text{矿区当期产量})}$$

关于油气井及设备与设施的预计拆除恢复成本，我国 CAS NO. 27《石油天然气开采》应用指南中的科目部分 1631 油气资产第（三）款规定，油气资产存在弃置义务的，应在取得油气资产时，按预计弃置费用的现值，借记本科目，贷记"预计负债"科目。因此，在我国井及相关设施折耗金额的计算公式中，期末井及相关设施账面价值中包含预计拆除恢复成本。

关于油气井及设备与设施的残值，CAS NO. 27《石油天然气开采》准则及其应用指南中并没有对其加以说明，但是也可以因价值很小不加考虑。会计实务中我国石油公司一般将其残值忽略不计①。

---

① 中石化公司 2012 年报中披露：物业、厂房及设备除油气资产外均在考虑其估计残值后，于预计可使用年限内按直线法计提折旧。

预计可使用年限是根据对同类资产的以往经验并结合预期的技术发展确定的。如果以前估计的条件发生重大变化，则会在未来期间对折耗额进行调整。如表 3-2 所示。

表 3-2   我国油气资产折耗产量法原理

需要计提折耗的油气资产	计提折耗依据	折耗计算公式	成本中心
探明矿区取得成本	探明储量	$\dfrac{\text{期末探明矿区权益的账面价值}}{\text{期末矿区探明储量} + \text{当期产量}}$ $\times$ 当期产量	单个矿区 或：若干具有相同或类似地质构造特征或储层条件的相邻矿区所组成的矿区组
井及相关设备设施成本	探明已开发储量	$\dfrac{\text{期末井及设备与设施的账面价值}}{\text{年初估计的探明已开发储量} + \text{当期产量}}$ $\times$ 当期产量	单个矿区 或：若干具有相同或类似地质构造特征或储层条件的相邻矿区所组成的矿区组

其中：年末账面价值是指需要计提折耗的各资本化账户年末总值减去年初累计折耗。
探明储量和探明已开发储量均为经济可采储量。

2. 油气资产产量法计提折耗的会计处理

一般地，油气矿区权益是企业的长期资产，并且具有无形资产的特征，而我国用于企业生产的无形资产的摊销费用可计入生产成本，因此，探明矿区权益计提折耗也应计入油气生产成本。

井及相关设备与设施的折耗作为直接生产油气资产的耗费，自然应该计入生产成本，我国油气生产企业一直也是这样做的。井及相关设备设施的折耗在 2006 年《石油天然气开采》准则出台之前，我国油气生产企业一般与固定资产折旧的处理一样，就目前而言，中石油公司将油气资产单列一类进行确认入账和计提折耗等，这与前面的阐述一样；但是中石化公司仍是将其作为固定资产中的一类，在资产负债表中也没有单独显示其账面价值，只是在报表附注中披露包括油气资产在内不同类别的固定资产价值及其变化；井及相关设备设施的折耗也与固定资产折旧核算的会计科目一样，被统称为"资产折旧、折耗与摊销"。

对于油气矿区权益和井及相关设备设施折耗的会计处理，我国 CAS

NO.27《石油天然气开采》准则第二十条规定：油气的生产成本包括相关矿区权益折耗、井及相关设施折耗、辅助设备及设施折旧以及操作费用等。也就是说，我国会计准则的规定与以上分析一致，将油气矿区权益和井及相关设备与设施折耗计入生产成本。

但在会计实务中，由于我国油气矿权，包括油气资源的探矿权和采矿权，以及开采我国油气资源的企业资格都是归国家国土资源部管理。因此，一般地，为了便于管理，各石油公司的矿区权益都是直接归属公司总部管理，通常是归股份公司总部管理，油气生产部门在矿区权益形成时不支付成本，也不会直接摊销，而公司总部也不将这些费用分配给油气生产单位；并且目前我国国内油气资产中矿区权益成本非常少，因而其折旧折耗也有可能直接计入当期的管理费用。

3. 我国油气资产产量法计提折耗方法的应用

由于井及相关设备设施的折耗与油气生产企业一般与固定资产折旧的处理一样，因此，下面以举例的方法对产量法下矿区权益折耗的计算及会计处理的应用加以说明。

假如 H 石油公司基于年度为报告期间，在 2015 年 1 月 5 日，该公司收到 2014 年 12 月 31 日出具的一个探明矿区新的储量报告，探明储量为 760 000 吨；2014 年 12 月 31 日的探明矿区权益成本为 960 000 元，2014 年该矿区全年的产量为 40 000 吨。

那么 2014 年 H 石油计提的探明矿区权益的摊销额计算如下：

$$探明矿区权益折耗率 = \frac{960\ 000}{760\ 000 + 40\ 000} = 1.2 \ （元/吨）$$

$$探明矿区权益折耗额 = 40\ 000 \times 1.2 = 48\ 000 \ （元）$$

对于探明矿区权益摊销的会计处理，准则规定，探明矿区权益计提的折耗与摊销应计入生产成本[①]。因此探明矿区权益折耗的会计处理如下：

借：油气生产成本　　　　　　　　　　　　　　48 000

　　贷：油气资产——矿区权益摊销　　　　　　　　　48 000

[①] 企业会计准则第 27 号——石油天然开采第二十条规定：油气的生产成本包括相关矿区权益折耗、井及相关设施折耗、辅助设备及设施折旧以及操作费用等。

3.3 我国油气资产折耗产量法与 其他折耗方法的比较

3.3.1 全部成本法下的产量法及其应用

在全部成本法下，所有的费用，包括与矿区取得、勘探和开发活动有关的所有费用都被资本化。美国全部成本法下，甚至与取得、勘探、开发活动直接有关的一般性费用和行政管理费用部分，像土地部门发生的内部成本，也要被资本化；油气开发成本发生时即可计入的油气资产进行折耗，但是矿区取得、勘探成本计入油气进行折耗的时间却不完全相同，并且其折耗依据的油气储量和成本也不同。

1. 全部成本法下折耗计算

全部成本法是将矿区取得、勘探和开发成本全部资本化，其折耗计算也是将所有的成本合并在一起进行计算，即以一个成本中心内的所有的资本化成本作一定扣除后，在所有探明储量中，使用产量单位法计提折耗。使用产量单位法计算折耗额的基本公式与成果法计算摊销的方法基本相同：

$$\text{油气资产折耗金额} = \frac{\text{需要计提折耗的油气资产的账面价值}}{\text{年初预计的油气储量}} \times \text{当期油气产量}$$

$$= \frac{\text{需计提折耗的油气资产的账面价值}}{\text{年末预计的油气储量} + \text{当年油气产量}} \times \text{当期油气产量}$$

当存在伴生矿时，可采用与成果相同的能量折算，或收入法折算。

使用收入单位法计算油气资产折耗的公式如下：

$$\text{油气资产折耗金额} = \frac{\text{需要计提折耗的油气资产的账面价值}}{\text{以年末实际价格计算的年初储量价值}} \times \frac{\text{以实际销售价格计算的年产量价值}}{}$$

美国 SX4-10 条例申明：采用收入单位法计算折耗时，储量的价值必须以现行售价来计算。同时又申明，如果价格发生明显的增长，需要在下一个期间（季度）反映这种增长。例如，如果第三季度价格发生明显的增长，第三季度的折耗计算使用老价格，第四季度则应采用新价格计算。

2. 以资本化成本与储量的配比为基础计算油气资产折耗

在全部成本法下计算折耗时，要求资本化成本与储量的配比，这主要体现在储量和资本化成本的构成上。

（1）探明储量构成。在全部成本法下，应按照整个探明储量来摊销的净资本化成本，既包括矿权权益成本，也包括勘探成本和开发成本。探明储量由下列几个部分组成：

第一，通过现有的井和设备能够生产出来的探明已开发储量；

第二，需要增加新井或其他未来手段才能完全开采出来的探明未开发储量。

（2）开发成本包括未来开发费用的预计。在全部成本法下，当探明储量没有完全开发出来时，没有开发出来的探明未开发储量也是作为计算折耗的分母，要将其开采出来还要增加未来的开发成本。因此，为了避免折耗比率的不真实或成本费用与储量的不配比，未来开发费用应包括在被摊销的成本中，需要说明的是，未来开发费用的预计应以当前的成本为基础。折除和废弃成本、净残值的预计，也必须包括在折耗基数中，这与成果法下计算折耗的方法一样。

3. 油气资产折耗基数的确定

在全部成本法下，除一般的与油气勘探开发和生产活动没有直接关系的管理费用之外，几乎所有的费用都应首先资本化，但是，资本化成本却不一定都纳入折耗基数。根据成本与相关储量相配比原则的要求，必须对资本化的成本进行调整，以确定合理的折耗基数。见图3－3。

（1）矿区取得成本及勘探成本。矿区取得及勘探成本应计入折耗基数，但所有的与未探明矿区取得和评估相关联的直接费用并不是在发生时直接计入该矿区的折耗基数中，而是到确定探明储量时再将其计入折耗基数。对于勘探支出的探井支出，也是当勘探井被确定为干井时，其成本再计入折耗基数。一些不能与特定的未探明储量相关的地质、地球物理勘探费用，当耗费产生时就直接计入折耗基数中。

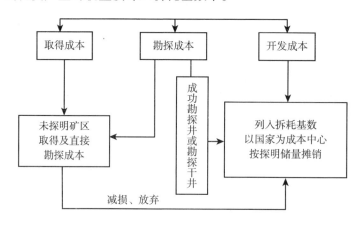

图 3-3　全部成本法下计入油气资产折耗基数的内容

（2）矿区权益的减损和废弃成本。矿区权益的减损和废弃成本应计入折耗基数。与成果法相比，全部成本法下的矿区权益减损没有费用化，而是结转到折耗基数中，并且继续资本化直到通过折旧、折耗和摊销账户回收（即费用化）。需要注意的是，如果探明储量被确认，这些成本必须包括在折耗基数中。所以，即使生产活动还没有开始（例如，石油和天然气开采之前必要的管道建设），这些成本也要被摊销。

在全部成本法下，所有的成本，不论是成功的还是不成功的都被认为是发现石油和天然气资源所必需的，因此都被认为是石油和天然气成本的一部分。所以，不管是探明的还是未探明的，矿区废弃通常不将其费用化，而是仍然将其资本化，并通过资产折耗和摊销回收。废弃矿区通常被计入废弃成本。未探明矿区废弃成本的特定的会计分录有赖于确定这项资产是重要还是不重要的。如果未探明矿区是重要的，应该结清未探明矿区账户和减损备抵账户，将净余额计入废弃成本账户借方。如果是不重要的，应将未探明矿区账户余额计入减损备抵账户的借方。

（3）折耗基数的调整。为了确定归属于开发中的某矿区的探明储量的数量而进行主要的开发项目，预期需要巨大费用的特定成本，如果这些特定成本先前未包括在折耗基数中，可以扣除。扣除成本既包括已经发生的成本，又包括未来成本。一部分共同成本（即由已知储量和待定储量共同负担的成本）的扣除必须比较一下现存的探明储量和总的预计的未来探明储量，或者比较一下探明储量的已打井数和预期需钻的总的井数。当确认探明储量或确定减损后，扣除成本和相关的探明储量，应该按照单井或单矿区计入折耗基数中。

全部成本法下油气资产计提折耗时要注意区别探明未开发储量和未探明储量的界定。与探明未开发储量相关的未来开发成本应该包括在折耗基数中；而与未探明储量相关的未来开发成本或已发生的开发成本却应该从折耗基数中扣除，直到探明储量被确定或矿区被放弃时，这些开发成本才能回到折耗基数中来。

（4）购买油气储量及其成本。当原油价格比以前年度相对较低时，许多公司愿意购买石油和天然气储量。计算油气资产折耗和摊销时，购买储量成本应并入全部成本法下的成本中心，购买的石油和天然气储量数量并入探明储量，除非在使用年限内产生财政上的困难。换句话说，在绝大多数情况下，在成本处理和储量数量上，购买的储量和开发的储量一样对待。

3.3.2　油气资产折耗方法比较

1. 成果法下与全部成本法下油气资产产量法比较

从前面的阐述中可以看出，成果法与全部成本法下油气资产产量法有相同和不同之处。主要区别在于：

（1）计提折耗的成本中心不同。成果法下油气资产计提折耗，发生油气矿权取得、勘探开发成本的归集中心和成本摊销成本中心通常是一个矿区或者基于一个共同地质特征的矿区的一些合理的归集，像一个油田或者一个储油层；而全部成本法下发生油气矿权取得、勘探开发成本的归集中心和成本摊销成本中心是以国家为基础。

（2）油气资产折耗的计算方法。成果法下和全部成本法下，油气资产折耗计算公式虽然基本相同，但是成果法下油气资产计提折耗需要分类为矿权取得、井及设备与设施；而全部成本法下油气资产计提折耗则是全部集合在一起计算折耗率和折耗额，虽然全部成本法发生油气矿权取得、勘探开发成本计入折耗基数的时间并非完全相同。

另外，成果法下与全部成本法下油气资产计提折耗时在对伴生矿的计算上，二者处理都可以采用共同的计量单位法计算油气资产的折耗率和折耗额，但是成果法下油气资产计提折耗还可以采用相同关联比例法，或主导矿藏法；全部成本法下油气资产计提折耗的方法除相同的能量折算外，可以采用的是收入法，或称油气产品价格（收入单位法下）法计算油气资产折耗率和折耗额[①]。

（3）对特殊成本项目的处理。

第一，对未来拆除成本和残值收入，成果法和全部成本法的处理相同，都要求纳入折耗基数之中。

第二，对辅助设备与设施的折旧和非经营权益的折耗，成果法和全部成本法的处理方式相同。

第三，对于与探明未开发储量相联系的未来开发成本，如计划钻凿的开发井成本，在成果法下不能列入折耗基数，而在全部成本法下应该列入折耗基数中。

第四，已发生的巨额开发成本，如海上钻井平台，既与探明开发储量相关，又与探明未开发储量相关，成果法下，将与探明未开发储量相关联的部分扣除。而按照全部成本法的理论，凡是与探明储量相关的开发成本都应包括在折耗基数中。但量，为了确定开发中的探明储量的数量（事实上仍应归为未探明储量）而需要的未来巨额开发成本，同样的，也可能是安装海上钻井平台及钻凿开发井的成本，也不应该包括在折耗基数中，从这一点来看，成果法和全部成本法的要求是相同的。

（4）对未探明矿区成本和未完工程成本的处理。

第一，未探明矿区成本的处理。在成果法下，未探明矿区成本被资本化，但不纳入折耗基数。对地质和地球物理勘探成本，无论是否与未探明矿区直接相关，都被列入费用；未完工程不能列入折耗的基数之中，直到完工或找到了探明储量（勘探井）才能纳入折耗基数之中。而在全部成本法下，对未探明矿区成本的处理较为复杂。一般来说，未探明矿区取得成

---

① 李志学，杨惠贤，王岚. 石油天然气会计教程［M］. 东营：中国石油大学出版社，2010：81－83，93－94.

本及其有直接关联关系的地质及地物理勘探成本不能纳入折耗基数，而未探明矿区的减损，勘探干井，废弃成本，却要纳入折耗基数中去，这些项目在成果法都要列入当期费用。

第二，在建井及未完工程成本的处理。成果法下，在建井（无论是勘探井还是开发井）及未完工程都不能列入折耗基数之中。而在全部成本法下，只有未完工的勘探井或与未探明矿区相关的地质勘探项目，不能列入折耗基数，其余在建井及未完工程成本，都能纳入折耗基数之中。但在实际操作中，全部成本法的具体处理可能有两种情况：一种情况是，将所有可能的成本包括在折耗基数中；另一种情况是，将所有可能的成本都不包含在折耗基数中的处理。

2. 成果法下产量法与年限平均法比较

（1）产量法与年限平均法折耗对企业费用与利润计算的影响比较。假设某油气区块的探明已开发经济可采储量和资本化的油气资产成本不变；则按平均年限法、产量法计算的油气资产资产折耗与油气产量的关系见图3-4。年限平均法下计算的折耗金额每年相等，而产量法计算的油气资产折耗金额与油气产量基本一致。

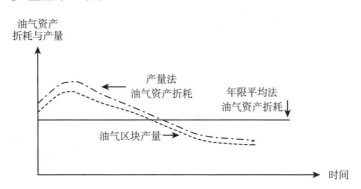

图3-4　按平均年限法、产量法计算的油气资产资产折耗与油气产量的关系

在油田开发初期，油田区块的油气产量有短期上升，然后不断下降，即形成油气产量前高后低现象。如果采用年限平均法，则开始几年单位油气产量的折耗费（折旧）比随后几年单位产量的折耗低，由于固定成本基本不变，形成油气区块年利润也是前高后低，随着产量波动下降；在油田开发中后期，含水率不断上升，油气区块的产量逐年递减，并且开采难度越来越大，由于单位变动成本和固定成本也会增加，需要支出更多的设备维修费用，这时，企业利润也会有较大幅度的下降。因此，可以说，采用年限平均法使得企业的利润自然发生递减，并不能更好地反映企业的经营成果。

而按照产量法计提油气资产折耗，则油气资产折耗与油气产量同步变化，不会使得油气区块的利润出现明显的前高后底现象。因此，按平均年限折旧法计算的单井资产损耗给企业提供的信息的相关性较产量法低。

（2）产量法与年限平均法折耗金额的比较。中石油公司 2007 年 10 月在国内发售股票，11 月 5 日在沪市挂牌上市，此前中石油公司按照国际会计准则编制财务报告，中海油公司也一直是按照国际会计准则编报财务报告的。因此，这里以中石化公司实施我国 2006 年会计准则之前的数据，2001 ~ 2005 年财务报告中披露的具体数据，来分析产量法和年限平均法对油气资产计提的折耗对企业的影响。分析结果见图 3 - 5 和图 3 - 6。

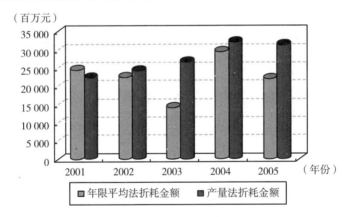

图 3 - 5　中石化公司油气资产年限平均法与产量法计提折耗比较

在 2001 ~ 2005 年，中石化公司按照我国会计准的要求采用年限平均法对油气资产计提折旧，和按照国际财务报告准则要求对油气资产计提折耗的金额有着较大的差异。除 2001 年以外，中石化公司按照年限平均法计提的折耗金额均小于按照产量法计提的折耗金额。五年中石化公司按照年限平均法计提的折耗额比产量法下的折耗金额少 48.09 亿元。同时，由于油气资产的折耗费用是当期净利润的一个抵减项目，若使用年限平均法，那么同期的净利润比使用产量法的净利润较大。这说明在这一时期,中石化公司的与油气资产大部分都在年限平均法的使用年限之内。当然如果中石化公司的油气资产大部分超出年限平均法的使用期限时,将会出现相反的情形。

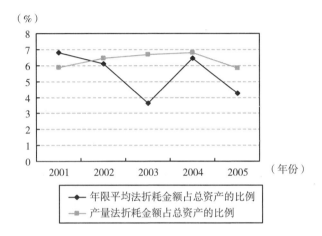

图 3 – 6 中石化公司油气资产折耗产量法与直线法油气资产计提折耗比较

资料来源:李健,秦彦. 石油和天然气资产折旧与减值计量方法的改进 [J]. 资源与产业,2008(2):102 – 104.

原始数据来源:中石化公司 2001 ~ 2005 年度财务报告。

另外从图 3 – 6 中也可以看出,油气资产产量法计提折耗形成的油气资产折耗金额占总资产金额的比例更加稳定,这也说明了油气资产产量法更能反映企业的资产使用状况,更符合会计信息相关性的要求。

3.4 我国油气资产折耗产量法的应用问题

3.4.1 伴生矿开采中油气资产折耗会计

1. 伴生矿开采中的油气资产折耗问题

与我国按照单个矿区计算,或按照若干具有相同或类似地质构造特征或储层条件的相邻矿区所组成的矿区组计算油气资产折耗为依据,油气产量也必须以区块为依据计量，但是在确认成本中心的产量时，可能存在同一矿区的储藏和产出品质差异极大的油气产品或者同时生产油气的状况，甚至更为复杂地，在一个矿区不但有不同品质的原油，还有凝析油①和天然气伴生矿。

如我国目前发现最大的凝析气田——迪那 2 气田②，其位于新疆南部的库车县和轮台县境内，由迪那 1 区块和迪那 2 区块两部分组成，累计探明天然气地质储量 1 752. 18 亿立方米，凝析油 1 338. 9 万吨。迪那 2 气田 2009 年投产，截至 2012 年 6 月 30 日，迪那 2 气田开井 20 口，平均日产天然气 1 459 万立方米、凝析油 799 吨、液化气 145 吨；截至 2012 年 6 月 30 日，累计生产天然气已超过 100 亿立方米，累计生产凝析油（含轻烃）81 万吨、液化气 7. 82 万吨。

由此，在计算油气产量和经济可采储量时，需要将不同计量单位的原油、凝析油和天然气数量折算成相同计量单位的数量，才能进行计算。我国会计准则对此并没有做出规定，所以这里需要对这一问题的处理加以讨论。

2. 我国伴生矿开采中"共同的计量单位法"的应用

目前我国虽然没有关于伴生矿下油气资产折耗的规定，但是会计实务中，我国各油气企业一般是按照"共同的计量单位法"来计算油气资产折耗中的储量和产量问题。

原油、凝析油和天然气等伴生矿或者至少两种油气同采时，通常是按照能量单位转换为共同的计量单位，即共同的计量单位法。我国一般习惯于采用油气当量，即将凝析油（吨，t）、天然气（千立方米，$10^3 m^3$）折合为原油当量（吨，t）（也称为"油气当量"）。标准油气当量，是根据原

---

① 凝析油是指从凝析气田或者油田伴生天然气凝析出来的液相组分，又称"天然汽油"。其主要成分是 C5 ~ C11 + 烃类的混合物，并含有少量的大于 C8 的烃类以及二氧化硫、噻吩类、硫醇类、硫醚类和多硫化物等杂质，其馏分多在 20℃ ~ 200℃之间，挥发性好，是生产溶剂油优质的原料。凝析油的特点是在地下以气相存在，采出到地面后则呈液态。凝析油到了地面是液态的油，在地层中却是气体，叫凝析气。凝析气是石油在高温高压条件下溶解在天然气中形成的混合物。

② 熊聪茹，苏华. 我国最大凝析气田迪那 2 气田产气超过百亿立方米 ［N］. 新华网 http://www. xj. xinhuanet. com/2012 - 06/30/content_25451631. htm，2012 - 6 - 30.

油和天然气的热值折算而成的油气产量和储量，如一般采用 1 桶原油近似等于 6 000 立方英尺天然气折合，1 吨原油则按照 1. 255 千立方米折合为天然气量。

表 3 - 3 为我国某西部油气田年度原油、凝析油和天然气伴生矿产能及折合为原油当量（油气当量）情况。

表 3 - 3 　　　我国某西部油气田年度原油、凝析油和天然气伴生矿产能状况

区块	原油合计		凝析油合计		天然气合计		合计
	年产量（t）	约当产量（t）	年产量（t）	约当产量（t）	年产量（$10^3 m^3$）	约当产量（t）	约当产量（t）
BJ 区	6 830. 00	6 830. 00	2 050. 00	2 928. 57	38 000. 00	30 278. 88	40 037. 45
GH 区	19 620. 00	19 620. 00	3 630. 00	5 185. 71	2 400. 00	1 912. 35	26 718. 06
JH 区	7 460. 00	7 460. 00	480	685. 71	10 000. 00	7 968. 13	16 113. 84
QL 区	6 210. 00	6 210. 00	2 240. 00	3 200. 00	35 000. 00	27 888. 45	37 298. 45
GA 区	4 330. 00	4 330. 00			3 800. 00	3 027. 89	7 357. 89
NC 区	7 610. 00	7 610. 00			42 500. 00	33 864. 54	41 474. 54
ZTS 区	5 770. 00	5 770. 00			8 000. 00	6 374. 50	12 144. 50
GS 区	44 080. 00	44 080. 00			11 800. 00	9 402. 39	53 482. 39
SN 区	6 890. 00	6 890. 00	2 360. 00	3 371. 43			10 261. 43
合计	108 800. 00	108 800. 00	10 760. 00	15 371. 42	151 500. 00	120 717. 13	244 888. 55

3. 伴生矿开采中油气资产折耗其他方法应用的探讨

这里除了采用以上转换成共同的能量单位外，建议我国企业允许采用"相同关联比例法"和"主导矿藏法"①。这两种方法都是美国 SEC 规定中可以采用的方法。

（1）相同关联比例法。相同的关联比例法是使用石油或天然气中的两种矿物中一种来计算油气资产折耗的方法，采用这种方法需要油对气的关联比例与预料的保持一致。而且具有相同的关联比例时，可以采用其中两种矿物的任何一种进行计算，计算结果一致。具体推导如下：

---

① 李志学，杨惠贤，王岚. 石油天然气会计教程［M］. 东营：中国石油大学出版社，2010：81 - 83.

设当年产量为 C_1（原油，t）和 C_2（天然气，10^3m^3），年末经济可采储量为 R_1（原油，t）和 R_2（天然气，10^3m^3）。单位原油、天然气转换为共同能量容量的比例为 α_1 和 α_2，则按共同能量容量单位计算油气资产折耗比率：

$$\frac{\alpha_1 C_1 + \alpha_2 C_2}{\alpha_1 C_1 + \alpha_2 C_2 + \alpha_1 R_1 + \alpha_2 R_2} = \frac{\alpha_1 C_1 + \alpha_2 C_2}{\alpha_1 (C_1 + R_1) + \alpha_2 (C_2 + R_2)}$$

设采用油气当量法时的转化比率为 $K\left(=\dfrac{\alpha_1}{\alpha_2}\right)$，于是上述油气资产折耗比率公式变形为：

$$\frac{KC_1 + C_2}{KC_1 + C_2 + KR_1 + R_2}$$

当产量和经济可采储量中原油、天然气的关联比例稳定是，即 $\dfrac{KC_1}{C_2} = \dfrac{KR_1}{R_2} = b$（常量），则油气资产折耗比率计算公式演变为：

$$\frac{C_1}{C_1 + R_1} \quad \text{或} \quad \frac{C_2}{C_2 + R_2}$$

即选择原油或天然气作为计算油气资产折耗率的依据都可以，且结果一致。

（2）主导矿藏法。主导矿藏法也是美国 SEC 允许采用的一种伴生矿开采下计算油气资产折耗的方法。主导矿藏法是当原油和天然气的产量及储量中有一种占据绝对优势时，采用具有绝对优势的油气产品的产量和经济可采储量计算全部油气资产折耗比率的方法。

如当某原油、天然气区块 2013 年生产的原油产量为 600 吨，天然气为 118 000 千立方米时，我们将原油产量为 600 吨按照 1 吨原油等于 1.255 千立方米天然气的比例，折合为天然气的数量为 753 千立方米，那么原油产量只占油气产量的 0.64%。如果计算该区块的原油、天然气经济可采储量的比例时也得到与产量比基本相似的结果，那么就可以选择天然气的产量和经济可采储量作为计算油气资产折耗的比率。

（3）两种方法与"共同的计量单位法"的比较。采用主导矿藏计算的结果与共同的计量单位法是非常接近的；当原油和天然的关联比例稳定时，选用原油、天然气能量转换方法和选择主导矿藏来进行油气资产折耗计算的结果才是一致的。

3.4.2　预计拆除恢复成本对油气折耗的影响

1. 预计拆除恢复成本

预计拆除恢复成本，也称"弃置费用"。我国 CAS NO. 4《固定资产》应用指南中对弃置费用做出了解释："弃置费用通常是指根据国家法律和行政法规、国际公约等规定，企业承担的环境保护和生态恢复等义务所确定的支出，如核电站核设施等的弃置和恢复环境义务等。"油气资产的预计拆除恢复成本或油气资产的弃置费用，是指按照国家有关环境保护和安全生产的法律法规，油气田企业在矿区停产和废弃后应当承担的生态、地面恢复义务的所需支出。

随着我国对于环境保护意识的日益增强和环境保护法规的日益完善，油气开采企业的预计拆除恢复成本日益重要。油气企业在矿区内废弃井及相关设施的活动，受《环境保护法》等法律法规的约束，有时还可能受经营所在地利益相关方的约束，例如，在废弃时必须拆移、清理设施和恢复生态环境等。预计拆除恢复成本对于海上油气田来讲，应该更为重要，因为海上地区的拆除成本预计很可能超过平台和设施成本的合计数。我国三大石油公司是按照我国有关准则要求进行处理，如《中国石油气股份公司会计手册2012》对列入油气资产目录的井类、油气集输设施类和输油气水管线类资产计提弃置费用。对预计拆除恢复成本的测算和重估做出了规定，各油气田地区公司应定期或者至少每年一次（通常为每半年），对油气资产的弃置成本和采用的折现率进行评估。如果测算弃置成本的相关条件，如油气资产的废弃清理工艺标准、清理费用、贴现率、环保要求等发生重大变化，以至于影响弃置成本测算结果时，应及时调整计提的弃置成本金额，增加（或减少）油气资产原值和负债。中石油公司2015年报披露："2015年12月31日，油气资产原值中与资产弃置义务相关的部分为912.22亿元。2015年度，对该部分计提的折耗为73.20亿元"。具体见图

3-7。中石化公司2010年11月上线的递延所得税台账系统要求将油气资产弃置费作为单独的资产管理，油气资产的取得成本计入油气资产原值，弃置成本单独作为一项子资产（子资产号：9901）管理与核算。借记"油气资产"科目，贷记"预计负债"科目。中石化公司年报披露的财务报表附注中的信息内容显示："集团公司（本集团）和母公司（本公司）根据行业惯例，就油气资产的拆除制定了一套标准方法，对油气资产的拆除措施向中国政府主动承担义务。集团公司和母公司分别就其油气资产弃置的拆除义务计提了准备。其预计负债主要是指预提油气资产未来的拆除费用。""本集团对油气资产未来的拆除费用的估计是按照类似区域目前的行业惯例考虑预期的拆除方法，包括油气资产预期的经济年限、技术和价格水平的因素，并参考工程的估计后进行的。预计未来拆除费用的现值资本化为油气资产，并且以同等金额计入相应的拆除成本的预计负债中。"

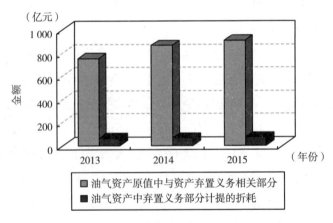

图 3-7　2013～2015 年中石油公司油气资产拆除恢复成本与油气资产原值以及折耗的影响

资料来源：根据中石油公司 2013～2015 年年报整理。

2. 油气资产折耗中对于预计拆除恢复成本规定

油气资产企业一般应对其生产矿区废弃后其承担的拆除、废弃义务加以确认，增加油气资产和预计负债，也就是说，计提折耗的油气资产的价值中包含预计拆除恢复成本。

我国 CAS NO.4《固定资产》第十三条规定"确定固定资产成本时，

应当考虑弃置费用因素。"CAS NO. 27《石油天然开采》第二十三条规定"企业承担的矿区废弃处置义务，满足《企业会计准则第13号——或有事项》中预计负债确认条件的，应当将该义务确认为预计负债，并相应增加井及相关设施的账面价值。不符合预计负债确认条件的，在废弃时发生的拆卸、搬移、场地清理等支出，应当计入当期损益。"而 CAS NO. 13《或有事项》第四条规定的预计负债确定的条件是：或有事项导致的"义务是企业承担的现时义务；履行该义务很可能参导致经济利益流出企业；该义务的金额能够可靠计量"。就像上面所讨论的，地下油气资源总是有限的，在油气资源开采完毕后，也就是我国 CAS NO. 27《石油天然开采》应用指南中所称的：矿区内的最后一口井停产后，矿区废弃时，油气生产企业一定会承担油气生产设施的拆除成本支出和环境恢复义务，尤其是海上油气生产设施的拆除成本支出和环境恢复义务。因此，也可以说，油气生产企业未来的拆除和恢复成本是一般是要发生的，它们是现存的一种责任，至少是一项很可能的债务，虽然拆除和恢复成本难以计量，但它们还是能够合理预计的。于是，企业承担了拆除恢复环境的义务，并且这项义务满足CAS NO. 13《或有事项》中预计负债确认条件的，那么企业就应当在计算油气资产折耗时，在油气资产中加预计拆除恢复成本。

对于拆除恢复成本的预计，我国 CAS NO. 27《石油天然开采》应用指南中要求："在确认井及相关设施成本时，弃置义务应当以矿区为基础进行预计。"并且规定"企业应在油气资产的使用寿命内的每一资产负债表日对弃置义务和预计负债进行复核。如必要，企业应对其进行调整，使之反映当前最合理的估计。"

在这一点上，我国会计准则的规定与美国准则中关于成果法下的折耗略有不同。美国出台财务会计准则文件 SFAS NO. 19"石油和天然气生产公司的财务会计和报告"中规定：预计拆除、恢复（即环境的恢复）、废弃成本和预计残值，在确定折耗时必须考虑。但同时申明，仅仅这些成本在确定折耗时必须被考虑，不管这些成本如何记录和是否记录。也就是说，美国规定油气企业按照承担的拆除恢复义务是要在计提折耗时考虑，这一点与我国的一致，但并没有要求一定增加固定资产。企业可以将企业承担的拆除恢复义务支出估计后增加油气资产，也可以不增加油气资产，而直接计入油气资产折耗成本中。

3. 油气资产折耗中对于预计拆除恢复成本的处理

我国《企业会计准则》应用指南附录中科目代码 1631——油气资产第
(三) 款中要求：油气资产存在弃置义务的，应在取得油气资产时，按预
计弃置费用的现值，借记本科目（油气资产科目），贷记"预计负债"科
目。在油气资产的使用寿命内，计算确定各期应负担的利息费用，借记
"财务费用"科目，贷记"预计负债"科目。

在 CAS NO.13《或有事项》应用指南中的第二项，或有事项相关义务确
认为预计负债的条件，第三款中规定：该义务的金额能够可靠地计量。企业
计量预计负债金额时，应当充分考虑与或有事项有关的风险和不确定性，在
此基础上按照最佳估计数确定预计负债的金额。预计负债的金额通常等于未
来应支付的金额，但未来应支付金额与其现值相差较大的，如油气井及相关
设施或核电站的弃置费用等，应当按照未来应支付金额的现值确定。我国
《企业会计准则》应用指南附录的科目代码 2801——预计负债中要求：由资
产弃置义务产生的预计负债，应按确定的金额，借记"固定资产"或"油气
资产"科目，贷记本（预计负债）科目；在固定资产或油气资产的使用寿命
内，按计算确定各期应负担的利息费用，借记"财务费用"科目，贷记本
（预计负债）科目。

也就是说，在考虑拆除成本和残值时，井及相关设备设施的单位探明
已开发经济可采储量折耗的成本应按下式计算：

油气资产单位探明已开发经济储量折耗

$$= \frac{年末油气资产账面价值 + 预计弃置费用(现值) - 预计残值}{年末探明已开发经济可采储量 + 当年产量}$$

我国 CAS NO.4《固定资产》和 CAS NO.27《石油天然开采》准则讲
解中并没有给出预计拆除恢复成本的具体会计处理过程。下面是《中国石
油气股份公司会计手册 2012》中给出的发生油气资产预计拆除恢复成本的
会计处理。

（1）计提弃置成本时，按照折现弃置成本金额，增加油气资产原值，
增加负债，编制的会计分录如下：

借：油气资产

　　贷：预计负债——预计弃置费用

（2）每月计提折旧，编制的会计分录如下：

借：油气生产成本

　　贷：累计折耗

（3）在固定资产或油气资产的使用寿命内，每月根据弃置成本的余额，按相应期间的折现率，增加弃置成本的账面金额，编制的会计分录如下：

借：财务费用

　　贷：预计负债——预计弃置费用

（4）当油气资产发生弃置支出时，编制的会计分录如下：

借：预计负债——预计弃置费用

　　贷：银行存款（应付账款等）

4. 我国预计拆除恢复成本会计处理与美国的比较

我国油气开采中的预计拆除恢复成本与美国的原理及依据基本相同，但是会计处理具体的过程尚存在差异。

（1）美国预计拆除恢复成本理论。美国财务会计理论规定，一项资产的历史成本包括购买并安装使用该资产发生的全部成本，因为作业者有法律上的义务恢复环境，所以会发生一定的未来的拆除和恢复成本，并作为该项资产的一部分成本。美国 SFAS NO. 19 "石油天然气生产企业的财务会计与报告" 准则规定：预计拆除、恢复、废弃成本和预计残值，在确定折耗时必须考虑，不管这些成本如何记录和是否记录。美国 SFAS NO. 5 "或有事项的会计处理" 准则规定：从债务方看，如果一项可能负债至少是可能发生的，并且其数额是可以预计的，该项负债应计入应计负债。

（2）美国预计拆除恢复成本的会计处理。美国预计拆除和恢复成本的处理有两种不同的会计方法：第一种方法，将这些成本作为资产成本的一部分并作为负债立即记录入账；第二种方法，当产量和摊销发生时，这些成本的摊销部分仅作为一项负债记录。后者实际上是按产储量关系进行逐渐预提的一种方法。

在第一种会计方法的处理过程如下：

井及相关设备设施完成后预计拆除费用时，会计分录为：

借：井及相关设备设施

  贷：预提拆除费（负债）

这时，油气资产折耗成本率计算公式与前面的公式相同：

$$\text{油气资产折耗成本率} = \frac{\text{年末井及设备与设施账面价值} + \text{预计拆除成本(现值)} - \text{预计残值}}{\text{年末探明已开发储量} + \text{当年产量}}$$

每年计提折耗与摊销时，编制的会计分录为：

借：折旧、折耗与摊销费用

  贷：累计折旧、折耗与摊销

在第二种会计方法的处理过程如下：

在每年计提折耗时，将拆除成本的摊销部分体现为债务处理，编制的会计分录为：

借：折旧、折耗与摊销费用

  贷：累计折旧、折耗与摊销

    预提拆除费（负债）

（3）美国预计拆除恢复成本的会计处理与我国的比较。这里将以上阐述的美国与我国预计拆除恢复成本的会计处理的规定进行对比，具体见表3-4所示。

表3-4   我国预计拆除恢复成本处理与美国的比较

影响项目	中国	美国	
		方法一	方法二
理论基础	预计弃置费用支出符合负债定义	预计拆除恢复成本符合负债定义	
	判断是否符合或有事项确认条件	符合或有事项会计处理规定	
油气资产	弃置费用（预计）贴现增加油气资产	预计拆除恢复成本贴现增加油气资产	
预计负债	弃置费用（预计）贴现增加预计负债	预计拆除恢复成本贴现增加预提拆除费（负债）	每年将拆除成本的摊销部分体现为债务
油气资产折耗费用	增加油气资产计提折耗基数，油气资产折耗费用增加		每年将拆除成本的摊销部分入油气资产折耗
缺陷			油气资产与累计折旧、折耗与摊销不配比

对比上面美国与我国预计拆除恢复成本的会计处理，美国的会计处理预计拆除恢复成本有两种方法，而我国只允许一种方法，虽然我国将预计拆除恢复成本称为弃置费用，但是与美国的会计处理中第一种方法与是相同的。

美国预计拆除恢复成本的会计处理的第二种方法中没有增加油气资产，却增加了油气资产折耗，这虽然体现了谨慎性，不多计资产，但是资产与折耗不配比，因此不应该推广采用。

3.4.3　折耗率修订问题研究

1. 折耗率修订的原因

影响矿区油气资产折耗的因素主要有三个，包括油气产量、矿区期初探明已开发经济可采储量（或矿区期末探明已开发经济可采储量），油气资产的期末账面价值（即各资本化账户年末总值减去年初累计折耗）。如果这三个参数不发生较大的变化，如油气价格没有大的波动、石油公司的矿区油气资产的成本也变化不大、也没有新的储量发现的情况下，矿区期末探明已开发经济可采储量加上矿区当期产量等于矿区期初探明已开发经济可采储量，也等于矿区上期末探明已开发经济可采储量。油气资产折耗率也会比较稳定。

但是对于油气生气企业来讲，探明经济已开发可采储量，油气资产资本化成本数据是不断变化的。其主要原因有：（1）油田一般都是滚动开发；（2）在生产中，随着油气开采，地层压力的下降，油气产量不断下降，需要采取增加地层压力措施，如增加注水驱、注气驱、注聚合物驱、注氮等化学物质驱、注蒸汽驱等装置，以防止油气产量的下降，形成二次采油、三次采油设施①，以增加采收率等；（3）随着开采的深入，对地下油气储藏的了解也更加深入，探明经济可采储量，以及探明已开发经济开采储量的数量估计也会发生变化。

---

① 依赖地层天然压力采油称为一次采油。随着地层压力的下降，需要用注水补充地层压力的办法来采油，称为二次采油。据计算，一次采油的采收率在20%～30%，二次采油可使采收率达到40%。三次采油，一种用来提高油田原油采收率的技术，通过气体注入、化学注入、超声波刺激、微生物注入或热回收等方法来实现。

油气资产折耗的计算通常按月度（或季度）进行，但是由于储量数据和资本化成本数据的不断变化，因此，需要在计算时对于油气资产折耗率（单位储量折耗额）进行修订。虽然油气资产折耗率修订是油气会计实务中必须处理的问题，但是我国会计准则中并没有规定。这里将对油气资产折耗率的修订问题加以讨论。

2. 折耗率修订的会计处理

企业每个月（或季度）都必须对油气资产折耗进行计算并做出会计处理，又由于计算油气资产折耗率的参数不断变化，通常地，为了简化会计处理，油气企业可以在每月（或每季度）计算折耗时，按年初确定的油气资产折耗率（单位储量折耗额）乘以当月（当季）的产量来计算，到年末时再对油气资产折耗率进行修订。即在年末，根据年末资本化成本和储量估算的最新数据重新确定全年的单位储量折耗额和全年折耗应计额，这个全年应计折耗额减去全年已提折耗额就是最后一个月份或季度的折耗额，实现修订折耗率的目的。

即根据年末资本化成本和储量估算的最新数据重新确定全年的单位储量折耗和全年应计额。

例如，我国西部某石油公司是以季度为报告期间，在 2014 年 1 月 12 日，该公司收到 2014 年 1 月 10 日出具的一份储量的报告，储量报告显示，截至 2013 年 12 月 31 日一个完全开发的 HX 油气区块的探明已开发经济可采储量 1 760 万吨。上一次的报告日期是 2012 年 12 月 31 日，探明已开发经济可采储量是 1 650 万吨，资本化成本账面价值是 355 000 万元，2013 年 12 月 31 日的资本化成本账面价值是 41 000 万元。该区块 2013 年四个季度的原油产量见表 3 - 5。

表 3 - 5　　　　　　HX 油气区块 2013 年四个季度的原油产量

季度	一季度	二季度	三季度	四季度	合计
产量（万吨）	28.4	27.2	29.2	30	114.8

（1）采用 2012 年 12 月的储量数据和资本化成本账面价值计算 HX 油气区块前三个季度的油气资产折耗。

油气资产折耗率 $= \dfrac{355\,000}{1\,650} = 215.1515$（元/吨）

HX 油气区块 2013 年前三个季度油气资产折耗额计算见表 3 - 6。

表 3 - 6   **HX 油气区块 2013 年前三个季度油气资产折耗额计算**

季度	产油量（1）	折耗率（2）	折耗额(3) = (1)×(2)
	万吨	元/吨	万元
一季度	28.4	215.1515	6 110.30
二季度	27.2	215.1515	5 852.12
三季度	29.2	215.1515	6 282.42
合计			18 244.85

（2）计算全年应计油气资产折耗额。

年初 HX 油气区块已开发经济可采储量 $= 1\,760 + 114.8 = 1\,874.8$（万吨）

修订的油气资产折耗率 $= \dfrac{41\,000}{1\,874.8} = 218.6900$（元/吨）

全年的油气资产折耗额 = 修订的油气资产折耗率 × 全年产量

$= 218.6900 \times 114.8 = 25\,105.61$（万元）

（3）计算四季度应计油气资产折耗额。

四季度油气资产折耗额 = 全年的油气资产折耗额 - 前三季度油气资产
折耗的合计

$= 25\,105.61 - 18\,244.85 = 6\,860.76$（万元）

3.4.4 油气资产所得税会计研究

所得税会计产生的原因主要是会计与税法在确认收入、费用时不同，并导致的应税利润与会计利润存在的差异所产生的会计问题。我国油气资产折耗会计处理与税法的规定不一致也导致了油气资产的所得税问题，下面对这一问题加以讨论。

1. 我国油气资产所得税会计问题的产生

（1）所得税会计问题及我国有关规定。所得税会计产生的原因主要是会计与税法在确认收入、费用时不同，并导致的应税利润与会计利润存在的差异所产生的会计问题，尤其是费用或收入同时会计、税法都要求确认，但是确认的时间不同产生的部分。如美国在 20 世纪 30～40 年代期间出现的税法允许对固定资产加速折旧或缩短折旧年限，而会计却一般采用直线法和估计资产使用寿命计提折旧导致的不同年份应税利润与会计利润不同。确认应税利润与会计利润是经济领域中两个不同的经济概念，分别遵循不同的原则，规范不同的对象，体现不同的要求。关于所得税会计问题的最早研究成果是美国会计程序委员（CAP）于 1944 年发布的公认会计准则文件 ARB NO. 23（会计研究公报第 23 号），其中明确了所得税的费用性质，时间性差异和永久性差异概念，规定对不重复出现的时间性差异予以跨期分摊，分摊结果记录在递延费用或备抵账户中①。之后经过 1967 年 APB NO. 11（会计原则委员会意见书第 11 号）的全面分摊的递延所得税观念体现、1975 年 SFAS NO. 96（企业财务会计准则第 96 号）所得税会计由损益表观念转向资产负债表观念，最后于 1992 年形成 SFAS NO. 109（企业财务会计准则第 96 号），该准则是美国直到目前仍在使用的权威性的所得税会计准则文件。该准则是从资产负债表出发，分析会计与税法不同导致的资产和负债的账面价值与计税基数不同形成暂时性差异，并确认递延所得税的一种所得税会计处理方法。

我国 1993 年税制改革后，开始形成税法与会计在确认收入、费用的不同，对于由此产生的所得税会计问题，财政部于 1994 年颁布《企业所得税处理的暂行规定》。该暂行规定是从会计与税法在确认收入、费用时不同，导致的利润表中应税利润与会计利润不同，从而确认递延所得税的会计方法，即规定企业应当采用从利润表角度分析应税利润与会计利润不同形成差异中的时间性差异②，并对其所得税影响进行跨期摊派的纳税影响

---

① 李豪，美国所得税会计准则演进的经济分析 [J]. 财会月刊（理论），2008（10）81–83.
② 应税利润与会计利润包括时间性差异和永久性差异。时间性差异是指企业的税前会计利润和纳税所得虽然计算的口径一致，但由于二者的确认时间不同而产生的差异。这种差异在某一时期产生以后，虽应按税法规定在当期调整，使之符合计税所得计算的要求，但可以在以后一期或若干期内转回，最终使得整个纳税期间税前会计利润和应纳税所得相互一致。永久性差异是指在某一会计期间，税前会计利润与应纳税所得之间由于计算口径不同而形成的差异。这种差异在本期产生，不能在以后各期转回，即永久存在，故被称为永久性差异。

会计法，同时仍允许企业采用不确认时间性差异对所得税的影响，不确认递延所得税的方法，即所得税费用即为应交所得税的方法。2006年我国颁布的 CAS NO.18《所得税》中对所得税的会计处理方法进行了改进，采用国际通用的资产负债表债务法，确认会计与税法不同导致的资产和负债的账面价值与计税基数不同形成的确认暂时性差异对所得税的影响，确认递延所得税。并且只允许采用资产负债表债务法对所得税进行会计处理。

（2）我国油气资产会计与税法的规定不同导致所得税会计。我国三大石油公司中，中海油公司（CNOOC，中国海洋石油股份公司）于1999年8月在香港注册成立，并分别于2001年2月27～28日在纽约证券交易所和香港联合交易所挂牌上市，至今只在海外上市。一直以来其财务报表是按照国际财务准则和国际财务报告准则编制，并且其所得税业务也与陆上业务有所不同，因此，这里我们只讨论我国陆上中石油公司和中石化公司的所得税会计问题。

中石油公司（CNPC，中国石油天然气股份有限公司）是于1999年11月成立的股份有限公司，其发行的美国托存股份及H股于2000年4月6日和7日分别在纽约证券交易所和香港联合交易所挂牌上市。中石化公司（SINOPEC 中国石油化工股份有限公司）是由中国石油化工集团公司在重组中于2000年2月15日独家发起设立的股份有限公司，公司于2000年10月18日和19日初次公开发行了H股及美国存托股份，并成功地在香港、纽约和伦敦三地证券交易所上市。因此，两家石油公司除了需要按照中国会计准则向国内股东、债权人等提供信息之外，还需要按照国际会计准则向海外股东等信息使用者提供决策有用信息。另外中石油和中石化两家石油公司需要按照2007年3月颁布，自2008年1月1日起施行的《企业所得税法》和2009年4月财政部发布的《关于开采油气资源企业费用和有关固定资产折耗摊销折旧税务处理问题的通知》等税法的要求计算应税收入和费用，这些规定与会计准不同，或者是与石油公司的选择的会计处理的要求有所不同导致了油气会计所得问题。

2. 我国油气资产折耗会计与税法差异

我国油气资产会计处理与税法处理规定的差异主要来自三个方面：一

是油气资产折耗计算方法不同导致的差异；二是计提油气资产的预计拆除恢复成本/油气资产的弃置费用的差异；三是计提油气资产减值准备形成的差异。

（1）油气资产折耗计算方法不同导致的差异。2008 年前，中石油公司和中石化公司在油气资产的折耗的会计处理上，对于矿区权益的折耗采用的是产量法，但对井及相关设备设施计提折耗的计算都是按照历史上一直沿用的固定资产的折旧方法，直线法（年限平均法）处理，这也与我国所得税法一致；但在对外披露的年报中，按照国际会计准则向海外股东等信息使用者提供的油气资产及其折耗会计信息则是按照产量法调整后的信息。这一时期，由于会计与税法一致，除数量极少的矿区权益折耗外，大量的井及相关设备设施计提的折耗在所得税的会计处理上基本不用调整。

油气资产直线法计提折耗（原为折旧）的计算公式为：

资产的年折旧率 =（1 - 预计净残值率）/ 折旧年限，月折旧率 = 年折旧率/12

资产的月折旧额 = 资产原值 × 月折旧率

油气资产直线法计提折耗（原为折旧）的计算公式反映出影响折旧计提有 3 个方面的因素，即资产原值、预计净残值和折旧年限。并且一般地，油气资产的预计残值率确定为零，或者不考虑净残值。

我国 2006 年 CAS NO.27《石油天然开采》中规定石油公司对油气资产的折耗允许采用产量法后，我国中石油公司和中石化公司的会计制度和年报中都从 2008 年开始，对油气资产折耗的会计处理上采用产量法[①]。但根据 2009 年 4 月财政部发布的《关于开采油气资源企业费用和有关固定资产折耗摊销折旧税务处理问题的通知》规定，矿区权益和开发资产的折旧折耗按直线法进行税前扣除。也就是说，我国税法对油气资产

---

① 中石油公司 2008 年年报的重要会计政策变更部分说明：根据财政部《企业会计准则解释第 2 号》的规定，本公司为同时发行 A 股和 H 股的上市公司，应当对同一交易事项，运用在 A 股和 H 股财务报告中采用相同的会计政策、运用相同的会计估计进行确认、计量和报告。因此本集团 2008 年对油气资产的折耗方法由年限平均法改为产量法，此项变更采用追溯调整法，并对比较财格报表进行了重新表述。

中石化公司 2008 年年报主要会计政策变更说明：油气资产，2008 年以前，本集团对油气资产按照年限平均法计提折耗。按照《企业会计准则》解释第 2 号的要求，本集团对油气资产的折耗方法变更为产量法，并进行了追溯调整。

规定的折耗方法是直线法，不允许按照油气资产产量法进行折耗税前扣除。这就导致了目前我国石油公司的油气资产来自会计的账面价值和来自税法的基础是不同的，需要依照所得税会计进行处理。我国某石油公司按照税法要求确定的油气资产折耗年限及残值率状况，见表3－7。

表3－7　　　我国石油公司直线法下油气资产折耗年限及残值率

资产名称	折旧年限	残值率
一、油、气（水）、矿产井设施	6/10	0
油井、气井	6/10	0
注水井、注气井、注入物井	6/10	0
资料井、观察井	6/10	0
盐井、碱井、聚合物井、其他矿产井	6/10	0
弃置成本、矿区权益	10	0
其他油气水井设施	6/10	0
二、油、气（水）集输处理设	14	0
外输输油首站、外输中间加热站、外输中间加压站 外输输油末站、外输输（配）气站、外输气加压站 油库及附属设施 联合站、转油站、集油站、氢烃回收装置 热采注气站、注氮站、注聚合物站 压气站、集气站、注水站 计量配水站、污水处理站、单井站、计量站（间）、脱水站 天然气净化装置、试验站 弃置成本 其他油、气（水）集输处理设施	14	0
三、输油、气（水）管线	10/14	0
原油管线	10/14	0
其中：外输原油管线	14	0
内输输油管线	10	0
输气管线	10/14	0
其中：外输天然气管线	14	0
内输输天然气管线	10	0
注水管线、注蒸汽管线	10	0
弃置成本	14	0
其他输油、气（水）管线	10	0

这种差异有可能导致企业按照会计准则计算的油气资产的价值大于按照税法计算的油气资产的账面价值，也可能导致企业按照会计准则计算的油气资产的价值小于按照税法计算的油气资产的账面价值。如表3-8和图3-8所示，中国石化公司2001～2005年油气资产折耗按照会计和税法计算的油气资产折耗金额。除2001年以外，中国石化公司按年限平均法计提的折旧额都要小于按产量法计提的折旧额。从平均值来看，按年限平均法计提的折旧额比产量法少48.09亿元，从累计提取额来看，按年限平均法计提的折旧额比产量法少240.45亿元。

表3-8 2001～2005年中石化公司油气资产折耗金额比较

年份	年限平均法（税法）		产量法（会计）	
	折耗金额（百万元）	占总资产比重（%）	折耗金额（百万元）	占总资产比重（%）
2001	24 586	6.82	22 430	5.88
2002	22 562	6.12	24 282	6.46
2003	14 202	3.64	26 735	6.67
2004	29 706	6.46	32 342	6.81
2005	22 101	4.25	31 413	5.84
平均值	22 631.4	5.46	27 440.4	6.33

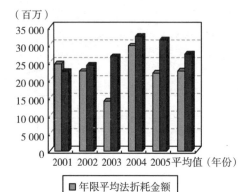
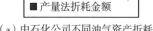
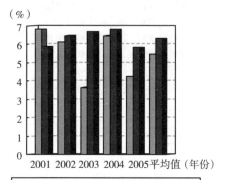

（a）中石化公司不同油气资产折耗方法
折耗金额比较

（b）中石化公司不同油气资产折耗方法
折耗额占全部资产的比重比较

图3-8 2001～2005年中石化公司不同油气资产折耗方法结果示意

中石化公司2001～2005年油气资产的账面价值大于或小于按照税法计算的油气资产的账面价值（即计税基础），产生应纳税暂时性差异或可抵扣暂时性差异，这种差异随着中石化公司油气资产尚可使用寿命的减少，呈现先增加，后减少，直至消失。由此产生的递延所得税负债或递延所得税资产也是先增加，后减少，最后消失。

（2）对油气资产计提预计拆除恢复成本和计提资产减值准备导致的差异。前面已经讨论过了，油气企业需要按照 CAS NO. 27《石油天然气开采》准则中的要求计提预计拆除恢复成本（弃置费用），折现后计入油气资产，并计提折耗；但是根据《企业所得税法》第五十六条规定，企业的各项资产，包括固定资产、生物资产、无形资产、长期待摊费用、投资资产、存货等，以历史成本为计税基数。前款所称历史成本，是指企业取得该项资产时实际发生的支出。油气企业按照 CAS NO. 27《石油天然气开采》准则中的要求计提预计拆除恢复成本（弃置费用）形成的油气资产，并没有实际发生支出，而是预计的在未来时间将要发生的支出。因此，计算应纳税所得额时，也不允许将其计入油气资产计提折耗（折旧），形成会计与税法在计算资产和资产折耗的差异（企业在废弃发生的拆卸、搬移、场地清理等支出时，计入当期损益）。并且是资产的账面价值大于计税基数，产生应纳税暂时性差异和递延所得税负债。

同时，我国 CAS NO. 27《石油天然气开采》准则第七条要求油气企业对于探明矿区权益的按照《企业会计准则第 8 号——资产减值》计提减值；第二十四条要求对于井及相关设施、辅助设备及设施的减值按照《企业会计准则第 8 号——资产减值》处理。而《企业所得税法》第十条中规定，企业在计算应纳税所得额时"未经核定的准备金支出"是不得扣除的。第五十六条规定企业持有各项资产期间资产增值或者减值，除国务院财政、税务主管部门规定可以确认损益外，不得调整该资产的计税基数。也就是说，油气企业计提的矿区权益和井及相关设施的减值在计算应交所得税额时是不允许扣除的，形成会计与税法计算资产的账面价值和计税基础的差异。并且是资产的账面价值小于计税基数，产生可抵扣暂时性差异和递延所得税资产[①]。油气资产因会计和税法计提折耗、减值和拆除恢复

---

① 中华人民共和国主席令第六十三号，中华人民共和国企业所得税法［S］. 2007 年 3 月 16 日颁布，2008 年 1 月 1 日起施行。中华人民政府网站，http：//www. gov. cn/flfg/2007 - 03/19/content_554243.

成本规定不同产生的所得税影响，见表3-9。

表3-9 油气资产会计与税法主要差异及影响

项目	业务	会计准则与税法方法不同	差异	所得税影响
矿区权益	会计计提折耗	（1）会计按产量法计提折耗与摊销；税法按直线法折耗与摊销 （2）税法与会计对矿区权益直线计提折耗中的年限有可能不同（实务一般相同）	资产的账面价值大于或小于计税基数	产生应纳税暂时性差异或可抵扣暂时性差异； 产生递延所得税负债或递延所得税资产
	会计计提减值	会计规定如果探明矿区权益发生减值的，应按 CAS NO. 8《资产减值》计提减值准备；税法规定企业计提的减值准备在发生实质性损失前不允许税前扣除	资产的账面价值小于计税基数	产生应税暂时性差异； 产生递延所得税资产
油气井及设施	会计计提折耗	（1）会计按产量法或直线法计提折耗；税法按直线法折耗 （2）会计与税法选用的方法一致，但计提折旧与摊销的年限不同	资产的账面价值小于计税基数	产生应纳说暂时性差异或可抵扣暂时性差异； 产生递延所得税负债或递延所得税资产

3.4.5 油价波动对油气资产折耗的影响

影响矿区油气资产折耗的因素主要有三个，油气产量、期初矿区探明已开发经济可采储量（或矿区期末探明已开发经济可采储量），油气资产的期末账面价值。2014 年中期以来国际油价的大幅度下跌，只是 2015 年北海布伦特原油现货年平均价格为 52.38 美元/桶，比上年同期下降 47.1%；美国西得克萨斯中质原油（"WTI"）现货年平均价格为 48.70 美元/桶，比上年同期下降 47.8%[①]。具体见图 3-9。虽然如此，据国家发展与改革委员会资料显示，2015 年国内原油产量 2.13 亿吨，比上年同期增长 1.8%。油价的大幅下跌对油气可采储量的计算和油气资产减值产生了极大影响，因此也对油气资产的折耗产生了较大影响。

---

① 数据来自中石油公司 2015 年年报。

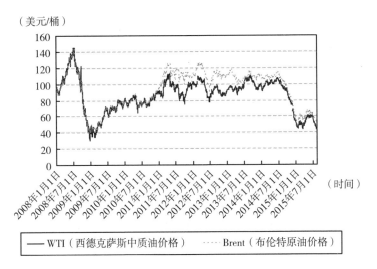

图 3 - 9 2008 年 1 月至 2015 年 8 月国际原油价格走势示意
资料来源：国际原油价格网，国际原油价格，http：//www. plasway. com/price/price_base_d. jsp。

1. 油价大幅较长时期波动必然影响油气产量和投资

原油销售价格是影响企业利润的关键，在油气生产成本基本不变的情况下，油价大幅较长时期波动必然影响油气投资。我国自 2014 年下半年至今，历时 2 年国际原油价格大幅下跌，从 2016 年年初开始，我国石油公司纷纷宣布减产和减少油气勘探开发区块的投资。

（1）我国石油公司对原油生产做出了调整。如 2016 年 3 月 9 日中国产经新闻发出标题为"中石油宣布减产 国内原油产量或将下滑"报道[①]："中石油负责人近日称，面对低油价的压力，将削减 2016 年资本支出和国内原油产量，且油价下跌可能导致产量和资本支出进一步削减，以维持利润、保持正常的现金流。该公司 2016 年的石油产量目标为 1.08 亿吨；同比减少约 320 万吨，约合减少 2.9%。""中石油正在评估 16 个油气田的产量，将进一步下调产量目标，大庆油田产量同比减少 150 万吨；辽河油田也将减产。""在这之前，中石化公司并未明确表示减产，但宣布其旗下的胜利油田，2015 年巨亏近百亿，并计划 2016 年关停 4 个油气区块，减产至少 6 万吨"。

---

① 郭师绪. 中石油宣布减产 国内原油产量或将下滑 [N]. 中国产经新闻报，新浪网滚动新闻
> http：//finance. sina. com. cn/roll/2016 - 03 - 09/doc - ifxqhmvc2201286. shtml，2016 - 3 - 9.

"延长石油今年（2016 年）2 月表示，在 2015 年减产的基础上，将把 2016 年原油产量再度压缩 1.6%（20.3 万吨）至 1 220 万吨"。2016 年 3 月 9 日中国产经新闻报道："中海油公司计划将今年的原油产量由 2015 年的 4.95 亿桶降至 4.70 亿~4.85 亿桶石油当量，即今年将减产 1.5%。"

我国油气产量在 2016 年也发生了下降。2016 年 9 月 2 日汇通网和讯网报道①：我国国家统计局最新公布的数据显示，今年 1~7 月，中国原油产量同比下滑 5.1%。4~7 月的原油产量分别下滑了 5.6%、7.3%、8.9% 和 8.1%。其中，6 月的下滑幅度最大，录得 2003 年以来单月最大降幅。见图 3-10。

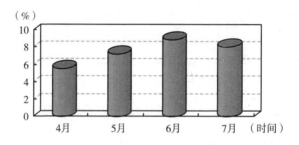

图 3-10　2016 年 4~7 月我国原油产量下降情况示意

（2）我国石油公司对油气勘探投资也做出了调整。2016 年 3 月 9 日中国产经新闻报②道："年初中海油公司表示，不到 30 美元/桶的油价使经营'非常困难'。计划将今年的资本支出从 2015 年的 672 亿元缩减至不超过 600 亿元，这已是中海油公司连续第三年下调资本支出。"2016 年 3 月 8 日③北京青年报本报讯（记者　蔺丽爽）："据中国石油公司相关负责人透露，面对低油价的压力，将削减 2016 年资本支出和国内原油产量，且油价下跌可能导致产量和资本支出遭进一步削减，以维持利润、保持正的现金流。该负责人介绍称，中石油公司将 2016 年资本支出同比削减约 23%，

---

① 低油价促使中国国内原油减产，进口量则大幅增加 [N]. 汇通网和讯网 > 外汇 > 外汇新闻，http://forex.hexun.com/2016-09-02/185841270.html.2016-9-2.

② 郭师绪. 中石油宣布减产 国内原油产量或将下滑 [N]. 中国产经新闻报，新浪网滚动新闻 > http://finance.sina.com.cn/roll/2016-03-09/doc-ifxqhmvc2201286.shtml，2016-3-9.

③ 蔺丽爽. 中石油今年原油产量降约 2.9% [N]. 北京青年报，2016 年 3 月 8 日电子版首页 > 第 A16 版：财经·市场 http://epaper.ynet.com/html/2016-03/08/content_186097.htm?div=-1.

但未提供具体数字"。

我国三大石油公司 2014～2016 年的油气勘探和开发投资都有一定程度的下降，如中石化公司 2014 年和 2015 年勘探开发投资同比下降都在 10% 和 30% 左右。见图 3 – 11。

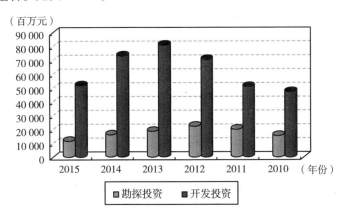

（百万元）

■ 勘探投资　■ 开发投资

图 3 – 11　2010～2015 年中石化公司勘探开发投入示意
资料来源：根据中石化公司 2010～2015 年年报整理。

2. 油价大幅较长时期波动必然影响原油经济可采储量

2004 年 4 月国家质量监督检验检疫总局和国家标准化委员会联合颁布了新版《石油天然气资源/储量分类》国家标准（GB/T 19492 – 2004），2005 年 4 月国土资源部出台国家地质矿产行业标准《石油天然气储量计算规范》（DZ/T 0217 – 2005）。这两个规范的出台导致我国新的储量概念体系和储量计算方法的形成。

美国石油工程师协会（SPE）的定义，经济可采储量是指估算的原油、凝析油、天然气和其他伴生物质在现存的经济条件下，依赖已有的操作实践，根据现行的政府法规，从一个指定的日期算起，预计从已知油气聚集体中可以商业性采出的数量。这个定义包含两种含义：一是在现有的工艺技术条件下，可以采出的探明储量；二是采出的储量必须具有商业价值，即有经济效益。

在我国《石油天然气资源/储量分类》中，经济可采储量的定义是在可采量定义的基础上给出的。其中：可采量（recoverable quantities）是指从油气的原地量中，预计可采出的油气数量。经济可采储量（commercial recoverable reserves）是指在当前已实施的或肯定要实施的技术条件下，按当前的经济条件（如价格、成本等）估算的、可经济开采的油气数量。其中储量的经济意义是指油气藏（田）开发在经济上所具有的合理性。

从中外油气资源经济可采储量定义可以看出，油价是影响原油经济可采储量的重要因素，油价的大幅度变化必然导致原油经济可采储量的大幅变动。

3. 油价大幅较长时期波动必然使企业计提油气资产减值准备

油气价格下降，油气储量价值下降，油气资产计提减值，次年计提的油气资产折耗就会受到影响（不考虑其他因素时油气储量数量也下降），油气收入和承担的成本相对比较配比。然而当油价回升时，油气储量价值也会跟着升高，企业会获得相对较高的油气收入，但由于原来计提减值不能转回，收入与承担的产量法折耗成本不太配比。同时，假如油价回升后，对外转让所持有的区块，当期的收益会远高于正常转让。如中石油公司 2015 年度，油气资产计提影响损益的减值准备金额为 198.93 亿元[①]，这些资产的减值主要是生产运营成本较高及低油价共同导致的。

3.4.6 我国油气资产折耗"产量法"应用中储量估计问题

在前面已经阐述了采用"产量法"对油气资产计提折耗的优势及必然，即依据每期产量对油气矿权取得、勘探开发的资本化的成本进行摊销，反映了为获得石油天然气储量所付出的代价，能够使油气开采所形成的固定资产投资与油气田生命周期内全部油气产量相匹配，能更好地实现收入与费用的配比。产量法能够更准确地反映油气资产在报告期间的消耗，也体现了国际趋同，提高了会计信息质量，但是应用中一个主要的问题，也是影响会计信息质量的重要问题就是储量估计的可靠性。

---

① 数据来自中石油公司 2015 年年报。

　　油气储量评估结果受各种条件的影响，油气价格、区块操作成本和贴现率等参数估计及其未来变化，使得准确地预计期末储量结果很难。储量评估的可靠性要求储量信息没有重大错误或偏向，且能够如实反映其拟反映或该反映的情况，以有助于信息使用者做出合理决策。对于可靠性，要求没有重要错误即技术上正确，没有偏向即立场上保持中立，如实反映即结果真实。

本章参考文献

　　[1] 李志学，杨惠贤，王岚. 石油天然气会计教程［M］. 东营：中国石油大学出版社，2010：81 - 104.

　　[2] 财政部会计准则委员会. 企业会计准则第 27 号——石油天然气开采（企业会计准则 2006）［M］. 北京：经济科学出版社，2006：81 - 83，93 - 94.

　　[3] 王之君. 国际与中国会计准则油气资产计价及折旧折耗计提差异之探讨分析［J］. 国际石油经济，2006（2）：51 - 53.

　　[4] 薛守荣. 浅析新准则下油气资产折耗方法的应用问题［J］. 今日科苑，2009（22）：87.

　　[5] 黄峥，郝洪. 油气会计全部成本法下的折旧折耗及摊销［J］. 中国石油大学学报，2013（4）：10 - 12.

　　[6] 郭俊鹏. 证实已开发储量评估结果对会计计量的影响［J］. 会计之友，2014（25）：78 - 82.

　　[7] 王志永. 矿产资源资产成本与折耗问题的探讨［J］. 地质技术经济管理，1995（2）：32 - 34.

　　[8] 李健，秦彦. 石油和天然气资产折旧与减值计量方法的改进［J］. 资源与产业，2008（2）：102 - 104.

　　[9] 冷冰. 国际财务报告准则第 6 号：矿产资源的勘探和评价［J］. 会计研究，2005（1）：76 - 80.

　　[10] 财政部会计司. 关于就国际会计准则理事会讨论稿《采掘活动》征求意见的函（财会便［2010］16 号）［Z］. 中华会计网校网站，http：//www.chinaacc.com/new/63_64_/2010_4_16_lv626823414961401029116.shtml. 2010 - 4 - 13.

　　[11] 刘才举. 油气资产产量法在 ZY 油田的应用研究［D］. 西安石油大学，2016：31 - 37.

［12］武苏亚，王秀芝，杨湘龙．浅谈油气田企业固定资产折旧方法［J］．石油化工技术经济，2004（3）：52.

［13］财政部会计准则委员会．企业会计准则第 13 号——或有事项（企业会计准则 2006）［M］．北京：经济科学出版社，2006：39 - 41.

［14］韩振宇．油气资产折耗问题管见［J］．财会月刊（综合），2006（4）：78.

［15］王连科．浅谈油田企业折旧成本控制［J］．山东化工，2013（4）：134.

［16］项继云．石油天然气资产折耗问题的研究［J］．石油天然气学报，2010（12）：510 - 512，521.

［17］赵振，智李策．油田企业摊销成本管理分析［J］．中国石油企业，2015（8）：92 - 93.

［18］严九．折耗法在油气田企业的应用［J］．石油企业管理，1996（2）：38 - 39.

［19］财政部企业会计准则编审委员会．企业会计准则案例讲解［Z］．上海：立信会计出版社，2010（12）：397.

［20］郭师绪．中石油宣布减产 国内原油产量或将下滑［N］．中国产经新闻报，新浪网滚动新闻 http：//finance. sina. com. cn/roll/2016 - 03 - 09/doc-ifxqhmvc2201286. shtml，2016 - 3 - 9.

［21］蔺丽爽．中石油今年原油产量降低约 2.9%［N］．北京青年报，2016 年 3 月 8 日电子版首页 > 第 A16 版：财经·市场 http：//epaper. ynet. com/html/2016 - 03/08/content_186097. htm?div = - 1.

［22］熊聪茹，苏华．我国最大凝析气田迪那 2 气田产气超过百亿立方米［N］．新华网 http：//www. xj. xinhuanet. com/2012 - 06/30/content_25451631. htm，2012 - 6 - 30.

第4章

我国油气
会计信息披露模式及国际比较

　　油气储量资产会计信息披露的内容及方法一直是会计理论界与实务界争议的问题。本章对油气资产计量模式争议及对会计信息披露的影响加以讨论，对美、英、澳会计准则、国际会计准则和我国有关油气资产会计信息披露规定进行了比较，以探索我国油气储量资产信息披露的最佳方式。

4.1 油气资产历史成本计量模式对会计 信息质量的影响

显然油气储量资产按照现行历史成本计量反映在报表上损伤了油气生产企业会计信息的质量，于是，公允价值计量代替历史成本计量便成为油气储量资产信息反映的重要问题之一。但是，这一解决问题的方法仍然处于争议中。目前的状况下，油气资产披露在财务报表中采用历史成本计量已经是获得绝大多数学者的认可，但在财务报表附注中披露的方法和内容，在世界范围内仍没有达成共识。

4.1.1 油气资产历史成本法计量

油气资产以历史成本为基础的计量模式在国际上受到了重视与认同。例如 2000 年 11 月，国际会计准则委员会采掘行业指导委员会在《采掘行业问题报告》中，坚持认为油气资产的主要计量尺度应该是历史成本；并在 2004 年颁布的 IFRS NO. 6《矿产资源的勘探和评价》中，明确指出勘探与评价资产应以历史成本为基础按成本进行计量。美国虽然也讨论研究公允价值对油气资产进行计量，但最终还是要求对于矿权取得、勘探和开发活动支出的资本化规定仍然遵循历史成本原则。这一原则体现在美国财务会计委员会准则（FASB）1977 年 12 月发布的 SFAS NO. 19《石油和天然气生产公司的财务会计和报告》以及美国 SEC 1978 年 12 月 NO. 257 会计论文集（ASR NO. 257 "成果法"）中和 NO. 258 会计论文集（ASR NO. 258 "全部成本法"）中。如表 4 - 1 所示。其他国家也不例外对于油气资产的初始计量采用的都是历史成本法。

表 4 - 1　　　　　　美国油气资产初始计量"历史成本法"的规定

项　目	成果法（SE）	全部成本法（FC）
地质和地球物理勘探成本	—	发生支出时计入地质和地球物理勘探成本（油气资产）
矿权取得成本	发生支出时计入未探明矿区（油气资产）	发生支出时计入未探明矿区（油气资产）
勘探干井	—	发生支出时通过在建井转入井及设备与设施（油气资产）
成功的勘探井	发生支出时通过在建井转入井及设备与设施（油气资产）	
开发干井		
成功的开发井		

4.1.2　我国 CAS NO.27《石油天然气开采》中的历史成本计量方法

　　一直以来我国都是将油气资产作为固定资产管理，会计计量也遵循的是"历史成本原则"，我国中石油、中石化和中海油三大石油公司以及延长石油公司也是遵循这一原则对油气资产形成过程中符合资本化确认条件的支出按照历史成本进行计量的，即按照发生的支出计入油气资产。我国 CAS NO.27《石油天然气开采》中的油气储量资产计量采用的也是历史成本计量模式，并且采用历史成本计量模式下的成果法来核算油气储量资产。具体的会计处理规定如下：

　　（1）取得矿区权益的资本化按照取得成本计量。矿区权益，是指企业取得的在矿区内勘探、开发和生产油气的权利，为取得矿区权益而发生的成本应当在发生时予以资本化，同时按照取得时的成本进行初始计量。其中，申请取得矿区权益的成本包括探矿权使用费、采矿权使用费、土地或海域使用权支出、中介费以及可直接归属于矿区权益的其他申请取得支出。购买取得矿区权益的成本包括购买价款、中介费以及可直接归属于矿区权益的其他购买取得支出。

　　（2）油气勘探支出中的资本化部分按照发生的支出直接或结转计入油气资产。油气勘探，是指为了识别勘探区域或探明油气储量而进行的地质调查、地球物理勘探、钻探活动以及其他相关活动。油气勘探支出包括钻井勘探支出和非钻井勘探支出，其中钻井勘探支出主要包括钻探区域探井、勘探型详探井、评价井和资料井等活动发生的支出；非钻井勘探支出主要包括进行地质调查、地球物理勘探等活动发生的支出。

钻井勘探支出在完井后，如果确定该井发现了探明经济可采储量，应将钻探该井的支出结转为井及相关设施成本；如果确定该井未发现探明经济可采储量，则将钻探该井的支出扣除净残值后计入当期损益；如果钻井勘探支出已费用化的探井又发现了探明经济可采储量，已费用化的钻井勘探支出不做调整，重新钻探和完井发生的支出应当予以资本化。

（3）油气开发的支出按照发生成本计入在建工程后转入油气资产。油气开发是指为了取得探明矿区中的油气而建造或更新井及相关设施的活动。油气开发的支出包括钻前准备成本、钻井成本、生产建设支出、开发过程中的其他费用等。开发支出的成本予以资本化，计入"油气资产"中；油气开发活动所发生的支出，应当根据其用途分别予以资本化，作为油气开发形成的井及相关设施的成本。

井及相关设施的成本主要包括：（1）钻前准备支出，包括前期研究、工程地质调查、工程设计、确定井位、清理井场、修建道路等活动发生的支出；（2）井的设备购置和建造支出，井的设备包括套管、油管、抽油设备和井口装置等，井的建造包括钻井和完井；（3）购建提高采收率系统发生的支出；（4）购建矿区内集输设施、分离处理设施、计量设备、储存设施、各种海上平台、海底及陆上电缆等发生的支出。在探明矿区内，如果钻井至现有已探明层位的支出，作为油气开发支出；如果为获取新增探明经济可采储量而继续钻至未探明层位的支出，则作为钻井勘探支出处理。见表4-2。

表4-2 我国油气资产初始计量"历史成本法"规定

支出内容	资本化科目	计量
取得矿区权益的成本	油气资产——矿区权益	按照取得时的成本进行初始计量
成功的勘探井支出	油气资产——井及设备与设施	将钻探该井的支出结转为井及相关设施成本部分井段发现探明经济可采储量，将有效井段的钻井勘探支出结转为井及相关设施成本
开发支出	油气资产——井及设备与设施	油气开发活动所发生的支出，应当根据其用途分别予以资本化，作为油气开发形成的井及相关设施的初始成本

4.1.3　油气资产历史成本计量对会计信息质量的影响

无论是我国的会计准则中的会计信息的质量特征还是美国的会计概念框架，对会计信息的相关性和可靠性的关注程度都非常高。在成本效益原则的约束下，对经济决策起到重要影响的会计信息都具有较强的相关性与可靠性，同时也体现了信息使用者对会计信息的本质要求。相关性是指企业提供的会计信息与信息使用者的决策需求相关，有助于会计信息使用者评价过去或预测未来的会计信息质量要求。可靠性是指会计信息应免于错误及偏差，并能忠实反映它意欲反映的现象或状况的会计信息质量要求。相关性强的会计信息能够对过去、现在准确反映，对未来起到预测和确认作用，但若缺少了可靠性做保障，会计信息对于指导决策的意义就会减弱，甚至消失。因此，可靠性是相关性的前提，相关性是可靠性的提升。

按照历史成本原则，用取得成本及资本化的部分勘探成本（成果法）或取得成本及全部勘探成本（全部成本法）来标志探明油气储量的价值，即用发现成本作为油气储量资产的价值，虽然在一定程度上充分保证了会计信息的可靠性，但是由于历史成本法（成果法或全部成本法）下发现成本与发现价值脱离，资产负债表中提供的油气资产资本化成本信息与油气资产价值（油气探明储量）无关，一般来说是低于或等于（偶然）油气探明储量的价值；而在历史成本法（成果法与全部成本法）下的收益表中反映的净收益信息不包括油气探明储量增加而产生的发现价值。上述缺陷，与其说是稳健主义，不如说是低估资产、隐匿收入使得会计信息失真；这种价值与油气储量资产的真实价值的巨大差异，势必造成对油气储量资产价值信息的歪曲反映，使得油气企业为投资者和社会公众提供决策的会计信息缺乏相关性，与会计的充分披露原则和相关性原则相矛盾。

通过以上的分析，也可以说，"无论是成果法还是全部成本法都不能有效地表达石油和天然气生产公司的经营成果或财务状况。因为，它们既没有描述石油和天然气勘探和生产公司的主要活动成果（发现石油和天然气探明储量），又没有充分反映石油公司的主要资产（石油和天然气储量）"①。因此，对于油气储量资产采用历史成本进行计量产生的价值差异，使历史成本会计遇到了阻碍，这里不再是如何应用历史成本原则的问题，而是一个更深层次的探讨，即历史成本原则是否可以应用的问题。

4.2 提升油气会计信息质量研究

上述讨论中关于油气会计历史成本的缺陷，导致表内油气会计信息的质量不高，因此在学术及实务界产生了提高油气会计信息质量的方法的讨论。

4.2.1 关于油气资产公允价值计量研究的探讨

美国 SEC 的 1978 年 8 月的 ASR NO. 253 认为，成果法还和全部成本法都不能有效地表达石油和天然气生产公司的经营成果或财务状况，两者都是以历史成本为基础的，都没有确认计量已发现的石油天然气储量的价值，相关性不强，都不能为信息使用者提供有用的信息。因此引发了油气资产公允价值的计量的讨论。

1. 关于 RRA（储量认可法）的探讨

美国 SEC 宣布，它将力求通过制定一种称为"储量认可法"（Reserve Recognition Accounting，RRA）的会计核算方法，来寻求消除全部成本法和成果法的局限。这种会计核算方法将赋予石油和天然气探明储量一种"价值"（通过计算，而不是任意的规定），并将在收入中按照实际发生的变化情况反映石油和天然气探明储量价值的变化。以下是美国 SEC 主持下对 RRA 研究的成果及其评价。

---

① 1978 年 8 月，证券交易委员会在《第 253 号会计论文集》（Accounting Series Release 253 (ASR NO. 253)）中的结论。资料来自：李志学. 油气矿业会计［M］. 西安：西北大学出版社，1999：4 – 7.

（1）RRA（储量认可法）的原理。储量认可法是美国 SEC 的会计系列文告 ASR NO. 253 提出的，"以油气探明经济可采储量的价值为基础的会计确认计量和报告方法，要求以现行的价格，现行的开发成本、开采成本和现行的法定税率为基础，对石油天然气储量资源的未来现金流量进行折现计算，折现率为 10%，以此确定石油天然气企业拥有的石油天然气储量资源的价值和收益（成果）。"储量认可法将油气探明经济可采储量价值化，将油气探明经济可采储量的未来估计价值作为资产。

储量认可法下对于油气（储量）资产具体的确认与计量方法是：发现储量时，油气资产以探明储量未来净现金流量的现值而被确认（折现率10%），同时确认收入；探明储量以前发生的费用将递延至该矿区被探明或放弃时计入损益。

（2）对 RRA（储量认可法）的评价。RRA 储量认可法顺应了发现油气资产价值理论的自然属性，使油气资产信息（探明油气储量价值）得以揭示，从而弥补了历史成本会计（成果法和全部成本法）的局限性。

但是采用储量认可法代替油气资产的历史成本计量这一方法最终仍没有在油气生产公司推行。1978 年 8 月，美国证券交易委员会宣布，储量认可会计法并不是很好的油气会计核算方法，从而，否定了储量认可法的应用。究其原因，可大致分析如下：第一，储量认可法不仅否定了历史成本原则，而且否定了收入实现原则，将尚未实现的收入视同现实的收入，与规范的财务会计理论相悖，引起会计理论上的混乱。第二，储量认可法否定了会计的客观原则，使资产和收入的揭示依赖于未来现金流量的估计，从而使会计信息带有很大的不确定性，这与客观性原则是相背离的，也使这种会计信息的可靠性和相关性受到影响。

关于储量认可法的实证研究也显示，这种方法并没有显示出多于历史成本信息的优越之处。例如，肯恩（King，B. 1982）在"油气披露：一些实证结果"（采掘业会计杂志（春季））一文中收集和分析了在证券交易委员会（SEC）规定进行储量认可法（RRA）披露的第一年—— 1979 年有关 128 个油气生产者的披露情况。研究结果显示 RRA 盈余和价值披露几乎没有增量信息含量。

（3）RRA（储量认可法）放弃后的油气资产信息披露。美国 SEC 在宣布放弃储量认可法（RRA）后规定，在油气会计准则未明确期间的财务报告，各石油公司可以遵循财务会计准则委员会的 SFAS NO. 19《石油和天然气生产公司的财务会计和报告》规定的成果法，也可以遵循证券交易委员会规定的全部成本法（1978 年 12 月 SEC 在《第 258 号会计论文集》（ASR NO. 258）中发布了对全部成本法的终审规则；在《第 257 号会计论文集》（ASR NO. 257）中发布了对成果法的终审规则）。虽然，美国 SEC 允许石油公司采用这两种以历史成本为基础的方法中的任何一种方法编制主要财务报表，但是声明，成果法和全部成本法没有能够对石油天然气生产公司的财务状况和经营成果提供足够的资料，并要求石油公司有以储量认可法（RRA）编制的财务报表作为补充资料。其实，在美国 SEC 宣布研究储量认可法时，就陈述了它的一个打算，为了帮助财务报表的使用者评价石油和天然气生产公司的财务状况和获利能力，需要大量揭示有关石油和天然气作业活动的资料。

2. 关于油气资产公允价值计量的讨论

美国 SEC 对油气会计的研究和最后文件规定并没有从根本上解决油气会计信息相关性问题，因此关于油气资产公允价值计量问题仍是学者们研究的问题之一。20 世纪 90 年代开始，各国及国际会计准则制定中考虑了公允价值的运用及规范。国际会计准则委员会和理事会在制定和修订国际会计准则和国际财务报告准则中引入并大量地使用了公允价值计量属性，世界各国在会计规范中运用公允价值计量也日益增多。我国财政部 2006 年发布《企业会计基本准则》引入了公允价值计量这一概念，并在企业会计具体准则中加以运用。2006 年 9 月 FASB 发布了 SFAS NO. 157《公允价值计量》，国际会计准则理事会（IASB）于 2011 年 5 月发布了 IFRS NO. 13《公允价值计量》，我国 2014 年 1 月也发布 CAS NO. 39《公允价值计量》，这些准则都对公允价值计量的运用做出了规范。这些准则的出台和运行也进一步引起了对于油气资产公允价值计量的讨论。

IASB 在发布 IFRS NO. 6《矿产资源勘探与评价》之后继续了对矿产资源准则的研究，2004 年 4 月，IASB 要求来自澳大利亚、加拿大、挪威和南非的国家准则制定机构的成员组成一个项目组，承担采掘行业上游活动会计准则的研究项目。研究项目组工作的主要任务之一即是评估对采用公允价值对包括石油天然气公司在内的采矿公司的矿产资源储量的财务报告计量和披露目标的适当性，包括矿产资源公允价值计量估值技术的选择、公允价值计量下记账单元的确定、公允价值计量适用的公允价值级次的确定以及以财务报告信息质量特征评估矿产资源资产公允价值等问题。

　　资产的估值技术包括市场法、收益法和成本法①。其中市场法，是利用相同或类似的资产、负债或资产和负债组合的价格以及其他相关市场交易信息进行估值的技术。收益法，是将未来金额转换成单一现值的估值技术。成本法，是反映当前要求重置相关资产服务能力所需金额（通常指现行重置成本）的估值技术。在对进行公允价值的估值时，估值专家可以使用与其中一种或多种估值技术相一致的方法计量公允价值。如果使用多种估值技术计量公允价值，就应当考虑各估值结果的合理性，选取在当前情况下最能代表公允价值的金额作为公允价值。但是，资产的估值技术的选择，应当是以在当前情况下适用并且有足够可利用数据和其他信息支持的估值技术。对于油气资产来讲，市场法和成本法都没有足够的可利用的数据和信息，这是因为没有相同或类似的资产或资产组合的价格以及其他相关市场交易信息可以利用；重置油气资产所需金额仍然是发现成本，也不是油气资产的市场价值。因此，市场法和成本法都不是适合的方法。IASB研究项目组排除了市场法和成本法，建议采用收益法。

　　采用收益现值法的核心是用于估计储量资产公允价值的参数的取值，并且更为重要的是需要这些估计参数具备可观测性，要求这些参数是"可以从独立于报告主体的来源获得的市场数据为基础取得的参数"。也就是说，报告主体应该假设市场参与者会有办法获得所有与油气储量价值有关的相关且可用的信息，不只是公开披露的储量信息。用于估计储量资产公允价值的参数的取值包括：矿藏中矿产储量数量的估计，含进行矿藏地质解释和进行关于矿藏的技术可采假设。如对石油天然气而言，关于油藏压力和流速的假设；对其他矿产而言，关于矿井设计等方面的假设；储量生

---

　　① 2006年9月美国FASB发布的SFAS NO. 157中给出的计量公允价值的估价技术，国际财务报告准则NO. 13《公允价值计量》和我国CAS NO. 39号《公允价值》第六章 估值技术的技术包括这三种方法。

产计划；未来价格、成本和汇率；折现率等。研究项目组认为，根据 SFAS NO. 157 的公允价值级次①的定义，以公允价值计量油气资产是可能的。但是因为现值法使用中参数的获取存在大量的不确定性，造成油气资产收益法应用中可靠性比较差。因此，关于油气资产公允价值计量也还是处于研究状态。

在采用收益现值法在估计油气储量资产价值这一问题的解决上，如前所述，美国 1982 年 SFAS NO. 69② 对于有重要油气生产活动的上市公司在其年度财务报告补充资料中披露有关油气储量价值信息，即披露有关证实油气储量的未来净现金流量现值的标准化计量及其变化③时，对于其不可观测参数做出了披露和假设要求，包括要求披露已证实储量数量资料，规定未来价格、未来成本、未来汇率和折现率等假设的选取，使这些参数成为石油公司的不可选参数。

4.2.2 历史成本计量下提升油气资产会计信息质量的方法

从形式上看，储量认可法遵循了会计理论的充分披露原则，但其巨大的缺陷导致其并非是一种解决油气资产会计计量与信息披露的最好的方

---

① 公允价值级次（fair value hierarchy）SFAS NO. 157 把用于公允价值计量的参数按优先次序分为三个公允价值层次，最优先的是活跃市场中相同资产和负债的非调整报价（第一层次），最低优先的是不可观察参数（unobservable inputs）（第三层次）。在使用公允价值级次（fair value hierarchy）时，从某种意义上说，落入第一层次的公允价值比落入第三层的公允价值"更好"。但是，落入级次中任意层次的计量都具有公允价值计量的资格。相反，凡没落入级次中任意层次的计量都不是公允价值计量。我国 CAS NO. 39 也是将公允价值计量所使用的输入值划分为三个层次，并首先使用第一层次输入值，其次使用第二层次输入值，最后使用第三层次输入值。第一层次输入值是在计量日能够取得的相同资产或负债在活跃市场上未经调整的报价。活跃市场，是指相关资产或负债的交易量和交易频率足以持续提供定价信息的市场。第二层次输入值是除第一层次输入值外相关资产或负债直接或间接可观察的输入值。第三层次输入值是相关资产或负债的不可观察输入值。

② ［美］FASB. Statement of Financial Accounting Standards No. 69. Disclosures about Oil and Gas Producing Activities［S］. 1982.

③ 标准化计量的英文表述是 Standardized Measurement of Oil and Gas，简称"SMOG"，而 smog 在英语里的意思是"烟雾"的意思，是指"夹杂着烟尘并被烟尘污染的雾"。所以，那些不赞成标准化计量的人士戏称之为"雾里看花"，意思是标准化计量可能对投资者引起误导。

法。同时，油气资产公允价值计量因其使用中参数和不确定因素太多，使用上不具备基础。另外，在连续、系统、全面反映经济业务方面，历史成本仅仅是计量的规模和水平与以后的经济环境相背离，并没有与当时的经济环境相背离。从记录和反映历史事实的角度来看，历史成本原则没有失效，也永远不会失效。

国内外的研究表明，在会计报表附注中提供有关附加信息，以满足表内信息的不足，是提升会计信息相关性的有效手段。对于油气企业的生产活动来说，油气储量是其最核心的价值所在，但储量及其价值信息一般很难从其他途径得到，企业上游活动的成就只有在财务信息与矿物储量及其价值相关的情况下才能评价。因此，提高油气资产会计信息质量，增强会计信息的相关性，充分披露探明储量及其价值信息的办法，是石油公司仍然采用历史成本法对油气资产加以计量，然后，通过补充资料来揭示油气储量资产，即增加在年报附注中披露有关油气储量及其价值信息。美国、其他各主要产油国的企业会计准则及国际会计准则也都是采用这一方法。

美国SEC对油气资产的计量的终审意见是1978年12月发布的ASR NO.258和ASR NO.257，公告中要求油气企业采用历史成本法中的成果法或全部成本法对油气资产进行计量，并将有关油气资产历史成本计量信息相关性不足交予FASB处理。随后FASB发布NO.69财务会计准则文件，文件中要求上市公司在他们的年度财务报表中揭示有关油气储量资产的历史成本和未来价值的信息，包括探明储量的资料；与石油和天然气生产活动有关的资本化成本；在矿区的取得、勘探和开发活动中发生的成本；石油和天然气生产活动的经营成果等历史信息；以及与探明石油和天然气储量有关的贴现的未来净现金流量的标准化计算值；与探明石油和天然气储量有关的贴现的未来净现金流量的标准化计算值的变化等油气资产价值信息。

IASC曾在2000年11月发布《采掘行业问题报告》，IASB也于2004年1月发布征求意见稿《矿产资源的勘探与评价》（ED NO.6），并于2004年12月9日发布《国际财务报告准则第6号——矿产资源的勘探和评价》（IFRS NO.6）。IFRS NO.6主要内容是针对采掘业勘探和评价支出如何资本化的问题，其中不仅包括石油天然气行业，也包括其他不可再生资源勘探开采行业。IASB 认为采掘业是开采不可再生资源的企业，财务信息应体现矿产的储量和价值，即在财务报告中应体现其相关矿产储量数量和金额。与其他方法相比，IASC 指导委员会更倾向于在矿权资产的计量上接纳同成果法相一致的方法，并在会计报表附注信息中披露有关于油气资产的其他有关信息。

我国会计准则中对于公允价值的计量的应用采取了审慎的态度，对于油气资产会计处理采取了成果法，对于油气储量资产历史成本与价值量的差异只要求在财务报表附注中披露拥有国内和国外的油气储量年初、年末数据，而没有提出价值披露的要求。

4.2.3 "历史成本 + 储量数量" 模式及有关研究的讨论

1. "历史成本 + 储量数量" 模式

SFAS NO. 19 采取了报告油气储量数量的方法来提升会计信息的相关性，即对于油气资产会计信息揭示采用 "历史成本 + 储量数量" 模式，在资产负债表中按历史成本计量油气储量资产的外在价值（发现成本），并在报表附注中补充储量数量资料。SFAS NO. 19 中储量数量的披露要求主要是在年报附注中按地理区域报告年初、年末石油天然气的探明储量及净额，其中包括：

（1）探明已开发储量和探明未开发储量以及企业拥有的经营与非经营权益部分；

（2）探明储量出现的变动情况，如对以前估计的修正、采收提升、开采的产量、扩边发现及其他增加等；

（3）企业的合并财务报表中属于母公司的 100% 的净储量和其合并子公司的 100% 的净储量，按比例合并的被投资者净油气储量的相应比例份额；

（4）因重要的经济因素或重大不确定性影响的企业探明储量构成内容，例如，非正常高的预期开发或开采成本，具有按较低价格生产和销售储量的重要部分的数量。

其中，对于探明储量的披露单位，石油储量应该以桶为单位，天然气以立方英尺为单位表示。

2. "历史成本 + 储量数量"模式评述

"历史成本 + 储量价值"披露模式是油气资产公允价值计量没有进入激烈的争议时期形成的提高油气会计信息质量的方法，也是首次提出增加油气资产的表外信息的规范要求。"历史成本 + 储量价值"披露模式中要求提供披露探明储量信息，并将探明储量分为探明已开发储量和探明未开发储量，还将探明储量出现的变动情况，如对以前估计的修正、采收提升、开采的产量、扩边发现及其他增加等探明储量出现的变动情况也列入需要披露的信息，对于油气储量单位也做出了规定，这些规定对后来的油气信息披露产生了深刻的影响，称为石油公司披露的必要内容。"历史成本 + 储量价值"披露模式虽然因"储量信息的可靠性差"遭到了一些人的反对，当然，有关油气储量的概念没有形成公认的定义及计算方法等也是其被反对的理由。但是"历史成本 + 储量价值"的规定仍然获得了学者和投资者的认可。

"历史成本 + 储量价值"披露模式中没有储量价值信息，不论是表内还是表外，其提供信息的相关性不能满足投资者的决策需要。

3. 油气储量数量披露实证研究讨论

关于油气储量数量的披露，一些人认为应该对储量估计数量进行披露。主张披露储量数量的人主要基于：储量是企业最有价值的资产，但资本化的成本却与地下储量不存在对应关系，披露储量数量就很有必要；忽略储量数量信息就排除了有关潜在现金流量的信息，因为商业储量是企业未来现金流的主要来源；储量信息除了企业的财务报表，无从其他途径获得；储量是企业业绩的重要体现，由于获得的储量与取得这些储量的成本之间没有直接关系，这一业绩无法通过资产负债表中的成本得到体现；储量对于比较不同企业之间的财务状况和经营业绩是必要的，因为在当期两个企业可能报告相同的资本化成本和勘探开发支出成本，但他们在当期发现和累计发现的储量数量和价值上一般是不同的，并且极可能有极大差异。

反对就油气储量数量信息披露的人一般认为：如果油气储量能够准确计量，则储量数量的披露就是有用的。他们反对披露的理由是：油气储量估计本质上是不精确和主观的，涉及大量的假设和预测，商业储量的估计会平凡调整，无论对个别矿藏还是整个企业都是如此，这些调整常常非常大，因此，储量数量的披露可能产生误导。

肯恩（King，B. 1982）在采掘业会计杂志（春季）发表的"油气披露：一些实证结果"中收集和分析了在证券交易委员会（SEC）规定进行储量确认会计（RRA）披露的第一年——1979 年有关 128 个油气生产者的披露情况。该研究的结论是，储量数量估计是不可靠的，但尽管如此对财务报表用户却是有用的；已发生成本的披露是相关的和客观的。

卡恩（Kahn，N.）、克劳兹（J. Krausz）和希夫（A. Schiff）（1983）在采掘业会计杂志（夏季）中发表"对油气储量估计可靠性的另一种见解"一文，该文研究检验了储量资产估计的可靠性和偏差。通过对 30 个油气生产者在 1978～1981 年对储量数量估计所做修正的情况进行研究，结论认为，虽然几乎没有证据表明储量数量估计是有偏的，但储量数量估计却是不可靠的。

坎贝尔（Campbell，A. 1984），在"对探明油气储量数量信息的过去估计进行修正的偏差和可靠性的研究：重复和拓展"（采掘业会计杂志（夏季））一文研究中检验了样本油气生产企业在储量修正方面是否有在正的或负的偏差。研究的样本是由 34 个公司在 1978～1982 年的情况构成的，该研究分析了样本的均值百分比修正。分析的储量类别包括世界范围的，美国的以及美国以外企业的原油储量和天然气储量。结果显示，虽然没有证据表明油气储量估计存在系统偏差，但超过一半的样本企业在一种或几种储量类别中存在正偏差或负偏差。该研究没有发现偏差与企业规模、会计方法或选择内部或外部工程师之间存在显著关系。

坎贝尔（Campkell，A. 1988）在"对探明油气储量数量信息的过去估计进行修正的偏差和可靠性的研究：一个更新"（石油业会计杂志（春季））一文中通过调查过去储量估计的修正是否表现出正的或负的偏差，检验了对过去储量估计进行修正的可靠性。该研究考察了 70 个企业在 1978～1984 年 7 年间的情况。结果显示不存在系统误偏差。研究也发现，储量估计是可靠的，对过去储量估计的均值绝对值修正一般低于10%。

4.2.4 "历史成本＋储量价值"模式及有关研究的讨论

1. "历史成本＋储量价值"模式

FASB于1982年11月颁布了SFAS NO.69准则，规定在历史成本计量的基础上，对石油天然气储量价值及其变动进行标准化计量，并以此作为重要的补充信息之一，力争为投资者提供探明储量的公平市场价值的近似值，这就是现行的"历史成本＋储量价值"披露模式，虽然IASC就如何披露储量信息与价值也提出了多种方法，但没有形成支持该模式的规范，只要求从事石油和天然气生产活动的上市企业，披露矿产生产活动的核算方法、矿产资源资产资本化成本的处理等形成的资产、负债、收益、费用和有关的现金流量等。SFAS NO.69则要求用一整套年度财务报表来披露有关油气储量等下列补充资料：

（1）历史基础：

① 探明储量数量资料；

② 有关矿产生产活动的资本化成本；

③ 发生在矿区取得、勘探和开发活动的成本；

④ 矿产生产活动的经营成果。

（2）价值基础：

① 有关探明矿产储量未来净现金流量现值标准化计量；

② 未来净现金流量现值的标准化计量的变化。

其中有关探明矿产储量未来净现金流量现值的标准化计量是根据动态法或静态法，测算出以后各年的产量，同时依照预计的油价，测算收入，扣除影响现金流量的预计税收、操作成本和开发成本后，得出所得税前现金流量，然后按照规定的折现率（10%），对未来所得税前现金流量进行折现，当净现值出现负数时，就不再计算以后年度的油气产量，最后将所得税前现金流量净现值为正数的各年油气产量累加起来，得出剩余经济可采储量，对应年份的累计净现值就是储量价值。

对于未来净现金流量现值的标准化计量的变化则是基于未来净现金流量现值的标准化计量需要基于油价、产量、操作成本和生产费用、税费等一系列的假设，而这些假设会因现实状况和技术进步等原因发生变化。因此在披露油气储量资产价值的同时需要对这些假设发生的变化进行揭示；并且要求按总体及按与披露储量数量披露相同的每个地理区域报告与证实油气储量相关的未来净现金流折现值及其变化的标准化度量和期间度量变化的要素的发生额。而对于重大原因导致的变化，应予以单独披露。具体影响因素如下：

① 与未来生产相关的销售和转让价格以及开采成本的净变动；

② 估计未来开发成本的变动；

③ 本期开采的石油天然气的销售与转让；

④ 由于购买的销售地下矿产所导致的净变动；

⑤ 由于修正估计储量所引起的净变动；

⑥ 本期发生的前期估计的开发成本；

⑦ 折扣增量；

⑧ 所得税净变动。

2. "历史成本＋储量价值"模式评述

"历史成本＋储量价值"披露模式的产生是在油气资产公允价值计量的讨论无果后，以披露历史成本计量的油气资产报表内信息，以及披露探明油气储量数量资料表外信息的基础上，增加了对油气储量价值信息的披露后形成的。增加的油气资产价值信息包括有关探明矿产储量未来净现金流量现值标准化计量和未来净现金流量现值的标准化计量的变化，并对其计算给以约束①。

SFAS NO. 69 准则中关于油气生产活动的披露要求上市石油公司使用标准化的计量方法，是以 10% 的贴现率将储量未来现金流折为现值，并给出了相关油气价格、收入、成本等参数的取值要求，是一种较为具体、规范的油气资产公允价值计量方法；并且也使得油气资产标准化计量计算中

---

① 龚光明. 石油天然气资产会计论 [M]. 北京：石油工业出版社，2002：18－20.

价格、成本和折现因子等具有客观性且可验证性，减少了披露的主观性程度，增加了企业间油气资产价值信息的可比性。

通过上述要求的改进，使得油气储量资产的计量与披露更加完善，提供的会计信息质量也在均衡状态下提高。该模式既不否定历史成本基础的主导地位，也不忽视公允价值基础的重要性。标准化计量相对于其他方法，不失为一种更为具体、规范、计算结果更加能够体现信息可比性的操作方法。也没有使企业提供会计信息的工作量有太大的增加。也就是说，增加油气资产价值披露的成本增加不多，但却比储量数量资料的披露更加提升了会计信息的相关性。与此同时，储量价值的披露不仅反映了油气储量的价值，而且还说明其变化，有利于信息使用者通过计量模型中参数的变化来判断符合本企业评估标准的储量价值额，这也是"历史成本＋储量价值"能够被认可的重要原因所在。

3. 关于油气储量价值披露的研究

一直以来，会计实务界，对于油气储量价值信息披露，既有赞同的意见，也有反对的意见。一些人认为，油气储量及其价值信息是企业最有价值的资产，油气储量数量的披露为未来现金流量估计提供了有关矿物储量的适当信息；也有许多人认为，只有数量数据是不够的，因为各企业拥有与矿物储量相关的诸因素存在很大的差异，即使同一企业拥有的储量，相关的因素也不相同，诸如生产成本、矿物等级、价格、储量位置、运输条件、市场条件、未来年预期生产率等可能也各不相同。结果是，尽管两个企业在同样的储量类别中有相等的储量数量，一家企业拥有该储量的价值可能远大于另一个企业的储量价值。实务中，一些企业通过在储量数量披露中增加相关因素的叙述性描述来解决这一问题，还有一些人认为这并不合适，因为个别财务报告使用者在他们对企业价值的估计中，难以评价和利用这些差别。他们认为，使两个类似储量可比的唯一途径是要求每个企业披露所拥有的储量价值，该价值是拥有储量的企业管理者采用一致的评价原理进行估计得到。另外许多企业计算储量价值供内部使用，因此，增加储量价值披露并不会增加企业负担，当然，需要在一些方面重新计算，使数据在企业间具有可比性。

以历史成本为基础的财务报表作为主要报表，以价值为基础的披露可以有多种不同方式呈报，如：

- 在财务报表呈报中规定一套完整的、以价值为基础的补充财务报表；
- 中期财务报表中提供一套精简的，以价值为基础的补充财务报表；
- 在财务报表注释中补充披露；
- 在经审计的财务报表以外补充披露。

赞成提供油气储量价值信息的人大多并不提倡使用一套系统化的补充财务表，不管是完整的，还是精简的。反对油气储量价值信息披露的人认为，价值估计太主观，且不可靠，因为估计建立在许多假设和预测基础之上。的确，就是储量数量估计也是很主观的，储量价值的估计引入更多的主观因素，如价格假设、成本假设、生产时间、技术、折现率、税率和法律约束等。他们指出，同样有资格的储量工程师，对于相同的油气储量，使用相同的定义和利用相同的信息，也会得出十分不同的价值。因此，他们认为，由于储量估计中存在内在的高度不确定性，即使是证实储量价值，也是不适合披露的。但也有人指出，在进行商业储量的估计中，同样的因素也是要考虑的，只有储量是商业可采的，才被划分为证实储量，而估计商业可采性也需要，并且已经利用价格和成本假设，就像估计储量价值一样。

对于储量价值的披露，很少有人支持发现价值为基础的披露，所有赞成以价值为基础的披露都支持使用现时现值。他们认为，可以使用统一的定义，从而使财务报告中的储量价值披露具有必要的可靠性。他们也支持诸如假定的预期生产成本和价格，油气的销售收入、油气数量预期生产时间，开发价值计算中假定的风险因素、所有的折现率、税收假设以及其他因素等信息进行披露。

4.2.5 油气储量资产其他有关信息披露的讨论

提升油气会计信息质量除了需要在财务报表的附注中提供油气储量及其价值信息之外，还需要其他有关油气生产的信息，这些信息与油气储量获得、开发等有关。

1. 与油气储量的发现、取得和开发相关的成本信息的披露

（1）发现和开发储量所发生的成本。由于油气生产企业财务报表中并不容易显示发现、取得和开发油气储量努力中所形成的成本，而这对油气上游生产来讲很重要。虽然油气储量数量的披露，包括年末余额和变化原因的披露，提供了关于油气储量的有用信息，但信息使用者希望能将期末储量数量和期末资本化成本进行比较，也希望能将当期增加的储量数量与发现和开发储量所发生的成本进行对比。但也有人认为，这种信息可能没有什么用途，因为当期取得区块成本与同期证实的发现、概算储量没有什么关系。

（2）与投产前活动相关的资本化成本。如果没有特殊披露要求，就很难决定对发现、取得和开发储量的每种活动期间产生的总成本是资本化，还是费用化，也难以决定与储量相关的资本化成本。投产前相关的资本化成本信息对于匹配成本与储量是有意义的，财务报告应该披露与含有商业储量的油气相关资本化数量，以及与不含有商业储量的油气相关的资本化数量。

2. 持有勘探矿区价值信息的披露

一些人认为，除应披露油气储量及其历史成本外，还应该披露所持勘探矿区的公允市场价值，但是，要给矿产以公平、可靠的市场价值是很困难的。矿权区块的交易和销售不常发生，各矿权区块的特征是特有的，矿区区块可能买卖的所得值对估计其他矿权区块价值提供的信息很少，油气价格变化频繁、勘探、开发和生产成本因区块不同也极不相同，其他影响价值的经济因素随时间而显著变化，因此有些人认为，想给所有矿权区块以可靠的公允价值估计是不切实际的。

3. 其他财务和非财务数据的披露

油气生产企业有许多与油气生产活动相关的信息。其中包括总生产井数和净生产井数；总勘探井数和净总勘探井数（是否区分为干井和发现井）；总开发井数和净开发井数（是否区分为干井和开发井）；期末尚待进行的勘探井数；期末尚待进行的开发井数；对外销售的油气产品的数量等。这些

信息是否需要披露也是值得探讨的问题。

4.2.6　油气会计信息披露的发展

随着时代的进步，科学技术的发展，以及油气生产企业经营环境的变化，储量资产信息披露的要求也发生了一些变化。2008 年 12 月，美国 SEC《油气报告现代化》条例发布，对 SX4 - 10、SK 条例和行业指南 2 进行了修订和补充，其中油气生产经营信息披露的补充要求有三个方面：第一，统一油气储量信息的披露方式，要求在美国上市的外国私有公司（50% 的股权为非美国人所持有的公司）与美国国内公司一致，按照地理区域来披露探明油气储量、产量、勘探井数、开发井数以及披露区域的信息。第二，新的"油气生产活动"定义中纳入了从油砂中加工的沥青以及从煤或油页岩中生产的天然气等"非传统"资源，增加了概算储量（probable reserves）、可能储量（possible reserves）以及油气储量敏感性分析表的披露。第三，将之前常用的财务年度最后一日的油气价值评估的价格改为全年的月平均价格，以及揭示探明未开发储量在 5 年或更长时间内没有得到开发的原因等。这样的调整一方面有助于增强石油公司信息披露的一致性和可比性；但另一方面也要求更多的石油公司提供更多的油气生产活动信息。

4.3　我国油气资产"历史成本 + 储量数量"信息模式及国际比较

美、英、澳会计准则、国际会计准则和我国有关油气资产会计信息披露各有不同，本节对我国及其他国家及国际会计准则的规定进行比较，为我国油气资产信息披露的改善提供借鉴。

4.3.1　我国油气资产"历史成本 + 储量数量"信息模式

1. 我国油气资产"历史成本 + 储量数量"信息模式选择

通过前面对储量数量披露的讨论可以看出，理论界与实务界对油气储量的重视程度不断提高，并且有人认为储量数量报告可以提高油气资产报告的相关性要求，为信息需求者提供更多决策有用的信息。见于油气储量公允价值计量的争议及其公允价值计量中参数的可观测性比较差，我国CAS NO.27《石油天然气开采》准则对油气资产会计信息的提供采取了比较审慎的态度，即要求油气生产企业对油气资产的会计计量采用历史成本，并在财务报表附注披露油气储量数量信息的方法，而没有提出油气储量价值信息披露的要求。CAS NO.27《石油天然气开采》要求财务报表附注中披露的储量信息主要是油气生产企业拥有国内和国外的油气储量的年初、年末数据等实物量信息。此外，为了提高油气资产信息的相关性，我国准则也对油气上市公司提出了其他有关油气生产的油气储量获得、开发成本等信息披露的要求。

2. 我国 27 号会计准则披露要求

我国 2006 年 CAS NO.27《石油天然气开采》中规范的石油天然气企业从事的矿区权益取得、勘探、开发和生产等油气开采活动时的会计处理和相关信息披露的要求如下：

（1）拥有国内和国外的油气储量年初、年末数据。

（2）当期在国内和国外发生的矿区权益的取得、油气勘探和油气开发各项支出的总额。

（3）探明矿区权益、井及相关设施的账面原值，累计折耗和减值准备累计金额及其计提方法；与油气开采活动相关的辅助设备及设施的账面原价，累计折旧和减值准备累计金额及其计提方法。

4.3.2 国际及其他国家会计准则关于油气会计信息披露的规定

1. 国际会计准则理事会关于油气资产信息披露的规定

IASC 曾在 2000 年 11 月发布《采掘行业问题报告》，IASB 也于 2004 年 1 月发布征求意见稿《矿产资源的勘探与评价》（ED NO.6），并于 2004 年 12 月 9 日发布《国际财务报告准则第 6 号——矿产资源的勘探和评价》

（IFRS NO.6）。IFRS NO.6 中关于报表披露规定：主体应将勘探和评价资产作为资产中单独一类来处理，并根据其分类分别按照国际会计准则第16号或国际会计准则第38号进行披露；主体应披露用于认定和解释因矿产资源的勘探和评价而在财务报表中确认的金额的有关信息。具体包括主体应披露：

（1）勘探和评价支出的会计政策，包括勘探和评价资产的确认。

（2）勘探和评价矿产资源所产生的资产、负债、收益和费用，以及经营和投资活动的现金流量的金额。

2. 美国关于油气资产信息披露的规定

美国 SEC 的法规 S-X（Regulation S-X）（以下简称 S-X 条例）和法规 S-K（Regulation S-K）（以下简称 S-K 条例）以及行业指南 2（Industry Guide 2）对油气探明储量和油气经营信息的披露进行了规范。在现行条例下，SEC 对油气储量和产量的披露要求与 FASB 的规定是一致。S-X 的条例 4 - 10（Rule4 - 10）中专门指出，石油公司应该遵循 FAS NO.19《油气生产公司的财务会计和报告》（SFAS NO.19）的披露要求进行油气披露，而 SFAS NO.19 关于油气信息披露部分已经被后来 1981 年美国 FASB 发布 SFAS NO.69 所替代[①]。SFAS NO.69 准则文件要求上市石油公司在提供完整的财务报表时，除必须披露：在这些活动中已发生成本的会计核算方法；与上述活动相关联的资本化成本的处理方式外，每个从事重要的石油天然气活动的上市公司，还必须提供一套有关油气生产、油气储量，以及油气储量折为现值的信息作为补充的信息，该补充信息不作为财务报表的组成部分，也不需要经过审计。具体要求石油天然气生产企业在其年报中揭示以下表外补充资料：

（1）原油（包括凝析油和天然气液体）天然气已探明储量和已探明开发储量中所拥有权益的年初和年末净数量。所谓"净"探明储量是指扣除了矿区使用费和属于其他方的探明储量。该项补充资料应揭示年度内企业

---

① 钱明阳. 上市石油公司油气储量和产量披露研究 [J]. 国际石油经济, 2009 (10): 36 - 41.

探明的原油天然气储量在数量上的变化，包括年初数、本期由于探明储量原估计数的修改（修改表明探明储量原估计数发生了变化，它或者因开发钻井和生产过程获得新资料而导致探明储量的增加或减少，或因经济因素变化而导致探明储量的增加或减少）、改进开采技术而增加的探明储量、购买矿区相应增加的探明储量、扩边和发现增加的探明储量（包括在老的储层通过后期的补充钻井而扩展的探明面积以及发现有探明储量的新油田和老油田有探明储量的新储层）、因开采减少的探明储量、出售矿区相应减少的探明储量等储量的增加或减少数、年末数，该项补充资料应分国家和地区加以揭示，对于计算可采储量有重大影响的某些重要的经济因素或不确定因素，提供详细的说明。披露油气产量以反映油气探明储量净数量的变化。

（2）有关原油天然气生产活动的资本化成本。该项补充资料应揭示与原油天然气生产活动有关的总的资本化成本和有关的累计折耗、折旧、摊销和备抵估值等。

（3）在原油和天然气生产活动中的矿区取得成本、勘探成本和开发成本，无论这些费用是资本化还是费用化。假如这些成本的一部分或全部发生在国外，则应单独披露每一个地理区域的储量数量和成本。假如为取得已探明矿区的矿区权益重要成本已经发生，则应对取得矿区发生的成本单独进行披露。

（4）原油和天然气生产活动的经营成果。经营成果应进行披露，披露的内容包括油气销售收入（包括向非联营企业的销售，或向其他企业的销售）、生产（操作）费用、勘探费用、折耗及摊销和估值准备、所得税和石油天然气生产活动中的经营成果（不包括公司管理费用和利息费用）。SEC 的 S－K 条例和行业指南 2 对石油天然气作业活动的披露进行了规定，要求披露的内容包括：最近三个年度平均单位销售价格和单位生产成本；在适当的地理位置中可开采井、报废的勘探井和已钻的开发井的净井数的合计。

（5）与探明的原油和天然气储量有关的，按标准化计算贴现的未来净现金流量。该项补充资料揭示的是油气探明储量市场价值的估计，包括预计未来的现金流入、未来的生产和开发成本、未来的所得税支出、未来的净现金流量。未来的现金流入要求采用年末已探明储量数量的石油天然气的年末价格计算；成本都是在年末成本的基础上计算的；如果预计的开发成本很大，就将这部分成本与预计的生产成本分别进行列示；未来净现金流量的贴现采用 10% 的年贴现率计算。

（6）与探明原油和天然气储量有关的贴现的未来净现金流量的标准化计算值的变化。如果单个数值很大，需要分别列示出变动的原因，包括：销售和转移价格，以及关于未来产量的生产成本（操作成本）；估计未来开发成本的变动；期间开采出的石油天然气的销售和转移；延伸、新发现及提高采收率产生的变动；由于购买和销售地下矿藏产生的净变化；储量估计的修正变动；期间发生的、以前估算的开发成本的变动；折扣的增长变动、其他未提到的变动；所得税的净变化等。

在 SEC 要求填制的正常年度 S－X 条例 4－10 中，要求对下一期末和期间的油气生产活动信息进行补充披露：

对最近四年年末的储量和最近三年中每一年的储量变化进行披露；

对两年末的资产负债表的年末资本化成本进行披露；

对三年损益表的中每一个所反映的年度已发生成本进行披露；

对三年损益表的中每一个所反映的年度经营成果进行披露；

最近两年年末的标准化计量和最近三年中每一年的标准化计量值变化[1]。2008 年发布 2010 年开始实施《油气报告现代化》的 SEC 新规，将油砂、煤层气和油页岩等非常规油气储量纳入油气储量披露范畴；按地理区域披露储量；披露相关储量的地理位置、所处地域信息，要求石油公司用本年度内 12 个月的月平均价格来评估油气储量价值[2]。

3. 英国关于油气资产信息披露的规定

英国不仅是世界上重要的石油天然气生产国，而且拥有世界石油交易（尤其是期货交易）的重要市场。英国的石油天然气会计实务尽管受美国的影响较大，但也有自己的特色。英国石油天然气会计规范的名称为"建议实务公告"（Statement of Recommended Practice，SORP），由英国石油行

---

① ［美］Dennis R. Jennings 等著．王国梁等译石油会计核算——原则、程序和问题 ［M］．北京：石油工业出版社 2002：405.

② 程德兴，姜滇．我国油气会计准则国际比较研究 ［J］．长江大学学报（社会科学版），2007（10）：64－66.

业会计委员会（Oil Industry Accounting Committee，OIAC）颁布，并由英国会计准则委员会（Accounting Standards Board，ASB）认可。目前有效的石油天然气会计规范是 2001 年 6 月 7 日颁布的建议实务公告，《石油天然气勘探、开发、生产与废弃活动会计（Accounting for Oil and Gas Exploration，Development，Production and Decommission Activities）》。

英国颁布的石油天然气建议实务公告要求进行披露的油气生产活动信息内容包括会计政策、资本化成本、发生或提供的生产前成本、经营成果、取得经营的结果、中止经营的结果、例外项目、税收费用分析、外币折算和商业储量数量等。其中取得经营的结果是指"报告主体当期获得的经营"，包括一个油田或一联合拥有资产中一项权益的一定份额的取得。以此为基础，对许可经营权的获得也可以构成取得的例子。如果取得了一项经营，如生产油田或收费管线中的一项权益，经营成果应揭示到经营利润水平。中止经营的结果是指报告主体的战略决策所导致的，且战略决策的做出是因为被从特定的市场逐出，或是在原有的市场上有主要缩减，且能从物理上、经营上清楚地区分资产、负债和经营活动的结果。

4. 澳大利亚关于油气资产信息披露的规定

澳大利亚会计准则委员会（Australian Accounting Standards Board，AASB）为了使其准则与 IFRSs 趋同，在 IASB 颁布 IFRS NO.6 的同时（2004 年 12 月 9 日），也发布了与 IFRS NO.6 对等的《澳大利亚会计准则第 6 号——矿产资源的勘探与评价》（AASB NO.6，Exploration for and Evaluation of Mineral Resources），有关信息披露的规定也与国际会计准则一致。包括：（1）勘探和评价支出的会计政策，勘探和评价资产的确认；（2）勘探和评价矿产资源所产生的资产、负债、收益和费用，以及经营和投资活动的现金流量的金额。

也就是说，澳大利亚会计准则并没有对油气储量及价值的披露提出要求。但在实务中，绝大多数企业自愿披露储量数量信息，也有些企业不仅披露储量数量信息，也披露储量价值信息。（Mirza，M. and I Zimmer（1999），发表的"采掘业储量价值的确认"，澳大利亚会计评论，（第 9 卷第 2 期）对澳大利亚采掘行业进行了研究。他的研究样本包括了所有采掘行业的

128 个企业，其中 88 个企业披露了储量数量信息，5 个企业确认了储量数量和价值，1 个企业确认了储量价值但未披露储量数量。

4.3.3　我国油气会计信息与国际及其他国家的比较

美、英、澳会计准则、国际财务报告准则和我国有关油气会计信息披露的准则有：1981 年美国 FASB 发布 SFAS NO. 69《石油和天然气生产公司的财务会计和报告》，英国 2001 年 6 月 7 日发布的 SORT《石油天然气勘探、开发、生产与废弃活动会计》，澳大利亚 2004 年 12 月发布的 AASB NO. 6《矿产资源的勘探与评价》，国际会计准则理事会 2004 年 12 月发布的 IFRS NO. 6《矿产资源的勘探和评价》，我国 2006 年发布的 CAS NO. 27《石油天然气开采》。笔者拟就其中各国有关油气会计信息内容进行比较和分析：

1. 关于油气储量信息的披露

关于油气储量信息的披露，只有美国、英国和我国在相应的准则和规范中提出了要求。而国际财务报告准则和澳大利亚会计准则对此并没做出相应的规定，企业对油气储量的披露采取自愿披露的形式，澳大利亚的大多数企业选择披露油气储量这一信息。在油气储量披露的细节上各国也有些差异。具体见表 4 – 3 所示。

表 4 – 3　油气储量信息披露的国际比较

国际财务报告准则	美国	英国	澳大利亚	中国
没有要求	探明石油天然气储量 不作为财务报表的组成部分，作为补充信息不需审计 提供年初数、本期各种原因导致的储量增加或减少数、年末数，该项补充资料应分国家和地区加以揭示 2010 年实施 SEC 新规中油气储量包括将油砂、煤层气和油页岩等非常规油气储量	商业储量数量	没有要求 但实务中较多地被披露	探明石油天然气储量 要求提供的财务报表的附注信息 提供拥有的国内、外油气储量年初、年末数据

2. 关于油气储量价值信息的披露

关于油气储量价值信息，虽然也有很多的研究说明储量价值信息是有用的，但是只有美国对储量价值信息的揭示提出了要求，并要求采用标准化的计量方式，以 10% 的贴现率将储量未来现金流折现为现值并以此作为储量价值信息披露，具体要求按与披露储量数量相应的每个地理区域报告"与正式油气储量相关的未来净现金流折现值及其变化的标准化度量"和影响期间度量变化的要素。国际财务报告准则和包括我国在内的其他国家对此都没有提出要求。具体见表 4-4 所示。

表 4-4　　　　　　　　　　油气储量价值信息披露的国际比较

国际财务报告准则	美国	英国	澳大利亚	中国
没有要求	与探明的石油和天然气储量有关的，按标准化计算的贴现的未来净现金流量	没有要求	没有要求	没有要求
	不作为财务报表的组成部分，作为补充信息不需审计			
	对储量价值计算中的价格、成本、费用和贴现率等参数取值做出了规定		实务中有些企业披露	实务中在美国存托上市的三大石油公司提供相关未经审计的补充信息
	2010 年实施 SEC 新规对调整了油气产品价格的确定方法			

3. 关于勘探开发资本化成本信息的披露

关于勘探开发支出的资本化，国际财务报告准则、美国、英国、澳大利亚以及我国会计准则都有相应的规定，披露内容也基本一致。美国、英国和我国披露的内容基本上都涉及与石油天然气生产活动有关的总的资本化成本和有关的累计折耗折旧与摊销和备抵估值等，但是由于国际财务报告准则和澳大利亚会计准则涉及的内容只包括矿产资源的勘探和评价，因此，披露内容在细节上仍有差异。具体见表 4-5 所示。

表 4-5 勘探开发资本化成本披露的国际比较

国际财务报告准则	美国	英国	澳大利亚	中国
勘探和评价矿产资源所产生的资产	有关石油天然气生产活动的资本化成本 不作为财务报表的组成部分,作为补充信息不需审计	资本化成本	勘探和评价矿产资源所产生的资产	油气资产及辅助设施的账面原值、累计折耗和减值准备累计金额 要求提供的财务附注信息

4. 关于勘探开发支出的披露

关于勘探开发支出的资本化,美国、英国以及我国准则都有相应的规定,披露的内容也基本一致,都涉及石油和天然气生产活动中的取得成本、勘探成本和开发成本,美国还要求对油气生产成本加以揭示。但是国际财务报告准则和澳大利亚会计准则涉及的内容则是油气矿产资源的勘探和评价活动中的现金流量,包括现金流入和流出。具体见表 4-6 所示。

表 4-6 勘探开发支出披露的国际比较

国际财务报告准则	美国	英国	澳大利亚	中国
勘探和评价现活动金流量的金额	在石油和天然气生产活动中取得成本、勘探成本、开发成本和生产成本 不作为财务报表的组成部分,作为补充信息,不需审计	发生或提供的生产前成本	勘探和评价现活动金流量的金额	矿区权益的取得、油气勘探和油气开发各项支出的总额 要求提供的财务附注信息

4.3.4 我国油气会计信息与国际及其他国家比较的结论

通过以上比较可以看出,各国及国际会计财务报告准则对于油气储量披露的方法和内容仍没有达成共识。美国会计准则要求提供的油气资产及生产活动信息最为全面,计算具体,详细,其中关于油气储量的价值量及其变化信息的计算给出了参数取值要求，而国际财务报告准则、我国及其他国家会计准则没有规定。但是美国会计准则披露的油气储量信息也不是财务报告的组成部分，是作为补充信息，也不需要审计。

英国会计要求提供的油气资产及相关生产活动信息与我国会计准则较为类似，只是每个单项披露要求的程度上比我国规定的略微低一些。英国及我国油气会计准则在油气资产及相关生产活动信息的提供上，除了没有要求提供油气储量的价值信息之外，其他内容基本与美国类似。也可以说英国与我国会计准则在油气会计信息披露的基本内容上与美国油气会计准则的趋同度较高。

国际财务报告准则及澳大利亚会计准则要求提供的油气资产及生产活动信息比较简单，也没有对油气储量披露提出要求，更没有对油气储量价值信息披露提出要求，在勘探的资本化成本的披露上与美、中、英基本一致，但在勘探（不涉及开发）支出披露上虽有要求，总体比较简单。

但是需要指出的一点是，SFAS NO. 69 要求提供油气信息（除油气矿权取得、勘探和开发活动已发生成本的会计核算方法；和与上述活动相关联的资本化成本的处理方式外）不作为财务报表的组成部分，不需要审计，我国要求提供的信息则是作为财务报表的组成内容，在报表的附注中披露。

本章参考文献

［1］李志学，杨惠贤，王岚. 石油天然气会计教程［M］. 东营：中国石油大学出版社，2010：1 - 5，39 - 41.

［2］李志学. 油气矿业会计［M］. 西安：西北大学出版社，1999：4 - 7.

［3］FASB. Statement of Financial Accounting Standards No. 157. Fair Value Measurements［S］. 2006.

［4］IASB. 中国会计准则委员会组织翻译. 国际财务报告准则 NO. 13. 公允价值计量［M］. 北京：中国财政经济出版社，2013：3 - 15.

［5］中华人民共和国财政部.（财会［2014］6）企业会计准则第 39 号——公允价值计量［S］. http：//kjs. mof. gov. cn/zhengwuxinxi/zhengcefabu/201401/t20140128_1040392. html，2014.

［6］吴杰. 矿产资源储量公允价值计量模式研究［J］. 长江大学学报（社会科学版），2009（2）：50-54.

［7］国际会计准则理事会. 国际财务报告准则第6号——矿产资源的勘探与评价［J］. 会计研究，2004（12）：12.

［8］肯恩（King，B.）. 油气披露：一些实证结果［J］. 采掘业会计杂志. 1982（春季）.［A］IASC. Extractive Industries Issusc Paper［Z］. 2000.

［9］卡恩（Kahn，N.），克劳兹（J. Krausz，A），希夫（Schiff）. 对油气储量估计可靠性的另一种见解［J］. 采掘业会计杂志，1983（夏季）转引自：国际财务准则理事会［A］. IASC. Extractive Industries Issusc Paper［Z］. 2000.

［10］坎贝尔（Campbell，A.）. 对探明油气储量数量信息的过去估计进行修正的偏差和可靠性的研究：重复和拓展［J］. 采掘业会计杂志，1984（夏季）［A］. IASC. Extractive Industries Issusc Paper［Z］. 2000.

［11］坎贝尔（Campbell，A.）. 对探明油气储量数量信息的过去估计进行修正的偏差和可靠性的研究：一个更新［J］. 石油业会计杂志，1988（春季）［A］. IASC. Extractive Industries Issusc Paper［Z］. 2000.

［12］龚光明. 石油天然气资产会计论［M］. 北京：石油工业出版社，2002：18-20.

［13］龚光明，马新勇. 石油天然气行业的会计与报告模式：储量认可会计法［J］. 石油大学学报（社会科学版），2001（8）：56-59.

［14］钱明阳. 上市石油公司油气储量和产量披露研究［J］. 国际石油经济，2009（10）：36-41.

［15］［美］Dennis R. Jennings 等著. 王国梁等译. 石油会计核算——原则、程序和问题［M］. 石油工业出版社，2002：405.

［16］程德兴，姜滇. 我国油气会计准则国际比较研究［J］. 长江大学学报（社会科学版），2007（10）：64-66.

第5章

我国石油公司油气会计信息披露研究

作为反映石油公司经营业绩的重要指标，一般地，油气储量及其价值信息的披露关系到石油公司的股票价格和股东及其他信息使用者的投资决策。石油公司除了需要遵循上市交易所所在国资本市场的有关监管法律和法规，还需要遵循相应的会计准则，并按照会计准则以及证券交易信息的要求披露公司有关会计信息。我国 CAS NO. 27《石油天然气开采》准则和美国 FASB 发布的 SFAS NO. 69《石油和天然气生产公司的财务会计和报告》以及美国 SEC 有关规则，尤其是 SEC 2008 年颁布，2010 年开始实施的《油气报告现代化》条例中有关石油天然气生产活动信息披露的规定，都对我国石油公司的油气储量评估和财务报告产生了重大影响。这一章将对我国三大石油公司油气会计信息披露的现状及其相关性进行研究，以有益于我国油气储量资产信息披露的最佳方式进行讨论。

5.1 我国石油公司油气会计信息披露内容及比较分析

目前我国最大的油气生产公司有四家，中石油公司（中国石油天然气股份有限公司）、中国石化公司（中国石油化工股份有限公司）、中海油公司（中国海洋石油有限公司）和延长石油公司（陕西延长石油集团有限责任公司）。中石油公司和中石化公司在我国国内上市，需要按照我国会计准则的要求编制和提供油气会计有关信息；同时，中石油公司、中石化公司和中海油公司都在全球发售股票，在中国香港、英国、美国上市，因此需要按照国际会计准则要求编制财务报告，并遵循有关特殊规范。如股票在美国上市，需要按照美国财务会计准则和 SEC 有关油气会计信息披露的要求提供信息。

5.1.1 我国石油公司油气会计信息披露概况

中石油公司是于 1999 年 11 月 5 日在中国石油天然气集团公司重组过程中按照中华人民共和国公司法成立的股份有限公司。中石油公司是中国乃至世界最大的石油公司之一，它广泛从事与石油、天然气有关的各项业务，包括原油和天然气的勘探、开发、生产和销售；原油和石油产品的炼制、运输、储存和销售；基本石油化工产品、衍生化工产品及其他化工产品的生产和销售；天然气和原油的输送及天然气的销售。中石油公司发行的美国托存股份及 H 股分别于 2000 年 4 月 6 日及 2000 年 4 月 7 日在纽约证券交易所有限公司及香港联合交易所有限公司挂牌上市；中石油公司 2007 年 10 月发行 A 股，同年 11 月在上海证券交易所上市。截至 2015 年 12 月 31 日，中石油公司拥有石油和天然气（含煤层气）探矿权、采矿权总面积 358.1 百万英亩，其中探矿权面积 329.8 百万英亩，采矿权面积 28.3 百万英亩；正在钻探的净井数为 380 口，2015 年内完成钻探的净井数为 8 036 口。原油探明储量 8 521 百万桶，天然气探明储量 77 525 十亿立方英尺，探明已开发原油储量 6 196 百万桶，探明已开发天然气储量 40 406 十亿立方英尺①。

中石化公司是由中国石油化工集团公司在重组中于 2000 年 2 月 15 日独家发起设立的股份有限公司。中石化公司于 2000 年 10 月 18 日和 19 日将其初次公开发行的 H 股及美国存托股份在中国香港、纽约和伦敦三地证券交易所上市；于 2001 年 7 月发行了 A 股，同年 8 月在上海证券交易所上市。中石化公司是三大石油公司中首家在国内上市的公司。中石化公司亦是上、中、下游综合一体化的能源化工公司。中国石化公司的主要业务包括石油和天然气的勘探、开发、生产和贸易；石油的加工，石油产品的生产，石油产品的贸易及运输、分销和营销；石化产品的生产、分销和贸易。中石化公司 2015 年全年原油产量 349.47 百万桶，天然气产量 734.79 十亿立方英尺，合计油气当量产量为 471.91 百万桶，其中海外 53.13 百万桶，占全部油气产量当量的 11.26%，占原油产量的 15.20%。至 2015 年 12 月 31 日，中石化公司拥有探明原油储量 2 243 百万桶，探明天然气储量 7 570 十亿立方英尺；探明已开发原油储量 2 013 百万桶，探明已开发天然气储量 6 457 十亿立方英尺；探矿权面积 857 420 平方公里，采矿权面积 30 730 平方公里；在开发方面，完成涪陵页岩气田项目一期 50 亿立方米/年的产能建设。正在钻探的净井数为 263 口，2015 年内完成钻探的净井数为 2 545 口②。

中海油公司于 1999 年 8 月在香港注册成立，并于 2001 年 2 月 27 日和 28 日分别在纽约证券交易所和香港联合交易所挂牌上市。中海油公司主要从事海上石油和天然气的勘探、开发、生产和销售业务，是中国最大的海上石油及天然气生产商，也是全球最大的独立油气勘探生产公司之一。目前，中海油公司在中国海上拥有四个主要产油地区：渤海湾、南中国海西部、南中国海东部及中国东海。中海油公司还是印度尼西亚最大的海上原油生产商之一；同时，中海油公司还在澳大利亚等地拥有部分上游资产。中海油公司 2015 年油气销售收入 146 597 百万元（不含

---

① 数据来自中国石油天然气股份有限公司 2015 年年报。
② 数据来自中国石油化工股份有限公司 2015 年年报。

权益法核算的 3 444 百万元）；油气净产量 1 307 665 桶油当量/天（不含权益法核算的净产量约 50 357 桶油当量/天），年净产量 495.7 百万桶油当量，其中石油液体 410.3 百万桶，天然气 497.0 十亿立方英尺；截至 2015 年 12 月 31 日中海油公司共有净证实储量 4 016.0 百万桶油当量（不含权益法核算的净证实储量约 3.0 亿桶油当量），净证实石油液体可采储量 2 830.2 百万桶，净证实天然气可采储量 992.9 十亿立方英尺。中海油公司约 53.9% 的净证实储量及约 65.2% 的产量位于中国海域。中国海域约 85.7% 的净证实储量和约 73.8% 的净产量来自自营油气田。中海油公司 2015 年自营和合作共采集三维地震数据约 1.65 万平方公里，完成探井 123 口[①]。

5.1.2　我国石油公司表内油气会计信息披露比较分析

1. 财务报告及其编制依据比较

中石油公司股票在纽约和香港证券交易所上市，中石化公司股票在中国香港、纽约和伦敦三地证券交易所上市，同时，中石油公司和中石化公司股票都在国内上市，因此，中石油公司和中石化公司提供的财务报告都有两份，分别是按照中国会计准则编制和提供的财务报告，及按照国际财务报告准则（具体包括国际会计准则委员会颁布的国际财务报告准则，香港会计师公会颁布的香港财务报告准则和香港公司条例）编制和提供的财务报告，与此对应的审计报告也包含两份。中海油公司股票在纽约证券交易所和香港联合交易所上市，但因为没有在国内上市，因此其编制的财务报告只有一份，是按照国际财务报告准则编制和提供的财务报告，与此对应的审计报告也只有一份。

2. 报表中列示项目的比较

（1）按照中国会计准则编制的财务报告中的列示比较。在按照中国会计准则编制的财务报告中，中石油公司将油气资产在资产负债表中单列项

---

① 数据来自中国海洋石油有限公司 2015 年年报。

目；油气资产上的资本支出项目在投资活动的现金流量中没有单列项目，但是在项目名称中显示有与油气资产的构建和处置有关的内容，即构建、处置固定资产、油气资产、无形资产和其他长期资产收回的现金净额；勘探费用等没有单列项目，也没有在其他项目名称上有所显示，而是直接合并于营业成本等其他报表项目中。

在按照中国会计准则编制的财务报告中，中石化公司在利润表中将勘探费用（包括干井费用）单列项目；其他油气资产、油气勘探开发及生产活动中的支出没有在资产负债表和现金流量表中单列项目；油气资产还是与 2006 年我国出台石油天然气开采准则前一样，列在了固定资产项目内。

（2）按照国际财务报告准则编制的财务报告的列示比较。在按照国际财务报告准则编制的财务报告中，中石油公司在资产负债表（合并财务状况表）的负债中单列了资产弃置义务项目；在利润表（合并综合收益表）中将勘探费用（包括干井费用）单列项目；在现金流量表（合并现金流量表）的经营活动现金流量部分中的将本年利润调整为经营活动现金流量的调整项目里包含干井费用项目；在利润表项目的名称上，对于油气资产耗减有所显示，列示有折旧、折耗及摊销项目；其他油气会计信息则没有单列项目，也没有在名称上有所显示，如油气资产是包含在资产负债表的物业、厂房及机器设备项目中。

在按照国际财务报告准则编制的财务报告中，中石化公司在利润表（合并利润表）中将勘探费用（包括干井费用）单列项目；在现金流量表（合并现金流量表）的投资活动现金流量部分将探井支出单列项目；现金流量表中的税前利润与经营活动所得现金净额的调节部分，列示了干井成本核销项目，其他油气会计信息则没有单列项目，也没有在名称上有所显示，如油气资产包含在资产负债表（合并资产负债表）的物业、厂房及设备净额项目中。

在按照国际财务报告准则编制的财务报告中，中海油公司在利润表（合并损益及其他综合收益表）中将作业费用、勘探费用、折旧折耗及摊销分别单列项目；其他油气会计信息则没有单列项目，也没有在名称上有所显示，如油气资产包含在资产负债表（合并财务状况表）的物业、厂房及设备项目中。

我国三大石油公司财务报表内的油气会计信息列示情况见表5-1。

表5-1 三大石油公司油气会计表内信息

遵循准则	报表类别	中石油公司报表项目	中石化公司报表项目	中海油公司报表项目
按照中国会计准则编制的报表	资产负债表	油气资产	固定资产(包含油气资产)	—
	利润表	营业成本（包含勘探费用）	勘探费用（包括干井成本）	—
	现金流量表	投资活动现金流量：构建、处置固定资产、油气资产、无形资产和其他长期资产收回的现金净额	—	—
按照国际财务报告准则编制的报表	资产负债表	资产：物业、厂房及机器设备（包含油气资产）负债：资产弃置义务	资产：物业、厂房及设备净额（包含油气资产）	资产：物业、厂房及设备（包含油气资产）
	利润表	勘探费用（包括干井费用）折旧、折耗及摊销	勘探费用（包括干井成本）	作业费用 勘探费用 折旧、折耗及摊销
	现金流量表	经营活动现金流量，将本年利润调整为经营活动现金流量：干井费用	投资活动现金流量：探井支出 除税前利润与经营活动所得现金净额的调节：干井成本核销	—

资料来源：根据中石油公司、中石化公司、中海油公司2015年的年报整理。

从以上阐述可以看出，我国三大石油公司不论是按照中国会计准则编制的财务报告，还是按照国际财务报告准则编制的财务报告，在表内项目列示的油气会计信息上，部分的资产、负债、费用及资本支付等单列项目。

5.1.3 我国石油公司表外油气会计信息披露比较分析

1. 我国石油公司表外油气会计信息披露涉及的内容

我国石油公司表外油气信息披露涉及的内容包括：中石油公司和中石

化公司按照中国会计准则编制的财务报表的附注信息、三大石油公司按照国际财务报告准则编制的报表的附注信息和未经审计的石油天然气生产活动资料，见表5-2。

表5-2 三大石油公司表外油气会计信息内容

	涉及的内容	涉及的石油公司
按照中国会计准则编制的报表	会计计量属性	中石油公司
	重要会计政策	中石化公司
	重要会计估计	
	报表项目说明	
按照国际财务报告准则编制的报表	重要会计政策	中石油公司
	重要会计估计	中石化公司
	报表项目说明	中海油公司
未经审计的石油天然气生产活动资料	根据海外上市要求（主要是美国会计准则和SEC对在美上市的公司）提供的会计信息	中石油公司
		中石化公司
		中海油公司

2. 按照中国会计准则编制的财务报表表外信息披露比较

（1）在会计计量属性部分，中石油公司和中石化公司都在会计政策部分中阐明编制财务报表时油气矿区取得、勘探、开发支出的计量采用的是历史成本原则。

（2）在重要会计政策部分，中石油公司和中石化公司都对与油气资产有关的矿区权益取得、勘探开发支出、油气资产未来的拆除费用（预计负债）、油气资产摊销的方法（产量法）等会计政策做出了说明，但是两者对有关会计政策说明的位置及表述不完全相同。主要有：

第一，勘探开发支出会计政策。中石油公司在在建工程会计政策中说明了油气勘探支出会计确认与计量方法，并说明钻井勘探支出的资本化采用的方法是"成果法"；而中石化公司则在油气资产会计政策中说明了勘探支出的会计处理方法，但是并没有明确说明其采用的是"成果法"，而是在主要会计估计及判断部分的油气资产和储量一项中阐明了这一点。

第二，油气资产计提折耗方法。中石油公司是在油气资产会计政策部分做出的说明，而中石化公司是在主要会计估计及判断部分的油气资产和储量一项中做出的说明。

第三，油气资产减值准备。中石油公司是在油气资产会计政策一项中专门进行了说明，而中石化公司在是合并在非金融长期资产减值准备一项中进行了说明。

第四，油气资产弃置义务确认为预计负债的处理。中石油公司在油气资产未来的拆除费用的估计和油气资产弃置义务中都有较为详细的描述，而中石化公司是在预计负债会计政策中有较粗地描述，但是又在重要会计估计和判断中的油气资产和储量一项进行了说明。

（3）在重要会计估计和判断部分中，中石油公司与油气会计信息有关的描述的有三项：一是对原油和天然气储量的估计；二是对固定资产和油气资产的减值估计；三是对资产弃置义务的估计，内容涉及该三项估计被影响及产生的影响，描述较为详细。中石化公司与油气会计信息有关的内容有一项，油气资产和储量，其中对原油和天然气储量和油气资产未来的拆除费用的估计及其用途进行了简单的说明。

（4）对于报表项目数据的进一步说明部分中，中石油公司有关油气会计信息的说明较中石化公司详细。具体地：

第一，油气资产及减值准备。对于油气资产，中石油公司有专门的项目对油气资产的内容及其金额变化进行说明，包括探明矿区权益、未探明矿区权益和井及相关设施的账面原值、累计折耗与摊销、减值准备及账面价值的期初、本期增加、减少和期末金额，具体见表5-3。中石油公司还披露了报告当年油气资产计提折耗影响损益的金额，油气资产计提减值准备影响损益的金额，油气资产原值中与资产弃置义务相关的部分及该部分计提的折耗金额。如中石油公司在2015年年报的油气资产附注项目信息下披露：2015年度，公司油气资产计提影响损益的折耗金额为1 149.33亿元、油气资产计提影响损益的减值准备金额为198.93亿元，这些资产的减值主要是生产运营成本较高及低油价共同导致。这些资产的账面价值已经减记至可收回金额。于2015年12月31日，油气资产原值中与资产弃置义务相关的部分为912.22亿元。2015年度，对该部分计提的折耗为73.20亿元。

表 5 – 3 中石油公司（按中国会计准则编制）油气资产信息

单位：人民币百万元

油气资产项目	2014 年 12 月 31 日	本期增加	本期减少	2015 年 12 月 31 日
原值				
探明矿区权益	30 319	5 026	(1 027)	34 318
未探明矿区权益	43 347	325	(9 706)	33 966
井及相关设施	1 614 732	139 997	(22 904)	1 731 825
合计	1 688 398	145 348	(33 637)	1 800 109
累计折耗				
探明矿区权益	(3 937)	(1 376)	8	(5 305)
井及相关设施	(788 269)	(114 621)	13 782	(889 108)
合计	(792 206)	(115 997)	13 790	(894 413)
账面净值				
探明矿区权益	26 382			29 013
未探明矿区权益	43 347			33 966
井及相关设施	826 463			842 717
合计	896 192			905 696
减值准备				
探明矿区权益	—	(355)	—	(355)
未探明矿区权益	—	(4 212)	—	(4 212)
井及相关设施	(15 710)	(15 326)	257	(30 779)
合计	(15 710)	(19 893)	257	(35 346)
账面价值				
探明矿区权益	26 382			28 658
未探明矿区权益	43 347			29 754
井及相关设施	810 753			811 938
合计	880 482			870 350

资料来源：中石油公司 2015 年年报。

对于油气资产减值准备，中石油公司除以上油气资产项目中披露信息外，还在资产减值准备项目下，列示了全部油气资产合计的上年末金额、本期增加、本期转销及其他和本年末余额。

　　中石化公司是在固定资产项目下的油气资产（中石化公司固定资产项目中包括厂房及建筑物、固定资产和机器设备三个部分）部分披露了油气资产的成本、累计折旧、减值准备的期初金额、本期增加、减少和期末金额，以及油气资产的账面净值，但是没有提供油气资产分类数据，具体见表 5-4。中石化公司还说明了油气资产增加包括确认用作场地恢复的预期拆除费用，如中石化公司在 2015 年报附注的油气资产（固定资产）项目下披露：2015 年度本集团公司油气资产的增加包括确认用作场地恢复的预期拆除费用为人民币 28.99 亿元（2014 年：人民币 33.09 亿元）。

表 5-4　　　中石化公司（按中国会计准则编制）固定资产项目中的
　　　　　　　　　　油气资产信息　　　　　　　单位：人民币百万元

油气资产项目	厂房及建筑物	油气资产	机器设备及其他	总额
成本				
2015 年 1 月 1 日余额		569 172		
本年增加		2 899		
从在建工程转入		39 949		
重分类		（1 008）		
本年减少		（79）		
外币报表折算		2 201		
2015 年 12 月 31 日余额		613 134		
减：累计折旧				
2015 年 1 月 1 日余额		313 308		
本年增加		40 200		
重分类		（602）		
本年减少		（64）		
外币报表折算		1 339		
2015 年 12 月 31 日余额		354 181		
减：减值准备				
2015 年 1 月 1 日余额				
本年增加		15 959		
重分类		4 213		
本年减少		（3）		
外币报表折算		5		
2015 年 12 月 31 日余额		20 010		

续表

油气资产项目	厂房及建筑物	油气资产	机器设备及其他	总额
账面净值：				
2015 年 12 月 31 日余额		238 943		
2014 年 12 月 31 日余额		239 905		

资料来源：中石化公司 2015 年年报，其中厂房及建筑物、机器设备及其他和总额的金额省去未列。

中石化公司在固定资产项目下说明固定资产减值亏损主要原因，勘探及开发分部减值测试中重要参数的确定。如 2015 年报中披露：可收回金额是根据资产预计未来现金流量的贴现值所确定的，采用的税前贴现率为 10.80%（2014 年：10.13%）。2015 年度勘探及开发分部的减值亏损为人民币 42.13 亿元（2014 年：人民币 24.36 亿元）。中石化公司还在在建工程项目下列示了当年干井成本冲销的金额。

第二，油气资产弃置义务。对于与油气资产弃置义务的说明，中石油公司和中石化公司比较一致，都在预计负债项目下对资产弃置义务的含义做出了说明，并列示了油气资产弃置义务当期的期初、本期增加、减少和期末金额；但是中石化公司还说明了油气资产弃置义务增加、减少的原因和外币报表折算差额的影响。其中，增加包括本年预提和增加财务（利息）费用；减少是由本年支出导致的。具体见表 5-5。

表 5-5　　　　　　中石油公司和中石化公司（按中国会计准则编制）
资产弃置义务信息　　　　　　　单位：人民币百万元

中石油公司		中石化公司	
2014 年 12 月 31 日	109 154	2015 年 1 月 1 日余额	29 613
本期增加	10 216	本年预提	2 899
本期减少	-1 374	油气资产弃置的拆除义务的财务费用	1 081
		本年支出	(599)
2015 年 12 月 31 日	117 996	外币报表折算差额	121
		2015 年 12 月 31 日余额	33 115

说明：资产弃置义务与油气资产相关。

资料来源：中石油公司 2015 年年报和中石化公司 2015 年年报。

第三，油气经营的活动分部信息。中石油公司和中石化公司关于油气经营活动分部信息说明的一致程度非常高。中石油公司在分部报告部分列示了经营分部的勘探与生产板块①的两个年度的板块收入（包括板块间交易收入和对外交易收入）、板块费用、营业利润、板块资产、板块负债、折旧折耗和摊销费用、资产减值损失和资本性支出；中石化公司的经营分部列示了勘探及开发业务②两个年度的主营业务收入（包括对外销售和分部间销售）、其他经营收入、营业利润/（亏损）、投资收益/（亏损）、分部资产、分部负债、资本支出、折旧摊销费用和长期资产减值损失的信息。从中可以看出，二者不同的表现主要是，中石油公司列示的有板块费用，而中石化公司没有列示板块费用，却列示的有投资收益或亏损项目，并把板块收入分为主营业务收入和其他经营收入项目；其他的项目完全一致，虽然名称略有差异。具体见表5－6。

表5－6　　　　　　中石油公司及中石化公司经营分部信息

中石油公司"勘探与生产"分部	中石化公司"勘探及开发"分部
板块收入（包括板块间交易收入和对外交易收入）	主营业务收入（包括对外销售和分部间销售）
板块费用	其他经营收入
板块利润	营业利润/（亏损）
营业利润	投资收益/（亏损）
板块资产	分部资产
板块负债	分部负债
折旧、折耗和摊销费用	资本支出
资产减值损失	折旧和摊销费用
资本性支出	长期资产减值损失

资料来源：根据中石油公司2015年年报和中石化公司2015年年报整理。

　　第四，勘探和采矿许可证费用。在承诺事项中，中石油公司和中石化公司列示了勘探和采矿许可证费用（中石油公司，中石化公司称为勘探及生产许可证），并且列示方式完全一致，都包括了两个年度的勘探和采矿

---

　　①　中石油公司2015年年报附注中的经营分部包括：勘探与生产板块、炼油与化工板块、销售板块及天然气与管道板块。

　　②　中石化公司2015年年报附注中的经营分部包括：勘探及开发、炼油、营销及分销、化工、和本部及其他等板块。

许可证费用；给出了预计未来 5 年每年度需支付的勘探和采矿许可证金额。如中石油公司以列表的形式披露其每年必须就其勘探和采矿许可证向国土资源部支付的费用，2015 年度该项费用为人民币 6.43 亿元（2014 年：人民币 7.19 亿元）；分别说明在 2014 年和 2015 年预计未来五个年度每年支付金额均为 800 万元。

第五，现金流量信息中的干井费用信息。中石油公司和中石化公司列示信息的方式完全一致，都是在现金流量表附注中的将净利润调节为经营活动现金流量部分列示了两个年度的净利润中不影响现金流量的干井费用（干井核销）。

另外，还有一些中石油公司和中石化公司只有单方面在报表附注中列示的项目。具体表现如下：一是对于营业收入和营业成本项目，中石油公司在利润表项目附注说明中列示了两个年度的勘探与生产业务板块的收入与成本[1]，中石化公司则没有。二是对于营业外收入和支出，中石油公司在营业外收支项目附注说明中列示了与处置油气资产有关的利得和和损失。如中石油公司 2015 年年报中的营业外收入项目说明中列示了转让天然气储气库剩余天然气储量资产利得，在营业外支出中列示了处置固定资产及油气资产损失。三是中石化公司在费用项目说明中对费用按性质分类，对报表内的勘探费用内容做出了说明，并给出了两个年度的勘探费用（包括干井成本）；中石油公司则没有说明。

3. 按照国际财务报告准则编制的财务报表表外信息披露比较

（1）主要会计政策概要。三大石油公司都在油气资产（包含在物业、厂房及设备中）和预计负债（具体项目名称是准备，准备及或有负债，预计负债中的油田弃置准备）两个项目中对与石油天然气有关的会计政策进行了阐述，虽然使用的名称有所不同。

在油气资产一项中，三大石油公司都阐明了对于油气勘探生产活动采用"成果法"（中石化公司称为"成效法"）核算，有关探明油气资产的

---

[1]　中石油公司 2015 年年报附注中收入与成本分勘探与生产、炼油与化工、销售、天然气与管道、总部及其他，板块间抵销数进行说明。

资本化成本按照产量法计提折耗。三大石油公司油气资产会计政策阐述不完全一致的地方有：中石油公司阐明了探明油气储量计算中的原油销售价格参数取值，原油销售价格是指在探明油气储量报告期截止日以前的 12 个月的算术平均价格，每个月价格按每月第一天的价格确定，但不包括基于未来条件做出的价格调整（中石化公司和中海油公司也有阐明探明油气储量计算中的原油销售价格参数取值，方法均与中石油公司的相同，只不过中石化公司是在按照国际会计准则编制的财务报告之后的未经审计的石油和天然气生产情况补充资料中披露的①，中海油公司则是在重要会计估计和判断中披露的，具体见下文（2）重要会计估计和判断）；中石化公司提到了油气资产未来的拆除费用的估计政策；中海油公司提到了油气资产初始获取成本计提减值的会计政策，即初始获取成本的减值基于勘探经验及管理层判断来确认，并作为勘探费用计入当期损益（当发现经济可采储量时，该成本会被转入已探明矿区权益资产）；中海油公司还阐明了对于已探明矿区资本化的收购成本计提折耗的会计政策，即根据总证实储量按产量法计算折旧折耗及摊销。

在预计负债一项的阐述中，三大石油公司的阐述较为一致，都阐述了弃置和恢复准备的计提和修正政策；中海油公司还阐明了弃置时点估计或弃置成本估计发生变更时的会计处理方法，即对由于弃置时点或弃置成本的估计做出的变更，按未来适用法调整相应的准备和油气资产金额。

（2）重要会计估计和判断。中石油公司和中石化公司关于此项的阐述上与按照中国会计准则的阐述完全一致，中海油公司则是包括了三项："（a）油田储量；（b）油气资产的账面价值和（d）弃置费用"②，内容与中石油公司和中石化公司基本一致，阐述了三项估计被影响及产生的影响，中海油公司在这里阐述了对已证实（已探明）石油和天然气储量估算

---

① 中石化公司在探明石油及天然气储量相关的贴现未来净现金流量标准化量度部分披露的相关内容为：探明石油及天然气储量相关的贴现未来净现金流量标准化量度是按照财务会计准则修正第 2010－3 号的要求以及"上市公司行业信息披露指引第八号——石油和天然气开采"进行计算。估计的未来生产现金流入是通过将报告期间 12 个月的月初石油和天然气的平均价格与年末估计的已探明净储量结合起来计算的。

② 中海油公司 2015 年年报中的会计估计有 5 项，除上面列示的外，还有（c）减值迹象和（e）税项。

中的原油销售价格参数的取值,即也是按照 SEC 对石油和天然气储量估计的要求,采用了合并财务报表覆盖的会计期间截止日之前 12 个月的首日市场平均油价为基准,来估计其已证实石油和天然气储量。

(3)报表中项目数据的进一步说明。三大石油公司报表项目数据的进一步说明中,与油气生产活动有关的内容包括四个部分,具体如下:

第一,油气资产部分。三大石油公司都是在物业、厂房及机器设备中列示了油气资产的内容,虽然三大石油公司对于物业、厂房及机器设备的分类不同,但是披露方式较为一致,内容都包括了成本、累计折旧(累计折旧、折耗与摊销)及减值、账面净值年末余额,其中成本、累计折旧(累计折旧、折耗与摊销)及减值、还包括从期初到期末的变化,如中石油公司列示的内容包括油气资产成本:年初余额、本年增加、转拨、售出或报废、外币折算差额、年末余额;累计折旧及减值:年初余额、本年折旧及其他、售出、报废及转拨、外币折算差额、年末余额和两个年度的油气资产账面净值年末余额。中石化公司列示的内容与按照中国会计准则列示的内容完全一致。

这个部分中石油公司还列示了在建工程中的探井成本变动信息,具体包括两个年度的在建工程中的探井成本的期初余额、尚未确定探明储量的资本化探井成本、根据已探明储量重分类至油气井及相关设备及设施的资本化探井成本、转为费用的探井成本和期末余额。中石油公司还披露了根据钻井完成时间(1 年及 1 年以下和 1 年以上)分类的资本化探井成本信息。

表 5 - 7   中石油公司(按国际会计准则编制报表)在建工程中的
探井成本变动信息   单位:人民币百万元

探井成本及其变动项目	2015 年	2014 年
1 月 1 日余额	20 878	24 507
尚未确定探明储量的资本化探井成本	21 698	26 504
根据已探明储量重分类至油气井及相关设备及设施的资本化探井成本	(12 791)	(18 070)
转为费用的探井成本	(9 608)	(12 063)
12 月 31 日余额	20 177	20 878

中石化公司在在建工程项目下对资本化探井成本和地球物理勘探费用的金额进行了说明。如中石化公司 2015 年年报中披露，于 2015 年 12 月 31 日，勘探及开发分部在建工程中已资本化探井成本的金额为人民币 167.72 亿元（2014 年：人民币 192.86 亿元）。截至 2015 年 12 月 31 日，年度已付的地球物理勘探费用为人民币 43.47 亿元（2014 年：人民币 50.28 亿元）。

第二，与油气资产弃置义务相关部分。对于油气资产弃置义务（或称为油气拆除拨备、预提油气资产未来的拆除费用），中石油公司和中石化公司披露的内容与方式都与其按照中国会计准则编制的基本相同，都在预计负债（中石油公司称为资产弃置义务）项目下，对资产弃置义务的含义做出了说明，列示了油气资产弃置义务当期的期初、本期增加、减少（本年支出等）和期末金额，但是列示的都是两个年度的比较数据，但是中石油公司有关增、减的项目更为详细，具体见表 5-8。

中石化公司油气资产弃置的拆除义务部分利息支出中列示的财务费用 2015 年为人民币 1 081 百万元，2014 年为人民币 1 008 百万元。在其他费用净额项目中说明了截至 2015 年 12 月 31 日，年度长期资产减值亏损主要是勘探及开发分部的减值，亏损人民币 48.64 亿元（2014 年：人民币 24.36 亿元）；收回金额是根据资产预计未来现金流量的贴现值所确定的，采用的税前贴现率为 10.80%（2014 年：10.13%）。

表 5-8　中石油公司（按国际会计准则编制报表）资产弃置义务信息

单位：人民币百万元

项目	2015 年	2014 年
年初余额	109 154	94 531
发生的义务	4 266	9 992
偿还义务	（677）	（418）
增加费用	5 950	5 406
外币折算差额	（697）	（357）
年末余额	117 996	109 154

中海油公司在油气拆除拨备项目下，对此说明比中石油公司和中石化公司更为详细，其年度增加减少的项目具体包括新项目、调整、本年使用、本年剥离、弃置拨备贴现值拨回（利息费用，在报表附注利息费用项目下也有说明）、汇兑折算差异等；并且在年末余额后添加了一年内到期计入其他应付款及预提费用的拨备和重新计算的年末余额，并对计算拆除拨备所使用的折现率的取值也做出了说明：2015年为4%～5%（2014年：4%～5%）。

第三，分部报告部分。对于分部报告，中石油公司和中石化公司列示的内容与方式与按照中国会计准则列示的基本一致。中石油公司列示的分部也是包括勘探与生产、炼油与化工、销售、天然气与管道和总部及其他，勘探与生产板块列示的有营业额（包括板块间销售和外部营业额），折旧、折耗及摊销，经营利润/（亏损），板块资产，对联营公司及合营公司的投资，资本性支出和板块负债；与按照中国企业会计准则列示的不同主要有，没有列示板块费用和资产减值损失，但是增加了对联营公司及合营公司的投资。中石化公司的分部有勘探及开发、炼油、营销及分销、化工及本部及其他业务。勘探开发本板块列示的内容包括了营业额（对外销售和分部间销售）、其他经营收入、业绩、应占联营公司及合营公司的损益、投资收益、分部资产、分部负债、资本支出、折旧折耗及摊销和长期资产减值亏损，其中应占联营公司及合营公司的损益、投资收益是按照中国会计准则列示中没有的项目。中海油公司由于业务比较单一，在全球范围内从事上游石油业务，其中主要包括常规油气业务，页岩油气业务，油砂业务和其他非常规油气业务，因此运营分部披露的主要业务包括勘探及生产，贸易业务和公司业务。"勘探及生产"分部有：外部收入、分部间收入、收入合计，本年分部利润，分部损益中包含的项目金额（作业费用、除所得税外的其他税金、勘探费用、折旧折耗及摊销、资产减值及跌价准备、销售及管理费用、利息收入、财务费用、联营及合营公司之（损失）/利润、所得税收益/（费用））、联营及合营公司投资等的其他数据，分部资产、分部负债和资本性支出。三大石油公司与油气勘探、开发和生产有关的分部信息见表5-9。

表 5–9　　三大石油公司（按国际会计准则编制报表）经营分部信息

中石油公司 "勘探与生产"分部	中石化公司 "勘探及开发"分部	中海油公司 "勘探与生产"分部
营业额 　减：板块间销售 　外部营业额 折旧、折耗及摊销 经营利润／（亏损） 板块资产 对联营公司及合营公司的投资 资本性支出 板块负债	营业额（对外销售和分部间销售） 其他经营收入 业绩 应占联营公司及合营公司的损益 投资收益 分部资产 分部负债 资本支出 折旧、折耗及摊销 长期资产减值亏损	外部收入、分部间收入、收入合计 本年分部利润 分部损益中包含如下金额：作业费用、除所得税外的其他税金、勘探费用、折旧折耗及摊销、资产减值及跌价准备、销售及管理费用、利息收入、财务费用、联营及合营公司之（损失）/利润、所得税收益/（费用） 其他资料，包括：联营及合营公司投资、其他 分部资产 分部负债 资本性支出

资料来源：根据中石油公司、中石化公司和中海油公司 2015 年年报整理。

　　我国三大石油公司在分部报告的披露上比较一致，都包括营业额（包括板块间销售和外部营业额），折旧、折耗及摊销，经营利润／（亏损），板块资产，资本性支出和板块负债。不同的是中海油公司列示的信息更为详细，包括中石油公司列示对联营及合营公司投资；中石化公司也有所列示的联营及合营公司之（损失）/利润。另外，中海油公司影响将分部利润的事项内容披露的非常详细；包括税金、勘探费用、折旧折耗及摊销、资产减值及跌价损失/准备、销售及管理费用、利息收入、财务费用、联营及合营公司之（损失）/利润、所得税收益/（费用）等，这是中石油公司和中石化公司都没有项目。另外，中石油公司列示项目稍微简明一点，不包括分部费用、长期资产减值亏损和应占联营公司及合营公司的损益等。

　　第四，承诺事项。此项中，中石油公司和中石化公司列示的关于勘探和采矿许可证费用的内容和方式完全一致，也与按照中国会计准则编制的报表附注中的内容完全相同，都包括了两个年度的勘探和采矿许可证费用（中石油公司和中石化公司称为勘探及生产许可证），并给出了两个年度预计未来 5 年每年度需支付的勘探和采矿许可证金额。如中石油公司披露其每年必须就其勘探和采矿许可证向国土资源部支付费用，2015 年度该项费用为人民币 6.43 亿元（2014 年：人民币 7.19 亿元）；2014 年和 2015 年预计未来五个年度每年支付金额为 800 万元。但是，中海油公司在承诺与或有事项中的资本性承诺一项中，披露了两个年度已签订合同但未拨备的承诺支付金额，并说明该金额包含未来五年预估的中海油公司就其勘探及开采许可证向中国国土资源部支付份额费用。

5.1.4　原油及天然气勘探及生产活动补充资料披露比较

三大石油公司在未经审计的原油及天然气勘探及生产活动补充资料部分披露的内容包括：（1）探明油气储量估计资料；（2）油气生产活动经营业绩信息；（3）有关资本化成本的历史成本（资本化成本）信息；（4）取得成本、勘探和开发活动的成本支出（已发生成本）信息；（5）经贴现的未来净现金流量标准化度量；（6）经贴现未来净现金流量的标准化度量的变化；（7）其他。以下讨论我国三大石油公司针对这些专门的未经审计的原油及天然气勘探及生产活动补充资料的披露状况。

1. 原油与天然气的储量估计信息比较

三大石油公司储量估计信息披露涉及的内容有：

（1）储量估算管理信息。对于储量计算和管理信息披露，三大石油公司和对油储量评估机构、管理者、责任及其管理信息有所披露，但是披露的位置不同，中石油公司在财务报表之前专门披露的原油天然气储量资料中披露了公司储量估算的内部控制（包括披露原油和天然气的探明储量和探明开发储量，钻探或参与钻探的井数以及钻探结果）；中石化公司是在经营业绩回顾及展望中的第（8）项油气储量评估准则部分，披露了储量评估管理信息；而中海油公司是在财务报告之后的（未经审计）石油和天然气生产活动补充资料中的储量部分给出的说明。如中石油公司 2015 年年报披露：本公司设有储量评估领导小组，该小组由本公司负责上游业务的副总裁任组长。本公司近年来推行油气储量评估和审计人员职业资格认证管理，已建立了覆盖总部和各地区公司的储量评估师和审计师队伍，负责公司储量评估和审计工作。同时，本公司在勘探与生产板块设有专职的储量管理部门，该部门的管理人员和员工平均在石油行业拥有 20 年以上的专业技术经验和 10 年以上 SEC 准则储量评估经验，数名成员拥有储量专业领域的国家级注册资质。各地区公司设有储量管理委员会和多专业的储量研究室。本公司储量评估的技术负责人为勘探与生产板块储量管理处处长，该负责人为地质学博士，在油气勘探开发领域有 15 年以上的工作经历，长期从事储量研究和管理。各地区储量研究室负责本地区新发现储量的计算和已有储量的更新评估。评估结果由各地区公司和勘探与生产分公司实行两级审查，最后由本公司储量评估领导小组审定。

（2）储量计算中的原油天然气价格取值的披露。三大石油公司都对此项有所披露，都是在财务报告（中石油公司和中石化公司是在按照国际会计准则编制的财务报告）之后的（未经审计）石油和天然气生产活动补充资料中给出的说明。只不过中石油公司和中海油公司是在储量资料部分，而中石化公司是在贴现未来净现金流量标准化量度资料部分中做出的说明（另外，中石油公司还在按照国际会计准则编制的财务报告中的油气资产会计政策部分，中海油公司在财务报告重大会计判断、估计和假设的油气储量部分也有说明）。如中海油公司披露：公司采用了本合并财务报表覆盖的会计期间截止日之前 12 个月的首日平均油价为基准，来估计其已证实石油和天然气储量。

（3）储量计算包括的范围。主要是中海油公司对与合作开采储量计算问题给出了简要的说明。如 2015 年中海油公司年报中说明：证实净储量为本集团所拥有的储量权益，包括中国境内自营油气资产中的全部权益，以及本集团于石油产品分成合同中所拥有的参与权益，减去（i）本集团须支付给中国政府作为矿区使用费的产量以及中国政府按石油产品分成合同应得的留成产量，并减去（ii）石油产品分成合同项下本集团参与权益对应的用以补偿外国合作方勘探费用部分的产量，加入本集团于海外国家拥有的油气田储量参与权益，减去本集团参与权益对应的应当支付当地政府及满足当地市场需求的产量（如有）。以经济利益法确认其在产品分成合同下的石油及天然气的净份额储量。

（4）探明已开发及未开发的储量信息。这个部分三大石油公司披露的内容基本一致。储量信息都包括探明已开发及未开发的储量（合计数）：年初、对以前估计的修正、采收提升、扩边和新发现、产量和年末；三大石油公司还分别探明已开发储量和未开发储量披露了年初、年末数。只是中海油公司是按照地域范围和油气产品分类披露，披露更为详细，如中海油公司2015年年报中包括的（世界）各区域有：中国、亚洲（不含中国）、大洋洲、非洲、加拿大、北美洲（不含加拿大）、南美洲和欧洲，披露的油气类别有石油、天然气、合成油和沥青，见表5－10、表5－11和表5－12，并且披露内容均涉及的是三个年度；中石油公司和中石化公司对油气储量的地理位置信息内容都是分为中国和海外（中石油公司说明海外"其他"地区的油气生产活动主要位于哈萨克斯坦、委内瑞拉和印度尼西亚等国家，因应占权益法投资主体所拥有的储量相对较小，故与此相关的信息以境内外合计数进行列示）披露的，并且披露的是两个年度的数据。

表5－10　　　　三大石油公司探明已开发及未开发的储量的信息

内容说明	中石油公司	中石化公司	中海油公司
时间长度	连续两个年度	连续两个年度	连续三个年度
披露区域	中国大陆、其他	中国、海外	中国、亚洲（不含中国）；大洋洲、非洲、加拿大、北美洲（不含加拿大）、南美洲、欧洲
油气类别	石油、天然气	石油、天然气	石油、天然气、合成油、沥青
探明已开发及未开发的储量			
合并及附属公司内容	年初、对以前估计的修正、采收提升、扩边和新发现、产量和年末		
企业按权益法核算的被投资实体内容	总额	年初、对以前估计的修正、采收提升、扩边和新发现、产量和年末	
探明已开发储量			
合并附属公司	总额		
企业按权益法核算的被投资实体	总额		
探明未开发的储量			
合并附属公司	总额		
企业按权益法核算的被投资实体	总额		

表 5-11　2015 年中海油公司已开发及未开发的证实储量（部分数据）

储量及变化项目	中国 石油 百万桶	中国 天然气 10亿立方英尺	……	北美洲（不含加拿大）石油 百万桶	天然气 10亿立方英尺	合成油 百万桶	沥青 百万桶	……	合计 石油 百万桶	天然气 10亿立方英尺	合成油 百万桶	沥青 百万桶
合并附属公司												
2012 年 12 月 31 日	1 666	4 460		148	336	137	13		2 032	6 005	137	13
收购/（处置）储量	—	—		12	54	—	—		215	171	579	—
发现与增加	226	376		31	25	—	—		258	520	7	34
采收率提高	—	—	—	—	—			—	—	—	—	—
生产	(223)	(232)		(16)	(40)	(137)	(13)		(310)	(408)	(15)	(13)
对原先估计的修正	24	(128)			(25)				95	35	28	34
2013 年 12 月 31 日	1 693	4 476		175	350	—	—		2 290	6 323	736	34
……												
2015 年 12 月 31 日	1 431	5 355		239	275	—	—		2 015	6 993	815	—
企业按权益法核算的被投资实体												
2012 年 12 月 31 日	1	5		—	—				201	514		
收购/（处置）储量	—	—		—	—				—	—		
发现与增加	—	—		—	—				—	—		
采收率提高	—	—		—	—				—	—		
生产	—	(2)		—	—				(8)	(48)		
对原先估计的修正	1	1		—	—				7	54		
2013 年 12 月 31 日	1	4		—	—				200	520		
……												
2015 年 12 月 31 日	1	6		—	—				200	577		—
合并附属公司及按权益法核算的被投资实体的储量合计												
2013 年 12 月 31 日	1 693	4 480		175	350	—	—		2 490	6 843	736	34
2014 年 12 月 31 日	1 692	4 760		209	404	—	—		2 459	7 268	750	31
2015 年 12 月 31 日	1 431	5 361		239	275	—	—		2 215	7 570	815	—

表 5－12 　　　　　2015 年中海油公司证实已开发储量（部分数据）

已开发储量项目	中国		……	北美洲（不含加拿大）		……	合计			
	石油	天然气		石油	天然气		石油	天然气	合成油	沥青
	百万桶	10 亿立方英尺		百万桶	10 亿立方英尺		百万桶	10 亿立方英尺	百万桶	百万桶
合并附属公司										
2013 年 12 月 31 日	700	1 337		85	193		1 006	2 349	209	—
2014 年 12 月 31 日	759	1 775		87	208		1 053	2 915	226	—
2015 年 12 月 31 日	809	1 757		85	168		1 092	2 763	197	—
企业按权益法核算的被投资实体										
2013 年 12 月 31 日	1	4		—	—		102	353	—	—
2014 年 12 月 31 日	1	3		—	—		102	334	—	—
2015 年 12 月 31 日	1	6		—	—		105	418	—	—

　　三大石油公司还披露了对于企业按权益法核算的被投资实体的已开发和未开发证实储量。其中中石化公司和中海油公司对于企业按权益法核算的被投资实体的储量的披露也与合并附属公司拥有的储量一样，披露的内容包括：年初、对以前估计的修正、采收提升、扩边和新发现、产量和年末数。中海油公司披露储量信息项目的内容及名称略有不同，具体见表5－11。中石油公司说明拥有的有关储量相对较小，故以境内外合计数进行列示，即只披露年初、年末数。

　　关于储量信息披露，三大石油公司除了在按照国际会计准则编制的财务报告内容之后揭示相关信息之外，还在年报的经营业绩回顾、经营业绩回顾及展望或是财务摘要中对储量拥有情况或是更详细，或是更简要地进行了披露。

　　中石油公司还在按照中国会计准则编制的财务报告之前专门列示了"原油天然气储量资料"，当然，这些储量信息是没有经过注册会计审计的，其信息的内容与按照国际会计准则编制的财务报告之后的内容基本一致，只是没有披露企业按权益法核算的被投资实体的储量；中石油公司在这部分还披露了其储量报告编制的依据，即储量信息是根据独立工程顾问公司 DeGolyer and MacNaughton、Gaffney, Cline & Associates（GCA Singapore）、Gaffney, Cline & Associates（GCA Houston）、McDaniel &Associates、Ryder Scott 和 GLJ 的报告编制而成的。中石油公司在经营业绩回顾、中石化公司在经营业绩回顾及展望、中海油公司在财务摘要部分对储量信息披露的内容及方式见表 5 - 13。

表 5 - 13　　　　三大石油公司业务回顾等部分披露的探明已开发及未开发的储量信息

内容说明	中石油公司	中石化公司	中海油公司
披露位置	业务回顾	经营业绩回顾及展望	财务摘要
时间长度	连续三个年度年末	连续三个年度年末	连续五个年度年末
披露区域	无区分	原油：中国：胜利油田、中国其他，海外 天然气：普光气田、涪陵页岩气田、中国其他，海外	中国：渤海、南海西部、南海东部和东海 海外：亚洲（不含中国）、大洋洲、非洲、加拿大、北美洲（不含加拿大）、南美洲、欧洲 权益法核算的净证实储量
油气类别	分原油和天然气探明储量 分探明已开发原油和天然气储量	分原油和天然气探明已开发储量 分原油和天然气探明未开发储量	石油、天然气储量数量及合计 说明石油储量中包含的合成油和沥青状况

中石油公司由于有专门的"原油天然气储量资料"内容，因此在业务回顾中对储量信息披露的内容比较简单，没有区域信息。

中石化公司在经营业绩回顾及展望中披露了两个年度的探明储量数量信息：分别披露探明已开发储量和探明未开发储量数量，且皆分别揭示了原油储量和天然气储量数量。原油储量又分别披露中国原油储量数量信息（分为胜利油田拥有的储量数量和中国其他拥有的储量数量）和海外储量信息；天然气储量分别披露中国（又分为普光气田、涪陵页岩气田和中国其他）和海外天然气储量数量信息。中石化公司在这里披露的信息比在按照国际会计准则编制的财务报告之后揭示信息的地域范围更详细，并且披露了非常规的天然气储量资源。具体见表 5 - 14 和表 5 - 15。

表 5 – 14　　　　中石化公司在经营业绩回顾及展望中披露的原油储量信息

单位：百万桶

储量类别	于 2015 年 12 月 31 日	于 2014 年 12 月 31 日
探明储量：	2 243	3 048
探明已开发储量	2 013	2 782
中国	1 701	2 465
胜利油田	1 326	1 917
中国其他	375	548
海外	312	317
探明未开发储量	230	266
中国	201	235
胜利油田	116	105
中国其他	85	130
海外	29	31

表 5 – 15　　　　中石化公司在经营业绩回顾及展望中披露的天然气储量信息

单位：十亿立方英尺

储量类别	于 2015 年 12 月 31 日	于 2014 年 12 月 31 日
探明储量：	7 570	6 741
探明已开发储量	6 457	6 011
中国	6 439	5 987
普光气田	2 470	2 663
涪陵页岩气田	1 016	472
中国其他	2 953	2 852
海外	18	24
探明未开发储量	1 113	730
中国	1 112	728
普光气田	0	0
涪陵页岩气田	181	88
中国其他	931	640
海外	1	2

中海油公司在年报财务摘要部分披露了中国和海外五个年度的储量信息，其中中国区域包括渤海、南海西部、南海东部和东海，海外区域又包括亚洲（不含中国）、大洋洲、非洲、加拿大、北美洲（不含加拿大）、南

美洲和欧洲。时间长度和地域范围也比按照国际会计准则编制的财务报告之后揭示信息的地域范围详细。

2. 经营业绩信息比较

三大石油公司披露的经营业绩信息内容基本一致。都分区域列示了营业额、除税外生产成本、勘探费用、折旧折耗及摊销、除所得税外的其他税赋、所得税费用和生产活动经营业绩。不同的是中石油公司和中石化公司的营业额有分项，其中中石油公司的营业额分为第三方销售和板块间销售，中石化公司的收入（即营业额）分为销售和转让；中石油公司和中海油公司计算经营业绩时增加了资产弃置义务增加费用（中海油公司称为随时间推移使拨备贴现值增加）项目；中海油公司计算经营业绩时增加了石油特别收益金；中石化公司和中海油公司按权益法核算的投资项目下列示的信息与集团公司（合并附属公司）一样包括收入费用等各分项信息，中石油公司按权益法核算的投资只披露了一个综合业绩数据。具体见表5-16。

表5-16　　　　　　　　三大石油公司经营业绩信息披露内容

内容说明	中石油公司	中石化公司	中海油公司
时间长度	连续两个年度	连续两个年度	连续三个年度
披露区域	分中国大陆和其他	分中国和海外	分世界各州区
信息范围	披露集团公司信息	按集团、按权益法核算的投资分别披露信息	按合并附属公司、按权益法核算的被投资实体分别披露信息
项目内容	营业额（包括第三方销售和板块间销售）； 除税外生产成本； 勘探费用； 折旧、折耗及摊销； 除所得税外的其他税赋； 资产弃置义务增加费用； 所得税费用； 生产活动经营业绩（合计） 按权益法核算的投资：应占联营公司及合营公司生产活动经营业绩的利润	收入（包括销售、转让）； 生产成本（除税项外）； 勘探支出； 折旧、耗减、摊销及准备； 所得税以外的税金； 税前利润； 所得税支出； 生产经营业绩（合计）	油气销售收入； 作业费用； 除所得税外的其他税金； 勘探费用； 随时间推移使拨备贴现值增加； 折旧、折耗及摊销； 石油特别收益金； 所得税； 经营业绩（合计）

注：三大石油公司以上经营业绩信息项目名称上大多是不同的，有个别的项目含义上也略有差异。这在其他会计信息披露上的表现也是一样。

3. 资本化成本信息比较

中石油公司和中石化公司披露的资本化成本信息较为一致，而与中海油公司披露的内容有一些差异。中石油公司和中石化公司披露的资本化成本信息都分区域，列示连续两个年度的取得成本及生产性资产、辅助设施、在建工程、累计折旧折耗及摊销、资本化成本净值以及按权益法核算的投资（应占联营公司及合营公司资本化成本净值）；中海油公司则列示了连续三个年度、分世界各州地区的已探明的油气资产、未探明的油气资产、累计折旧折耗及摊销和净资本化成本（合计）信息；并且按权益法核算的被投资实体披露的资本成本信息列示的方式与合并附属公司列示的内容一致。相比较而言，中石油公司和中石化公司对于已探明的油气资产列示的比较详细，中海油公司则对于按权益法核算的被投资实体的资本化成本信息列示的较为详细。具体见表5－17。

表5－17　　　　　　　　三大石油公司资本化成本信息披露内容

内容说明	中石油公司	中石化公司	中海油公司
时间长度	连续两个年度	连续两个年度	连续三个年度
披露区域	分中国大陆和其他	分中国、海外区域	分世界各州地区
信息范围	披露集团公司信息	披露集团公司信息	按合并附属公司和企业按权益法核算的被投资实体分别披露信息
项目内容	取得成本及生产性资产； 辅助设施； 在建工程； 资本化成本合计 累计折旧、折耗及摊销； 资本化成本净值 按权益法核算的投资：应占联营公司及合营公司资本化成本净值	物业成本，油井和有关的设备和设施 辅助设备和设施； 未完成的油井、设备和设施； 总资本化成本 累计折旧、耗减、摊销及减值准备； 净资本化成本 按权益法核算的投资：应占联营及合营公司净资本化成本 集团和按权益法核算投资的净资本化成本（合计）	已探明的油气资产； 未探明的油气资产； 累计折旧、折耗及摊销； 净资本化成本（合计）

4. 取得成本、勘探和开发活动成本支出信息比较

三大石油公司披露的取得成本、勘探和开发活动成本支出信息的内容

基本一致，都分区域列示了勘探费用、开发成本和成本合计。但受矿区取得业务影响，三大石油公司的取得成本列示有所不同。中石油公司列示了取得成本，而中海油公司分别列示了已探明和未探明矿区的收购成本，中石化公司由于没有矿权业务则没有列示。另外，中海油公司对于企业按权益法核算的被投资实体的成本支出信息列示的内容与合并附属公司一样，比较详细；而中石油公司和中石化公司则只列示应占联营公司购置物业勘探和开发成本的总额。具体见表 5–18。中石油公司 2015 年关于取得成本、勘探和开发活动的成本支出信息列示的内容见表 5–19。

表 5–18　　　三大石油公司取得成本、勘探和开发活动的成本支出
信息披露内容

内容说明	中石油公司	中石化公司	中海油公司
时间长度	连续两个年度	连续两个年度	连续三个年度
披露区域	分中国大陆和其他	分中国、海外区域	分世界各州地区
信息范围	披露集团公司信息	披露集团公司信息	按合并附属公司和企业按权益法核算的被投资实体分别披露信息
项目内容	取得成本； 勘探费用； 开发成本； 合计 应占联营公司购置物业勘探和开发成本	勘探； 开发； 总发生成本（合计） 按权益法核算的投资：应占联营及合营公司勘探成本和开发成本集团和按权益法核算投资的勘探及开发成本（合计）	收购成本； 已探明 未探明 勘探成本； 开发成本； 已发生成本（合计）

表 5–19　　　中石油公司取得成本、勘探和开发活动的成本支出信息

2015 年　　　　　　　　　　　　　　　　单位：人民币百万元

项目	中国大陆	其他	合计
取得成本	—	456	456
勘探成本	28 542	1 011	29 553
开发成本	100 328	18 611	118 939
合计	128 870	20 078	148 948
按权益法核算的投资：			
应占联营公司及合营公司取得成本、勘探和开发成本	—	2 798	2 798

5. 探明油气储量未来现金流量的标准化度量及其变动信息比较

（1）探明油气储量未来现金流量的标准化度量信息披露比较。三大石油公司披露的未来现金流量的标准化度量信息内容一致程度非常高，都列示了未来现金流量、未来生产费用、未来开发费用、未来的所得税支出和未来的净现金流量，具体见表 5 - 20。不同的是中石化公司和中海油公司不但有分区域列示，而且对于按权益法核算的投资列示的未来现金流量的标准化度量信息也与集团或合并附属公司列示的内容一样，而中石油公司则是另行采用文字或列表说明两个年度中有关探明油气储量的经贴现的未来净现金流量标准化度量中位于中国大陆和位于中国大陆以外的金额。两个年度应占联营公司及合营公司经贴现的未来净现金流量标准化度量的总金额。

表 5 - 20 　　　　　　　　探明油气储量未来现金流量的标准化度量信息披露内容

内容说明	中石油公司	中石化公司	中海油公司
时间长度	连续两个年度	连续两个年度	连续三个年度
披露区域	无分区域	分中国和海外区域	分世界各州地区
信息范围	披露集团公司信息	按集团、按权益法核算的投资分别披露信息	按合并附属公司和企业按权益法核算的被投资实体分别披露信息
项目内容	未来现金流量 未来生产费用 未来开发费用 未来的所得税支出 未来的净现金流量 以 10% 贴现率估计现金流量的时间 经贴现的未来净现金流量标准化度量（合计）		

注：中石油公司另行文说明中国、海外区域，应占联营合营公司经贴现的未来净现金流量的标准化度量金额。

另外，中海油公司对于未来现金流量的计算做出了说明。如 2015 年报中解释：第一，未来现金流量包括本集团在自营油气资产中的全部权益和石油产品分成合同项下的参与权益，减去（a）支付给中国政府作为矿区使用费的产量以及中国政府按石油产品分成合同应得的留成油产量，并减去（b）中国石油产品分成合同项目下本集团参与权益对应的用以补偿外国合作方勘探费用的部分及加入本集团于海外国家拥有的油气田储量参与权益，减去本集团参与权益对应的应当支付当地政府及满足当地市场需求的产量。第二，未来开发成本包括预计的开发钻井和建造生产平台的成本。第三，未来净现金流量已考虑拆除油气资产的预计拆除费用。

（2）探明油气储量贴现现金流量标准化量度的变动信息披露比较。三大石油公司披露的探明油气储量贴现现金流量标准化量度的变动信息内容高度一致。三大石油公司都列示了减去生产成本后的油气产品销售及转移、价格及生产成本及其他的净变化、扩边新发展及采收提升、开发成本支出、前期数量估计修正、贴现增值、所得税的净变化和年末金额，不同的是中石化公司和中海油公司披露的按权益法核算的被投资人贴现现金流量标准化量度的变动信息比较详细，与集团或合并单元披露的内容一致；并且中石油公司和中海油公司披露的变动项目比中石化多了出售或收购/（处置）油气资产项目，中海油公司还披露了时间及其他方面的变化项目形成的变动。具体见表5－21。

表5－21　　　　探明油气储量贴现现金流量标准化量度的变动信息披露内容

内容说明	中石油公司	中石化公司	中海油公司
时间长度	连续两个年度	连续两个年度	连续三个年度
信息范围	披露集团公司信息	按集团、按权益法核算的投资分别披露	按合并单元、和企业按权益法核算的被投资人分别披露
项目内容	年初金额 减去生产成本后的油气产品销售及转移； 价格及生产成本及其他的净变化； 扩边、新发展及采收提升； 开发成本支出； 前期数量估计修正； 贴现增值； 所得税的净变化； 出售； 年末金额	销售和转让所生产的石油和天然气（已扣除生产成本）； 价格和生产成本变动净额； 未来开发成本估值变动净额； 扩展、新发现和提高采收率变动净额； 修正以前的数量估计； 本年度发生的以前的开发成本估计； 贴现增加； 所得税变动净额； 年度变动净额（合计）	年初标准化计算值； 销售收入减矿区使用费及生产费用； 销售价格的净变化减矿区使用费及生产费用； 延伸、新发现及提高采收率，减未来生产和开发成本后净额； 估计未来开发成本的变化； 本年发生的开发成本； 储量估计的修正； 贴现增加； 所得税的净变化； 收购/（处置）油气资产 时间及其他方面的变化； 年末标准化计算值

6. 石油公司勘探、钻井和生产井信息比较

三大石油公司都在年报不同的位置披露了钻井数量的有关信息。

中石油公司在财务报告之前专门披露的原油天然气储量资料中披露了钻探或参与钻探的井数以及钻探结果。主要内容是分三个年度、分主要区域的新钻原油、天然气和干井探井的净井数；分三个年度、分别主要区域的新钻原油、天然气和干井开发井的净井数。其中主要区域为大庆、新疆、长庆和其他。

中石化公司在经营业绩回顾及展望中的勘探及开发生产经营部分分别披露了两个年度的勘探完钻井数量、开发井完钻井数量；在建勘探井、在建生产井总数量和各自的净井数；原油和天然气生产井的总数量和净数量。

中海油公司在业务回顾部分披露了中国和海外当年勘探井和开发井数。中国海域包括渤海、南海东部、南海西部和东海，披露井的类型包括自营预探井、评价井，合作预探井、评价井；新发现自营井、新发现合作井；成功自营井、成功合作井数。见表5－22。

表5－22 石油公司探井、开发井数信息披露内容

内容说明	中石油公司	中石化公司	中海油公司
时间长度	连续三个年度	连续两个年度	当年
披露区域	分区域：大庆 新疆 长庆和其他[1]	分区域：中国（胜利油田、其他）和海外（合并报表子公司、按权益法核算的投资）	分中国海域（渤海、南海东部、南海西部、东海）和海外
项目内容	新钻探井净井数 原油 天然气 干井 新钻开发井净井数 原油 天然气 干井	完钻井（分别勘探井生产井、勘探干井；开发生产井、开发干井） 在建井（分别在钻勘探井总井数、在钻开发井总井数；在钻勘探井净井数、在钻开发井净井数） 原油井（分别总井数和净井数） 天然气生产井（分别总井数和净井数）	自营预探井、评价井 合作预探井、评价井 新发现自营井、新发现合作井 成功自营井、成功合作井

注：表中（1）的其他代表辽河、吉林、华北、大港、四川、塔里木、吐哈、青海、冀东、玉门、浙江和南方油区等。

从以上披露的信息的讨论可以看出，中石化公司披露的信息最为详细，不但包括不同的区域的钻井信息，对于完钻的勘探井和开发井还披露了干井数量信息；同时还披露了原油和天然气的生产井数量信息。具体见表5-23。

表 5-23　　　　　　　　中石化公司完钻井数量信息

钻井及区域	2015 年				2014 年			
	勘探		开发		勘探		开发	
完钻井数	生产井	干井	生产井	干井	生产井	干井	生产井	干井
中国	373	195	1 801	25	334	187	3 641	56
胜利油田	150	73	1 020	18	141	64	2 027	30
中国其他	223	122	781	7	193	123	1 614	26
海外	0	1	149	1	3	0	323	0
合并报表子公司	0	0	5	0	0	0	6	0
权益法核算长期股权投资	0	1	144	1	3	0	317	0
完钻井合计	373	196	1 950	26	337	187	3 964	56

7. 石油公司产量、价格及单位生产成本信息

（1）石油公司产量信息。三大石油公司分别在业务回顾、经营业绩回顾与展望或作业摘要中披露了油气产量信息。中海油公司披露的信息最为详细，包括连续五个年度、分别每日原油、天然气和合计净产量；分中国和海外详细区域的每天产量信息和权益法核算的每天净产量及合计，具体见表5-24和表5-25。中石油公司则分两个年度披露每日国内和国外的原油产量、可销售天然气产量和油气当量产量，并用文字说明国内主要区域的年产量信息。如中石油公司2015年年报业务回顾中披露：大庆油田持续推进油气当量4 000万吨以上稳产，长庆油田继续保持油气当量5 000万吨以上高效稳产，川渝气区磨溪龙王庙气田110亿立方米产能高质量。海外油气合作上，哈萨克斯坦阿克纠宾、PK等项目优化调整产量，伊拉克鲁迈拉等项目持续增产。2015年海外业务实现油气当量产量203.5百万桶，比上年同期增长38.3%，占本集团油气当量总产量13.6%。中石化公司则分别两个年度披露油气当量产量总额、中国原油产量、海外原油产量和天然气产量。

表 5 – 24　　　　　　　　　　石油公司产量信息披露内容

内容说明	中石油公司	中石化公司	中海油公司
时间长度	连续两个年度	连续三个年度	连续五个年度
披露区域	业务回顾	经营业绩回顾与展望	作业摘要
产品类别	按原油产量、可销售天然气产量和油气当量产量分别披露	—	按每天原油、天然气、和合计净产量分别披露
项目内容	国内（文字说明主要区域年产量信息）海外	油气当量产量 原油产量 中国 海外 天然气产量	中国：分别渤海、南海西部、南海东部、和东海 海外：分别亚洲（不含中国）；大洋洲、非洲、加拿大、北美洲（不含加拿大）、南美洲和欧洲 权益法核算的净产量及合计 全部产量合计（桶油当量／天）

表 5 – 25　　　　　　　　中海油公司石油液体净产量信息　　　　　　　单位：桶/天

项目	2011 年	2012 年	2013 年	2014 年	2015 年
产量					
石油液体净产量					
中国	598 590	615 122	610 435	626 791	761 019
渤海	405 682	411 642	392 413	403 927	477 904
南海西部	72 006	72 672	75 606	80 493	89 958
南海东部	120 563	130 266	141 545	141 166	190 525
东海	339	543	872	1 206	2 632
海外	83 993	104 623	279 409	305 345	338 440
亚洲（不含中国）	17 427	14 883	28 997	37 237	45 640
大洋洲	5 382	4 846	4 533	4 297	3 350
非洲	56 348	56 998	77 343	76 838	83 677
北美洲（不含加拿大）	4 836	27 896	44 245	49 814	54 692
加拿大	—	—	39 872	48 183	46 712
欧洲	—	—	83 460	87 918	103 258
南美洲	—	—	960	1 058	1 110
小计	682 583	719 745	889 845	932 137	1 099 459

（2）石油公司单位生产成本信息。三大石油公司分别在管理层讨论与分析或董事长致辞中披露了单位油气成本信息，但是披露方式不同的是，中石油公司和中石化公司披露的是单位操作成本，中海油公司披露的是主

要成本；在使用的单位上，中石油公司和中海油公司使用的是每桶成本，而中石化公司使用的是每吨成本。具体地：

中石油公司在管理层讨论与分析中披露：2015 年油气操作成本为12.98 美元/桶，比 2014 年的 13.76 美元/桶下降 5.7%。

中石化公司在管理层讨论与分析中披露：2015 年油气操作成本总额同比减少人民币 23 亿元，现金单位操作成本为人民币 780 元/吨，同比降低 3.0%。

中海油公司在董事长致辞部分披露：全年作业费为人民币 28 372 百万元，比 2014 年下降 9%，桶油作业费为人民币 59.4 元/桶油当量（9.55 美元/桶油当量），比 2014 年下降 20.9%；桶油主要成本为 39.82 美元/桶油当量。

（3）油气销售价格信息披露。三大石油公司都披露了石油和天然的销量和平均实现油气销售价格。如中石化公司在管理层讨论与分析中披露，2015 年勘探开发事业部销售原油 4 222 万吨，同比降低 2.6%；销售天然气 198.3 亿立方米，同比增长 10.3%。原油平均实现销售价格为人民币2 014 元/吨，同比降低 48.9%；天然气平均实现销售价格为人民币 1 535元/千立方米，同比降低 4.0%。中石油公司在业务回顾披露的有关信息见表 5-26。

表 5-26　　　　　中石油公司销售量与销售价格披露内容

产品类别	销售量			平均实现价格		
	2015 年	2014 年	变化率（%）	2015 年	2014 年	变化率（%）
原油	101 620千吨	91 772千吨	10.7	2 134人民币元/吨	3 939人民币元/吨	(45.8)
天然气	1 581.10亿立方米	1 252.78亿立方米	26.2	1 371 人民币元/千立方米	1 366 人民币元/千立方米	0.4

8. 石油公司其他有关信息

（1）探矿权、采矿权及探矿区面积信息。中石油公司和中石化公司在我国陆上拥有大量的勘探和开采业务，因此需要依法取得和维护探矿权和采矿权。两家石油公司都对其拥有的探矿权和采矿权做出了披露。

中石油公司在 2015 年年报的业务回顾中无分区域地披露了公司至2015 年末拥有的油气探矿权和采矿权面积。具体是以文字说明：公司拥有石油和天然气（含煤层气）探矿权、采矿权总面积 358.1 百万英亩，其中探矿权面积 329.8 百万英亩，采矿权面积 28.3 百万英亩。

中石化公司是在 2015 年年报的经营业绩回顾及展望中分中国和海外披露了两个年度的油气探矿权面积和采矿权面积。具体见表 5 – 27。

表 5 – 27　　　　　　　中石化公司矿权权及采矿权面积信息　　　单位：平方公里

类别及区域	截至 12 月 31 日年度	
	2015 年	2014 年
探矿权面积	857 420	960 981
中国	857 420	960 981
采矿权面积	30 730	27 921
中国	25 748	22 912
海外	4 982	5 009

中海油公司在 2015 年年报的业务回顾部分披露其母公司（中国海洋石油总公司）在中国海域拥有勘探和合作勘探油气专营权，并披露了其于 2015 年在中国和海外的主要勘探区面积，其中中国区域有包括渤海、南海西部、南海东部、和东海，海外区域又包括亚洲（不含中国）、大洋洲、非洲、加拿大、北美洲（不含加拿大）、南美洲和欧洲。并且披露了分区域的采用钻井勘探的井数和一般地球物理勘探面积，包括合作及自营二维（公里）地震勘探、合作及自营三维（平方公里）地震勘探的面积。

（2）油气储量寿命及储量替代情况。只有中海油公司披露了油气储量寿命及储量替代情况。中海油公司在 2015 年报的财务摘要部分披露了公司连续五个年度的储量寿命、储量寿命（含权益法核算的储量）、储量替代率（％）、含权益法核算的储量替代率（％）、石油液体（美元/桶）和天然气（美元/千立方英尺）的平均实现价格。具体见表 5 – 28。

表 5 – 28　　　　　中海油公司油气储量寿命及储量替代情况信息

项目	2011 年	2012 年	2013 年	2014 年	2015 年
其他					
储量寿命（年）	9.3	9.8	10.5	10.1	8.4
储量寿命（年）（含权益法核算的储量）	9.6	10.2	10.8	10.4	8.7

续表

项目	2011 年	2012 年	2013 年	2014 年	2015 年
储量替代率（%）	167	187	337	111	65
储量替代率（%）(含权益法核算的储量)	158	188	327	112	67
平均实现价格					
石油液体（美元/桶）	109.75	110.48	104.60	96.04	51.27
天然气（美元/千立方英尺）	5.15	5.77	5.78	6.44	6.39

5.1.5 研究结论

从我国三大石油公司油气资产信息披露的内容来看，三大石油公司披露的内容不论是表内、还是表外都高度一致，虽然在披露的详细程度上有所不同（多数情况下中海油公司在相关信息的披露上更为详细）。具体相总结如下：

（1）表内油气会计信息披露较为一致。三大石油公司表内信息的列示虽有差异，但都是根据企业油气勘探生产业务的情况列示的，符合重要性原则的要求。在按照中国会计准则编制的报表只有中石油公司将油气资产单列（资产负债表），中石化公司将包括干井费用在内的勘探费用单列（利润表）。按照国际财务报告准则编制的报表中，中石油公司列示了弃置义务（资产负债表），三大公司都列示了勘探费用（包括干井费用）（利润表），中海油公司还列示了作业费用（利润表）。

（2）表外信息披露较为一致。三大石油都对油气资产确认的会计政策（成果法）、油气储量信息估计、弃置费用估计等都做出了说明，虽然在披露的位置和详细程度上略有差异。中国公司和中石化公司还在按照中国会计准则编制的财务报告中披露了油气资产会计计量属性。

在对于报表中项目数据的进一步说明中，三大石油公司披露的内容高度一致，只是在披露的详细程度和使用的项目名称上有些不同。三大石油公司都披露了油气资产及减值准备、油气勘探生产业务的分部信息，油气资产相关资产弃置义务。在按照中国会计准则编制的会计报表中，中石油公司和中石化公司还披露了勘探和采矿许可证费用、现金流量信息中干井费用信息等。

（3）原油及天然气勘探及生产活动补充资料披露详细且高度一致。三大石油公司都非常充分地披露了油气生产活动相关性的信息，披露的内容高度一致。包括美国 FAS NO.69 要求呈列的各项内容：储量资料、经营业绩、资本化成本、勘探及开发支出、探明油气储量未来现金流量的标准化度量和贴现净现金流量标准化度量的变化。中石油公司和中石化公司披露的信息多数是两个年度的比较信息，而中海油公司披露的信息多数是三个年度的比较信息。

三大石油公司按照 SEC 于 2008 年颁布 2010 年开始实施《油气报告现代化》的要求非常详细地披露了按地理区域和位置的储量、产量、部分勘探井和开发井的信息等内容，以及单位产品的销售价格和生产成本；中石化公司还披露油气生产的井数以及较为详细的开发面积；中海油公司披露了油气储量寿命及储量替代情况等。

5.2　基于灰色关联度分析的我国石油公司储量信息相关性研究

5.2.1　问题提出

会计信息是否有用，是否具有价值的关键是看其与使用者的决策需要是否相关。亨德里克森和布瑞达（Hendriksen and Breda，1991）认为可以把相关性具体为与某一目标相关，即相关性的另一种概念是针对财务报告使用者所要达到的目标来讲[1]。企业拥有的油气储量及其价值既是企业生产业绩的重要体现，又是企业未来发展的基础。前面的章节已经讨论了，油气生产企业获得的油气储量及其价值与取得储量的成本之间没有直接关系。因而这一业绩无法通过资产负债表中的成本得到体现；储量及其价值对于比较不同企业的财务状况和经营业绩有着重要影响，假如在当期两个企业报告了相同的资本化成本和上游成本，但他们在当期发现和累计发现

---

[1] 李宏，黄宇东. 浅谈会计信息的相关性与可靠性 [J]. 对外经贸财会，2003 (4)：6-8.

的储量及其价值一般是不同的。由此，忽略价值信息就排除了有关潜在现金流量的信息，可以说商业储量是企业未来现金流的主要来源，但储量信息除了企业的财务报表以外，难从其他途径获得。因此有学者通过对油气储量信息的披露相关性的研究，支持油气储量信息的披露。如美国学者肯志和麦哲林奥（Clinch and Magliolo）于 1992 年发现对于年报中数据可信度比较高的公司，油气储量数据确实比油气产量数据包含更高的信息含量[1]。贝尔（Bell，1993）研究认为对油气储量价值的披露导致其解释能力的增加。当然储量价值数据具有潜在的信息内容有两种可能，可能是计算程序本身可能导致储量价值数据具有信息内容，程序的一些输入变量也可能对投资者具有信息价值[2]。1993 年奥西托（Alciatore）在对美国的油气行业年报进行分析后，发现对于油气储量资产不仅要披露净现值，更要进一步披露油气储量净现值变化的原因。特别是对油气产量、油气储量的重新估算等六项内容的披露提高了相关的信息含量，改善了单一披露储量的报告方式，不仅减少了市场信息的不对称性，提高了市场的有效性，强化了油气储量信息披露的质量[3]。

当然，也有人反对者油气储量价值披露，其主要原因是油气储量估计本质上是不准确和主观的，涉及大量的假设和预测，无论对个别矿藏还是整个企业都是如此，因此，储量的披露可能产生误导。如约瑟夫·E·考尼（Joseph. E. Connor）认为：SEC 不应要求企业在规定机构进行可靠性测试时公开储量认可数据，企业有权选择是否予以披露[4]。

那么上市公司提供的油气储量信息是否能够确实给企业带来有利于投资决策的信息，是值得研究的问题。我国虽然没有要求石油公司披露油气储量价值信息，在 2006 年石油天然气开采准则出台之前，也没有要求石油

---

① Clinch, Greg, Joseph Magliolo. Market Perceptions of Reserve Disclosures under SFAS No. 69 [J]. The Accounting Review, 1992, 67 (4)：843 – 861.

② Bell, Sati P. Market Reactions to Earnings Announcements of Successful Efforts and Full cost Firms in the Oil and Gas Industry [J]. The Accounting Review, 1993, 69 (4)：657 – 674.

③ Alciatore, Mini L. New Evidence on SFAS No. 69 and the Components of the Change in Reserve Value [J]. The Accounting Review, 1993, 68 (3)：639 – 656.

④ Joseph E. Connor Reserve Recognition Accounting：Factor Fiction [J]. The Journal of Accountancy, September 1979 (7)：78 – 79.

公司披露油气储量，但是由于我国三大石油公司都在美国上市，因此从其上市开始在年报中披露的原油及天然气勘探及生产活动补充资料披露中对油气储量信息进行了披露，但这些信息是否具有相关性尚待检验。这里的研究也正是希望在这方面做一点有益的尝试。

下面以我国三大石油公司的储量数量、储量公允价值及油气资产账面价值这三个最具代表性的储量信息，分析信息公布与股票的市场价格的关联度，研究储量信息的相关性。

5.2.2　研究方法选择及样本数据来源

1. 研究方法及指标选择

（1）研究方法选择。会计信息相关性是指投资者以企业过去和现在的会计信息为基础，对未来进行预测，并调整其投资行为的反应。从市场的角度来说，会计信息相关性指的是会计信息解释股票价格的能力，许多文献通过研究会计信息与股票价格相关性来验证其决策有用性。如果会计信息具有决策有用性，则投资者就会据此做出反应，从而相应引起股票价格的变动，说明会计信息具有一定的价值相关性。在已有的研究文献中，会计信息价值的相关性一般是通过财务指标和股票价格之间的相关性来衡量的。

灰色关联分析是根据各因素变化曲线几何形状的相似程度，来判断因素之间关联程度的方法，是我国著名学者邓聚龙教授首创的灰色系统理论（grey theory）中的方法之一。灰色关联分析中的灰色关联度可以是用来判定因素之间关系的一般灰色关联度，也可以是灰色关联度计算中的广义灰色关联度。灰色关联度对样本要求少，数据无规律同样适用，其应用涉及社会科学和自然科学的各个领域，尤其在社会经济领域取得了较好的应用效果。为了更全面地反映油气储量信息的相关性，本章选择广义灰色关联度中的综合关联度计算，并采用灰色关联度中的优势分析法[①]对储量信息

---

　　①　刘思峰，党耀国，方志耕. 灰色统理论及其应用（第三版）［M］. 北京：科学出版社，2005（6）：50－83.

的相关性加以研究。

（2）研究指标选择。如前文所述，油气生产企业拥有的油气储量数量和储量价值所代表的资产价值是公司生产业绩的重要体现，也会对企业未来生产经营产生重要影响。油气资产账面价值是油气生产企业已经花费的、预计可以为其带来经济利益的地下石油天然气资源的实际成本支出的货币表现，同样在很大程度上是可以为企业未来带来更多的现金流量，获得更多的利润的基础。因此这里选择储量数量、储量价值和油气资产账面价值作为变量研究储量信息的相关性。

一般地，企业盈余及净资产对企业股票价格预期会产生较大影响，如每股收益（EPS）作为衡量普通股的获利水平的指标，是投资者据以评价企业盈利能力、预测企业成长潜力、进而做出相关经济决策的重要的财务指标之一；每股净资产（BVPS）作为反映每股股票包含的公司资产价值的指标，是企业经济实力的重要标志，公司每股净资产值越大，公司创造利润的能力和抵御外部风险的能力越强[1]。因此，本研究在变量中加入了每股收益（EPS）和每股净资产（BVPS）进行研究。有关指标的解释见表5－29。

表 5－29 储量信息相关性研究变量指标解释

变量	指标	指标解释
被解释变量	股票价格 P_{it}	i 公司第 t 年年报公布日股票收盘价格，若当日停盘，则追溯至年报公告日后有交易数据当日的收盘价
解释变量	储量数量 RN_{it}	i 公司第 t 年年末探明储量数量（探明未开发储量与已开发储量的合计）
	储量价值 RV_{it}	i 公司第 t 年年末探明储量产生的经贴现未来现金净流量的标准化度量金额
	油气资产账面价值 OGA_{it}	i 公司第 t 年年末油气资产的账面价值，即油气开采企业所拥有或控制的井及相关设施和矿区权益的账面价值
	每股账面净资产 $BVPS_{it}$	i 公司第 t 年年末每股净资产的账面价值
	每股收益 EPS_{it}	i 公司第 t 年的每股收益

---

① 耿建新，白莹，张驰. 股票价格低于每股净资产的影响因素分析——来自中国 A 股上市公司的经验证据 [J]. 会计与经济研究，2013（1）：64－71.

2. 样本选择及数据来源

本研究选取我国三大石油公司即中石油公司、中石化公司和中海油公司作为研究对象。本研究所使用的三大石油公司的每股账面净资产、每股收益和股票价格数据来源于深圳国泰安数据库（GSMAR）、巨潮资讯、同花顺软件。储量数量、储量价值及油气资产账面价值均来自石油公司年报。

在已有的研究文献中，会计信息价值相关性一般是通过财务指标和股票价格之间的相关性来衡量，研究的有效前提是研究者通常假定股票的市场价格能够充分反映所有公开信息，即市场满足 Fama 提出的有效市场假说中的半强式有效。同时由于中石油公司在上交所上市时间较短，而中海油公司只在海外上市。因此，本研究选取 2000～2013 年三大石油公司在港交所的股价作为被解释变量。在前面讨论中可以看出，石油公司披露的储量信息包括探明储量（探明未开发储量与已开发储量的合计）、探明已开发、和探明未开发储量，这里的研究中采用的储量数量为探明储量（探明未开发储量与已开发储量的合计），这也与储量价值，石油公司披露的探明储量产生的经贴现未来现金净流量的标准化度量金额相一致。我国三大石油公司相关研究变量的描述性统计结果见表 5 –30、表 5 –31 和表 5 –32。

表 5 –30　　　　　　中石化公司储量信息相关性研究变量指标统计

变量	PT（港元/股）	RN（百万桶）	RV（百万元）	OGA（百万元）	BVPS（元/股）	EPS（元/股）
平均数	5.98	3 060	328 280	161 844	3.54	0.52
标准差	1.89	216	133 810	118 792	1.45	0.23
MAX	8.72	3 320	515 166	519 412	5.88	0.84
MIN	3.15	2 801	118 753	62 443	1.7	0.19

表 5 –31　　　　　　中石油公司储量信息相关性研究变量指标统计

变量	PT（港元/股）	RN（百万桶）	RV（百万元）	OGA（百万元）	BVPS（元/股）	EPS（元/股）
平均数	7.03	11 268	1 177 738	428 722	3.82	0.61
标准差	3.69	286	444 082	228 421	1.58	0.19

190 | 我国石油天然气会计研究

续表

变量	PT （港元/股）	RN （百万桶）	RV （百万元）	OGA （百万元）	BVPS （元/股）	EPS （元/股）
MAX	11.28	11 706	1 822 070	801 083	6.19	0.81
MIN	1.62	10 820	405 999	119 856	1.67	0.27

表 5-32　　　　　中海油公司储量信息相关性研究变量指标统计

变量	PT （港元/股）	RN （百万桶）	RV （百万元）	OGA （百万元）	BVPS （元/股）	EPS （元/股）
平均数	12.41	1 635	213 205	138 993	4.32	1.01
标准差	10.27	283	109 011	111 377	1.91	0.36
MAX	34.34	2 290	379 504	416 097	7.65	1.57
MIN	1.55	1 279	51 082	21 838	1.38	0.39

5.2.3　三大石油公司储量信息关联度计算及分析

由于我国三大石油公司经营规模、主营业务不完全相同，其储量信息中的储量数量、储量价值及油气资产账面价值的差异比较大，因此，下面分别对我国三大石油公司储量信息关联度进行计算和分析。

1. 中石化公司行为特征序列取值

令样本指标 P 为 X_0，RN、RV、OGA、$BVPS$ 和 EPS 分别为 X_1、X_2、X_3、X_4、X_5，这里以中石化公司为例，计算系统各指标与 P 的关联度。于是中石化公司样本的 P（X_0）和 X_1、X_2、X_3、X_4、X_5 的系统行为特征序列的值为：

X_{10} = (3.45,3.15,3.8,5.03,4.18,6.46,8.72,7.86,6.22,6.19,7.8, 6.91,8.02)

X_{11} = (3 215,3 320,3 257,3 267,3 294,3 293,3 024,2 961,2 820,2 801, 2 848,2 843,2 841)

X_{12} = (118 753,176 839,187 302,249 679,358 046,283 461,421 003, 241 639,304 187,403 926,496 239,515 166,511 401)

$X_{13} = (62\,443,\ 71\,299,\ 81\,052,\ 88\,421,\ 98\,563,\ 116\,311,\ 140\,316,\ 149\,287,$
$519\,412,\ 192\,530,\ 208\,466,\ 175\,463,\ 200\,412)$

$X_{14} = (1.70,\ 1.78,\ 1.94,\ 2.23,\ 2.58,\ 3.03,\ 3.55,\ 3.79,\ 4.33,\ 4.83,$
$5.45,\ 5.88,\ 4.88)$

$X_{15} = (0.19,\ 0.19,\ 0.25,\ 0.42,\ 0.47,\ 0.62,\ 0.65,\ 0.34,\ 0.71,\ 0.83,$
$0.84,\ 0.74,\ 0.57)$

2. 中石化公司灰色关联度计算及优势分析

（1）计算绝对关联度。绝对关联度表征中石化公司样本 2001～2013 年香港股价序列 X_0，与相关指标序列 X_i 变化趋势相似程度。绝对关联度越大，说明 X_0 与 X_i 的变化越接近。

令 $X_i^0 = (x_i^0(1),\ x_i^0(2),\ \cdots,\ x_i^0(13)) = [\ x_i(1) - x_i(1),\ x_i(2) - x_i(1),\ \cdots,\ x_i(13) - x_i(1)\ ]$，其中 $i = 0,\ 1,\ 2,\ 3,\ 4,\ 5$

$$|s_i| = \left| \sum_{k=2}^{12} x_i^0(k) + \frac{1}{2} x_i^0(13) \right|，\ 其中\ i = 0,\ 1,\ 2,\ 3,\ 4,\ 5$$

$$|s_i - s_0| = \left| \sum_{k=2}^{12} (x_i^0(k) - x_0^0(k)) + \frac{1}{2}(x_i^0(13) - x_0^0(13)) \right|，\ 其中\ i = 1,\ 2,\ 3,\ 4,\ 5$$

则绝对关联度系数 $\varepsilon_{0i} = \dfrac{1 + |s_0| + |s_i|}{1 + |s_0| + |s_i| + |s_i - s_0|}$

其中 $i = 1,\ 2,\ 3,\ 4,\ 5$

利用行为特征序列数据与以上公式计算出 $P(X_0)$ 与 $RN(X_1)$、$RV(X_2)$、$OGA(X_3)$、$BVPS(X_4)$ 和 $EPS(X_5)$ 的绝对关联度系数为：

$\varepsilon = (\varepsilon_{01},\ \varepsilon_{02},\ \varepsilon_{03},\ \varepsilon_{04},\ \varepsilon_{05}) = (0.500135,\ 0.500006,\ 0.500054,\ 0.532338,\ 0.525839)$

从绝对关联度计算结果来看，中石化公司香港股价 $P(X_0)$ 与各相关指标的变化趋势相似程度有所不同；其中 $P(X_0)$ 与 $RV(X_2)$ 的关联程度最低，并呈中低等关联度；而与 $BVPS(X_4)$ 的关联程度最高，但是关联程度也呈现中等关联状态；与 $RN(X_1)$ 和 $OGA(X_3)$ 的关联程度与 $RV(\dot{X}_2)$ 相近，但较 $BVPS(X_4)$ 和 $EPS(X_5)$ 低。

（2）计算相对关联度。相对关联度表征中石化公司样本 2001～2013

年香港股价序列 X_0，与各序列 X_i 相对于始点的变化率之间的关系，相对关联度越大，说明 X_0 与 X_i 的变化速率越接近。

先对 $X_i(i=0,1,2,3,4,5)$ 求初始值像。

$$X_i' = (X_i'(1), X_i'(2), \cdots, X_i'(13)) = \left(\frac{x_i(1)}{x_i(1)}, \frac{x_i(2)}{x_i(1)}, \cdots, \frac{x_i(13)}{x_i(1)} \right),$$

其中 $i=0,1,2,3,4,5$

诸 X_i' 的始点零化像为：

$$X_i'^0 = (X_i'^0(1), X_i'^0(2), \cdots, X_i'^0(13))$$
$$= (X_i'(1) - X_i'(1), X_i'(2) - X_i'(1), \cdots, X_i'(13) - X_i'(1))$$

其中 $i=0,1,2,3,4,5$

$$|s_i'| = \left| \sum_{k=2}^{12} x_i'^0(k) + \frac{1}{2} x_i'^0(13) \right|, \quad 其中 i=0,1,2,3,4,5$$

$$|s_i' - s_0'| = \left| \sum_{k=2}^{12} (x_i'^0(k) - x_0'^0(k)) + \frac{1}{2}(x_i'^0(13) - x_0'^0(13)) \right|$$

其中 $i=1,2,3,4,5$

则相对关联度系数 $\gamma_{0i} = \dfrac{1 + |s_0'| + |s_i'|}{1 + |s_0'| + |s_i'| + |s_i' - s_0'|}$

其中 $i=1,2,3,4,5$

利用行为特征序列数据与以上公式计算出 $P(X_0)$ 与 $RN(X_1)$、$RV(X_2)$、$OGA(X_3)$、$BVPS(X_4)$ 和 $EPS(X_5)$ 的相对关联度系数为：

$\gamma = (\gamma_{01}, \gamma_{02}, \gamma_{03}, \gamma_{04}, \gamma_{05}) = (0.52512, 0.71542, 0.77137, 0.57411, 0.83787)$

从相对关联度系数计算的结果看，中石化公司香港股价 $EVAR(X_0)$ 与各相关指标的变化趋势相似程度有所不同；其中 $P(X_0)$ 与 $RN(X_1)$ 的关联程度最低，并呈中低等关联度；而与 $EPS(X_5)$ 的关联程度最高，并且关联程度较高；$P(X_0)$ 与 $BVPS(X_4)$ 的关联程度略高于与 $RN(X_1)$ 的关联程度，也属于中等偏低关联度，而与 $RV(X_2)$、$OGA(X_3)$ 则基本呈现中等关联程度。

（3）计算综合关联度。综合关联度结合了绝对关联度和相对关联度的特征，综合反映中石化公司样本 2001~2013 年香港股价序列 X_0，与各相关指标序列 X_i 关系，关联度系数越高，说明 $P(X_0)$ 与各相关指的关联度越高。

取 $\theta = 0.5$，$\rho_{0i} = \theta\varepsilon_{0i} + (1-\theta)\gamma_{0i}$，于是有综合相关系数：

$$\rho = (\rho_{01}, \rho_{02}, \rho_{03}, \rho_{04}, \rho_{05})$$
$$= (0.512627, 0.607715, 0.635714, 0.553226, 0.681853)$$

从综合关联度计算的结果看，中石化公司 2001～2013 年香港股价序列 $P(X_0)$ 与各相关指标的变化趋势相似程度有所不同，其中与 $RN(X_1)$ 的关联程度最低，呈较低的关联度；与 EPS（X_5）的关联程度最高，其次是 $OGA(X_3)$；与其他指标关联程度基本呈现中等偏低程度。

（4）优势分析。从以上计算结果可以看出：

$$\rho_{05} > \rho_{03} > \rho_{02} > \rho_{04} > \rho_{01}$$

于是有：$\rho_{05} > \rho_{03} > \rho_{02} > \rho_{04} > \rho_{01}$

即影响中石化公司香港股价的有关指标中，影响程度从大到小依次是每股收益 EPS，油气资产账面价值 OGA，储量价值 RV，每股账面净资产 $BVPS$，最后是储量数量 RN。

3. 中石油公司和中海油公司灰色关联度计算及优势分析

与上述方法相同，可以计算中石油公司和中海油公司的灰色关联度如下：

（1）中石油公司的灰色关联度及分析。中石油公司基于灰色关联度的计算结果如下：

灰色相对关联度：

$$\varepsilon = (\varepsilon_{01}, \varepsilon_{02}, \varepsilon_{03}, \varepsilon_{04}, \varepsilon_{05})$$
$$= (0.512979, 0.790422, 0.796103, 0.590048, 0.684268)$$

灰色绝对关联度：

$$\gamma = (\gamma_{01}, \gamma_{02}, \gamma_{03}, \gamma_{04}, \gamma_{05})$$
$$= (0.500006, 0.500004, 0.500013, 0.5809, 0.535615)$$

综合关联度：

$$\rho = (\rho_{01}, \rho_{02}, \rho_{03}, \rho_{04}, \rho_{05})$$
$$= (0.5064925, 0.6452129, 0.6480581, 0.5854742, 0.6099414)$$

从以上中石油公司综合关联度的计算结果可以看出，

$$\rho_{03} > \rho_{02} > \rho_{05} > \rho_{04} > \rho_{01}$$

于是有：$\rho_{03} > \rho_{02} > \rho_{05} > \rho_{04} > \rho_{01}$

即影响中石油公司香港股价的有关指标中，影响程度从大到小依次是油气资产账面价值 OGA，储量价值 RV，每股收益 EPS，每股账面净资产 $BVPS$，最后是储量数量 RN。

（2）中海油公司的灰色关联度及分析。中海油公司基于灰色关联度的计算结果如下：

灰色相对关联度：

$\varepsilon = (\varepsilon_{01}, \varepsilon_{02}, \varepsilon_{03}, \varepsilon_{04}, \varepsilon_{05})$

$= (0.505327, 0.65645, 0.684724, 0.505041, 0.505059)$

灰色绝对关联度：

$\gamma = (\gamma_{01}, \gamma_{02}, \gamma_{03}, \gamma_{04}, \gamma_{05}, \gamma_{06})$

$= (0.50007, 0.50005, 0.500094, 0.502775, 0.503403)$

综合关联度：

$\rho = (\rho_{01}, \rho_{02}, \rho_{03}, \rho_{04}, \rho_{05})$

$= (0.5026986, 0.5782503, 0.5924088, 0.5039081, 0.5042314)$

从以上综合关联度的计算结果可以看出，

$$\rho_{03} > \rho_{02} > \rho_{05} > \rho_{04} > \rho_{01}$$

于是有：$\rho_{03} > \rho_{02} > \rho_{05} > \rho_{04} > \rho_{01}$

在影响中海油公司香港股价的有关指标中，按影响程度从大到小依次是油气资产账面价值 OGA，储量价值 RV，每股收益 EPS，每股账面净资产 $BVPS$，最后是储量数量 RN。

5.2.4 研究结论及局限性

1. 三大石油公司储量信息关联度综合分析

通过分别对我国三大石油公司储量信息关联度计算结果顺序可以看出，影响石油公司估值的因素主要有每股收益和油气资产账面价值，储量价值 RV 股价的影响一般，而储量数量在三个公司中都是排列在最后，说明油气储量数量可能并没有提供额外的投资决策有用信息。并且相关程度也比较低。具体见表 5 - 33。

表 5 - 33 我国三大石油公司储量信息关联度计算结果

按影响程度从大到小排序	1	2	3	4	5
中石化公司	每股收益 EPS	油气资产账面价值 OGA	储量价值 RV	每股账面净资产 BVPS	储量数量 RN
	0.681853	0.635714	0.607715	0.553226	0.512627
中石油公司	油气资产账面价值 OGA	储量价值 RV	每股收益 EPS	每股账面净资产 BVPS	储量数量 RN
	0.6480581	0.6452129	0.6099414	0.5854742	0.5064925
中海油公司	油气资产账面价值 OGA	储量价值 RV	每股收益 EPS	每股账面净资产 BVPS	储量数量 RN
	0.5924088	0.5782503	0.5042314	0.5039081	0.5026986

2. 研究结论

本节通过对我国三大石油公司储量信息灰色关联度计算结果及其分析可以得出以下结论：

（1）储量数量和储量价值在一定程度上与年报披露后的股价存在关联度，但是储量数量的关联度相对较低，储量价值的关联度略高于储量数量。

（2）储量数量信息并没有提供更多的投资决策有用信息。相对地，油气资产账面价值和每股收益与年报披露后的股价之间的关联度更高，提供了更多的有利于投资决策的信息。

3. 研究局限性

关于我国三大石油公司储量信息相关性的研究，作者是以年报公布当日香港的股票价格为依据进行的研究，这里也可能有偶然因素的影响，也可能存在这个那个影响资本市场变化的系统性因素，自 2014

年以来油价长期下行的因素也没有加以考虑。因此，这里的研究结论还有待其他方法的印证。

5.3　我国石油公司油气会计信息披露评价与完善途径

5.3.1　我国油气资产会计信息揭示要求的评价

1. 我国油气资产信息揭示兼顾相关性和可靠性

会计信息的可靠性是其首要的或位居第一的信息质量特征，会计信息如果不具备可靠性，它也就失去了其自身存在的意义。同时，会计信息的相关性作为会计信息的质量特征是必须加以考虑的，会计信息必须提供于决策者有用的信息。从以上对于油气资产信息揭示的研究可以看出，我国 2006 CAS NO. 27《石油天然气开采》中规定的关于油气资产会计采用历史成本进行计量，在油气资产信息中要求揭示国内和国外的油气储量数据；油气矿区权益的取得、勘探和开发各项支出以及油气资产的账面原值、累计折耗和减值准备等信息，这些揭示要求兼顾了相关性和可靠性等要求，能够满足投资者、债权人、政府有关机构等信息使用者的要求。

2. 我国石油公司都按照我国准则要求披露了资产弃置义务相关信息

我国石油公司都对与环境会计信息有关的资产弃置义务相关信息进行了充分地披露，包括油气资产中的油气资产弃置义务的形成，由此影响的油气资产计提的折耗，产生的油气弃置义务负债（预计负债），以及对利息费用的影响。反映了我国国家及石油公司对于环境的重视和维护义务的履行。

3. 我国油气生产经营活动信息披露实务信息大量详细

我国油气会计准则中关于生产经营活动信息披露内容部分，虽然没有油气储量价值信息披露的要求，但是却要求披露储量数量这一具有争议的内容，远超出了国际财务报告准则的要求。而从前面对于我国三大石油公司油气生产经营活动信息披露的实务看，我国石油公司披露的信息量大且详细，尤其是表外附注信息，不但包括储量资料、经营业绩、资本化成本、勘探及开发支出、探明油气储量未来现金流量的标准化度量和贴现净现金流量标准化度量的变化；而且包括按地理区域和位置披露的储量、产量、勘探井和开发井信息等内容，以及单位产品的销售价格和生产成本，近期、当期及未来的勘探和采矿许可证费用支出，对外投资拥有探明储量，非常规油气储量信息，等等。中石化公司还披露了油气生产的井数以及较为详细的开发面积；中海油公司披露了油气储量寿命及储量替代情况，这些信息不但远远超出了我国石油天然其开采准则的要求，而其更超出了国际财务报告准则中关于油气会计信息揭示的要求。这样无疑增加了我国石油公司的信息披露成本，并且，对我国资源信息安全也非常不利。

4. 我国会计准则要求披露的油气储量信息的审计实施存在问题

从前面的分析讨论中可以看出，我国2006年CAS NO. 27《石油天然气开采》中要求披露石油公司拥有国内和国外的油气储量年初、年末数据，但是石油天然气储量的计算和审核需要非常专业的技术人员实施和完成，注册师是难以胜任这一工作的。我国三大石油公司在执行披露油气储量信息这一要求时，远比我国会计准则要求披露的信息更为详细，但是都没有包含在注册会计师审计的财务报告部分，而是按照美国的SEC和FASB油气信息披露的要求对油气储量信息及其估算的机构、负责人、一般人员及运作情况做出了说明。我国该部分要求审计也需要研究和给出相应准则解释。

5. 油气储量信息披露揭示程度尚需研究

从前面我国油气储量信息揭示的相关性研究可以看出，我国三大石油公司提供的油气储量信息并没有提供更多的额外投资决策有用信息，虽然研究有局限性，但是得出的结论也是值得参考的。由此，对于油气储量信息仍需继续研究。

5.3.2 我国油气储量资产计量与披露改善之途径

1. 加强油气会计信息披露的国际协调研究

美国 FASB 油气准则的制定经历了数十年，其间颁布的准则中的部分内容随着研究的深入，被随后的准则所替代，形成了目前的石油天然气会计准则体系。另外，鉴于国际财务报告准则不仅是考虑油气行业，而且考虑整个采掘业，还是考虑到各个国家的差异制定的。而我国油气会计准则的制定中，更多的是借鉴美国的准则，虽然也有考虑我国已有的会计实务和环境的影响，但是与我国自己的社会政治经济环境的适应程度如何，仍然是需要研究的问题。因此必须对我国国情下的石油天然气会计理论进行研究，并考虑与国际会计准则的协调，才能完善我国油气资产信息揭示的规定，才能更好地保证准则的逻辑性、准确性、完整性和适用性，并体现我国特色。

我国三大石油公司都在海外上市，形成的按照美国财务会计准则和 SEC 要求披露的大量详细油气生产活动信息，揭示内容对我国石油信息安全的影响如何，也是需要通过研究加以解决的问题。

目前关于我国油气会计信息揭示的研究只有为数不多的一些相关理论研究，而关于我国油气会计信息揭示的实证研究受制于数据数量的限制所见极少。包括油气储量的相关性问题、关于油气储量分区域揭示问题、油气价格变化对储量变化的影响等方面的研究，在我国已公开发表和出版的刊物中研究非常少见。因此，需要我国学者在油气资产信息披露方面的研究，尤其是实证研究方面要有所加强，为油气会计准则的完善提供依据。

2. 加强油气储量资产公允价值理论研究

虽然公允价值计量属性在我国已有的会计准则中得到了广泛的应用，并且公布了 CAS NO. 39《公允价值计量》，但是目前我国在公允价值的应用中还是出于谨慎性，对其中的可获得性做了比较严格的要求，以防止滥用公允价值，操纵利润等现象的出现。目前国际会计准则理事会关于油气资产公允价值计量仍在探讨中，我国需要对油气储量资产的公允价值计量与披露进行有针对性的深入研究。从公允价值计量准则中的概念、计量方法、确定依据和披露内容及方式等方面出发，兼顾现实性与前瞻性，研究油气资产的公允价值计量问题，也为我国油气资产矿权交易中的资产评估提供依据。

此外，收集和分析石油上市公司披露公允价值计量对财务报表造成影响的关键因素，如油气储量资产公司价值计量方法选择的理由、资料收集、对本期收益的影响、不确定性原因披露及重大调整事项等，对我国油气资产公允价值信息披露的讨论提供实证依据。

3. 加强对于非常规油气储量等会计信息的估算方面的研究

近年国际非常规油气开采活动日益活跃，并对油气价格及油气生产活动产生了巨大影响，我国中石化公司和中海油公司也开展了大量的非常规油气生产活动，中石油公司对此也处于积极地考察和研究中。对此项活动我国会计准则及油气储量估算中尚没有形成规范，这对我国石油公司开展非常规油气生产极为不利。因此，还应加强对于非常规油气储量及相关会计问题的研究，以推动我国非常规油气开采活动的开展。

4. 增加油气勘探开发和生产活动中的基本名词解释

石油天然气会计准则在对油气矿区权益的取得、勘探、开发、生产、废置处理和信息披露提出要求的同时，还应当对基本名词加以诠释，以增加报表读者对于会计信息的可理解性。否则由于对基本概念的界定和对会计基本原则的把握为基础，不同的概念基础或对基本原则不同角度的理解会导致不同的结果。油气勘探、开发和生产过程中还有很多专业名词，如探明矿区、探明储量、探明未开发储量、探明已开发储量、油藏、开发井、勘探井、服务井、参数井、勘探参数井和开发参数井等，对它们的理解和运用不但影响油气资产的确认和计量，也将直接影响对油气会计信息的揭示。因此，准则需要对石油天然气勘探、开发和生产的有关概念的定义及其构成内容进行严格的界定。这不仅便于实务操作，也便于信息使用者的阅读和理解。

总而言之，油气储量资产计量及油气生产活动会计信息披露作为一个庞大复杂的系统工程，需要在充分考虑各种变量和不确定因素的基础上，科学合理的设计改革方案，稳步推进改革和发展。

本章参考文献

［1］杨惠贤，陈莹昭. 我国油气储量信息披露探索［J］. 商业会计，2012（2）：11－13.

［2］赵选民. 石油上市公司会计政策研究［M］. 北京：中国社会科学出版社，2009：35－45.

［3］赵选民，杨惠贤. 油气储量资产信息披露问题探讨［J］. 财会月刊，2010（9）：77－79.

［4］李晚金，龚光明. 英国石油天然气会计规范：评价与启示［J］. 当代经济管理，2005（4）：102－106.

［5］吴杰. 采掘行业会计准则制定的国际比较及对我国的启示——基于对 AASB6 与 IFRS6 的趋同分析［J］. 中国石油大学学报（社会科学版），2006（4）：10－14.

［6］FASB. Statement of Financial Accounting Standards No. 157［S］. Fair Value Measurements，2006.

［7］IASB. Identifying the unit of account for the fair value measurement of reserves and resources［S］. 2006.

［8］李宏，黄宇东. 浅谈会计信息的相关性与可靠性［J］. 对外经贸财会，2003（4）：6－8.

［9］Bell, Sati P. Market Reactions to Earnings Announcements of Successful Efforts and Full cost Firms in the Oil and Gas Industry［J］. The Accounting Review，1993（4）：657－674.

［10］Joseph E. Connor Reserve Recognition Accounting：Factor Fiction［J］. The Journal of Accountancy. September 1979（7）：78－79.

［11］杨惠贤，陈莹昭. 油气储量资产与油气资产辨析及其价值计量研究［J］. 西安石油大学学报（社会科学版），2012（1）：5－9.

［12］林金高，龚光明. 石油天然气财务会计的三大难题［J］. 会计研究，2000（12）：26－30.

［13］任煜. 2004—2008 年我国银行股票价格与会计信息的价值相关性研究［J］. 金卡工程，2009（3）：158－159.

［14］李海峰. 中国上市公司质量及价值分析（1994～2010）：基于剩余收益定价模型的视角［J］. 西华大学学报（哲学社会科学版），2012（5）：81－89.

［15］耿建新，白莹，张驰. 股票价格低于每股净资产的影响因素分析：来自中国A股上市公司的经验证据［J］. 会计与经济研究，2013（1）：64－71.

［16］张伦友. 国内外油气储量的概念对比与剖析［J］. 天然气工业，2005（2）：186－189，197－222.

［17］刘思峰，党耀国，方志耕. 灰色统理论及其应用（第三版）［M］. 北京：科学出版社，2005：50－83.

［18］蒋义宏，陈高才. 会计信息相关性研究——来自年报的证据［J］. 当代财经，2006（4）：113－116，122.

［19］杨惠贤，金玉琳. 我国三大油气公司会计信息披露现状及改进建议［J］. 财会月刊，2010（27）：77－79.

［20］Clinch, Greg, Joseph Magliolo. Market Perceptions of Reserve Disclosures under SFAS No. 69［J］. The Accounting Review, 1992, 67（4）：843－861.

［21］Alciatore, Mini L. New Evidence on SFAS No. 69 and the Components of the Change in Reserve Value［J］. The Accounting Review, 1993, 68（3）：639－656.

第6章

我国油气
资产价值评估研究

　　油气资产及其价值对石油天然气企业发展起着决定性作用，随着近年来我国市场经济的发展，国际石油合作以及油气并购业务的增加，油气资产价值评估近年来被关注程度日益提高。因此，讨论油气资产价值评估，对油气资产市场化管理、国际合作和国际并购都有着重要意义。

6.1 我国油气资产价值评估的意义

6.1.1 油气资源管理与油气矿权价值评估

自 20 世纪 70 年代以后，世界各国矿产资源储量的管理都纳入了正轨。在储量管理过程中，资源国政府的矿政管理部门、金融市场管理部门、行会组织和中介机构各负其责，相互配合，矿政与金融管理部门均要求矿业公司提交储量报告，但其中只有后者对储量进行审查，同时，并行两种资源和储量分类方案，但以行会组织的规范和指南为通用。政府不断地调整和完善地质资料、报告和信息汇交管理制度。股票交易所和证券委员会制定了矿业公司和勘查公司的信息报告制度。这套制度规范了评估人员所提交的报告，对评估人员的资格或经验都有所要求，在技术上也有相应规定。

各国油气资源管理制度对矿权评估产生了深远的影响。事实上，许多评估完全可以仅根据公开文档系统的信息进行。当然，虽然发展了许多年，油气矿权管理制度本身仍然有一定的缺陷，如近年所发生的震惊国际矿业界的布桑丑闻[1]就暴露了印度尼西亚政府在地质资料信息管理和加拿大证券市场对储量估算矿权评估方面的制度缺陷，使得像 Bre-X 公司这样的不法公司有空子可钻。因此，可以认为，矿权制度还需政府、企业和市场三方面的通力合作，加强监控，不断完善，使矿权市场在一个有序的环境下得以培育和发展。

6.1.2 油气矿权交易中矿权评估与权益利益保护

矿产资源一般属国家所有。矿权是从矿产资源所有权中派生出来的一种他物权或财产权，国家矿政管理部门将矿业权有偿、有条件地出让给矿权人（可以是自然人，也可以是法人），由这些矿权人在遵守矿业法及相

---

① 刘益康. 勘查造假：一枚未引爆的炸弹 [N]. 中国矿业报，2009 – 8 – 25.

关法律法规的前提下，勘查开采国家所有的矿产资源。矿权的出让市场即矿权一级市场由国家控制。一般情况下，不同国家均根据其自己不同的国情、矿产资源供求的形势和经济、社会的发展阶段，采用不同的出让方式、出让原则及出让条件。同一出让方式，不同国家也可能赋予其不同的内容，这是由矿权的财产属性及矿产资源这种特殊的耗竭性资源的特点所决定的。在各国矿权管理的初期，最主要的矿权出让方式通常执行申请者孰先原则，只要符合矿业法对申请人资质条件的要求，矿政管理部门就可以将矿权授予最早提出申请的人。进入 20 世纪 60 年代，一些国家采取招标等市场机制出让矿权。目前，国家出让矿权的主要方式主要是协议、委托、招标和拍卖等方式。若按照申请者孰先原则授予矿权时无须评估（在我国，这种情况将会越来越少，因为公益性的地质勘查基本上都由国家出资完成），但在国家通过招标、拍卖方式将某些矿权授予给矿权人时，需要由政府矿政机构组织评估，由国家组织有关人员评估出一个标底。在这种情况下，没有评估，矿权的授予就难以进行下去。如美国的可租让矿产，分为竞争租地和非竞争租地两类，但基于在通过非竞争性招标授予矿权的过程中，国家通常会遭受较大的损失。1976 年美国煤炭租借补充法规定，煤炭的矿权只能通过竞争性招标的方式出让。1987 年美国海上石油租借修正案规定，只有在竞争性招标失败的情况下才能使用非竞争性招标方式。其他许多国家也是如此，特别是针对海上油气及一些前景比较明朗的矿产资产。

允许矿权在市场上依法流转，保护了权利人的利益，鼓励了矿权人积极地从事高风险的矿产资产勘查开发活动（在相当多的情况下，矿床最后的开发人均不是最初的发现人。据西方一位矿业经济专家的估计，在市场经济国家，由原发现人独自开发其所发现矿床的，仅占 15% ~ 25%），使矿权人在由于种种原因无法自己将矿产资源勘查开发进行下去的情况下仍可以获得相应的收益。因此，一方面权利人的积极性得以发挥；另一方面国家可充分利用市场实现矿产资源的优化配置，因此有条件地允许矿权在市场上流转是矿业实践的客观要求。

矿权在市场发生转让的原因是多种多样的，但转让时是需要评估的，否则矿权转让方和受让方的谈判就很难进行下去或有时根本进行不下去。

当然，在多数情况下，评估并不是强制性的或并不是法定的或必须的。若是正常商业关系的交易，则可通过双方谈判确定矿权价值，不一定要聘请中介机构进行评估，若为了加快谈判过程而进行的评估，对评估结果，矿权管理机构一般不需要予以认定。但在有些情况下，若管理机构认为评估结果不合理地低，或者说管理机构认定或怀疑评估结果有问题或矿权转让双方之间的交易有"问题"，为避免国有资产的流失或出于征收转让税的考虑，管理机构可以要求重新评估矿权的价值，必要时由管理机构指定评估机构评估，评估费用由矿权转让双方或指定某一方支付。然而，在矿权价值中若有国家权益时，评估是必须的，另外，当矿权在关联合同或母子公司之间转让时，为了保护其他股东的权益，也必须进行评估，这是法律的强制要求，也是转让的必要条件之一。

6.1.3　企业融资中的矿权评估与投资者利益保护

1. 债权融资中资产评估及投资者利益保护

矿业公司及勘查公司以采矿权或探矿权为担保向银行或其他金融机构或私人投资者贷款以举债融资时，应该对矿权的价值进行评估。债权人为了确定是否放贷以及放贷多少，也需要评估矿权的价值。离开了矿权价值评估，以矿权为抵押的借贷款就很难操作。当然，若债权人和债务人之间有长期的业务关系或其他类型的关系，并且对矿权地的价值形成了基本相同的信念，这又另当别论，此时不评估也可以。因此，在市场经济国家一般的矿权价值评估规范和章程中，以矿权为依托的公司公开募股和上市筹资时要求必须对矿权进行价值评估，而对于举债融资、矿权价值评估并不是强制性的。但是，在绝大多数情况下，均进行了评估，否则，贷款的过程将很难进行下去。

在贷款过程中，矿业公司与金融机构是需要相互分析的。金融机构将资金贷给公司必然要承担风险，为确保贷款如期收回，金融机构不仅在贷款前必须对矿业公司及其矿权地进行慎重的评估，在贷款后还有必要监督公司的运作。一般来说，金融机构主要从两方面评估矿业公司：一是公司偿还贷款的能力及其发展计划。近期国际矿业界广泛采用的贴现现金流评估方法及相关的灵敏性分析和风险分析，正是银行所发展起来的。二是，公司也需要分析金融机构，最好是银行能将公司看作是合作伙伴而非一般的"客户"关系。对矿权价值的严格评估，以此为基础确定是否放贷以及放多少贷，受押人一般按自己所聘请的评估人所评估出的矿权价值的80%左右受押。抵押人为了做到心中有数，往往也需聘请评估人评估。当然，抵押人和受押人在对同一个矿权进行评估时，其所采用的评估方法、基本参数的假设也可能大相径庭。

2. 股权融资中资产评估及投资者利益保护

通过 IPO 筹资是矿业公司及勘查公司利用资本市场筹集资金的重要手段之一。IPO 是指首次公开募股，即公司第一次将股票以公开的方式出售给投资公众。IPO 在公司的发展过程中是一个重要的里程碑，将彻底改变公司的经营文化，公司必须进行全面整合工作，因此也是一项具有挑战性的融资选择。作为一种有效的筹资方式，IPO 对所有市场经济国家的企业发展均起到了至关重要的作用，发展中国家的一些成长迅速的矿业公司也开始着手于考虑 IPO 和上市，其意义不仅仅在于筹集了公司发展所必需的资金，而且还在于借此进行公司的根本性变革。

公司 IPO 和上市融资，一般需满足许多条件，如最低发行总金额、最低发行股票数量、最低发行价格、最少股东数量、公司连续若干年的盈利等。显然，其中有些条件，特别是连续若干年盈利这个条件是大多数矿产勘查或采矿公司所无法满足的。因此，世界上大多数证券市场在公司公开募股和上市要求中均对一般商业性公司与矿产勘查公司和采矿公司的 IPO 和上市加以区别对待，关键是对勘查公司与矿业公司不要求连续盈利的条件，但是，附加了其他要求。如对于勘查公司的 IPO 和上市要求为：（1）必须有若干个政府明确授予的探矿权；（2）在这些探矿权中，有的需要有明确的前景；（3）公司的净资产中，探矿权的价值（可以包括未来的勘查承诺）应占较大比例；（4）公司的全部流动资金中，较大一部分应该用于购买勘查矿权地；（5）经评估，公司的勘查计划或提议的勘查支出对于达到预期的勘查目标而言是合理的；（6）在过去几年中，公司已经投入了足够的勘查支出，并且这些支出是合理的，等等。对于以上这些要求，必须由独立的评估人的矿权价值评估报告来证明，方可允许勘查公司 IPO 和上市。评估中最关键的是，证明探矿权人（拟发股票和上市的勘查公司）依托于探矿权的"卖主出价"的证券价格是公平合理的，没有探矿权价值评估，勘查公司就无法 IPO 和上市。

而对于采矿公司的 IPO 和上市要求为：（1）采矿权的价值，应该在公司净资产及公司未来市场价值中占较大的比例；（2）公司采矿权的矿权地所赋存的探明储量及战略储量，经用贴现现金流等方法评估，可供维持若干年的生产经营。为此，也需由独立评估人的矿权价值评估报告来证明。证券市场管理机构只认可评估报告的结果。评估的关键仍然是证明采矿权人依托于采矿权的"卖主出价"的证券价格是公平合理的。

总之，矿业公司、勘查公司以矿权为依托在 IPO 和上市时，必须对矿权的价值进行评估，这是公司法、股票发行和上市交易管理法规等的要求。股票发行和上市与交易，包括公开募股上市公司的招股说明书、信息备忘录或类似文件以及所有其他有可能影响公开募股上市矿业公司证券价格的公开报告中，均必须有关于矿权评估价值方面的说明。否则，公司无法公开募股上市。上市后的运行过程中，若有了重大发现或矿权的重要变更等，此时也需要对矿权的价值进行评估，若没有价值评估报告，或评估报告不充分或有疑问，上市公司就无法在证券市场继续挂牌上市交易。

6.1.4 石油公司发展战略与矿权评估

石油公司在发展过程中遇到许多决策问题，其中包括战略决策、经营决策和管理决策等几个不同的决策层面。其中有许多重要的决策问题，均需要油气矿权价值评估结果的支持。对石油公司来说，最关键的问题是配置好、利用好油气矿权资本市场、矿权市场及劳动力市场。

油气矿权评估贯穿于石油公司的主要决策之中，油气矿权人的筹资决策中，矿权价值评估结果是其决策的主要依据之一。矿权人的投资决策，更多地取决于价值评估结果，是否投资、投资于哪个矿权地、投资规模如何、预期收益及回收期如何，基本上取决于油气矿权评估。但评估参数的选用、方法的选择及评估结果的处理等问题可能会与其他用途的矿权评估不同。石油公司的勘查战略，也要依据价值评估结果，石油公司的购置战略也是如此。大型石油公司的发展战略之一是合并与收购其他油气资源矿权，一般情况下，他们会成立一个由技术专家、财务及法律顾问和管理人员组成的工作小组，这个工作小组相当于一个"猎头"，通过对油气矿权信息的收集、考察和评估，对目标油气矿权进行排序，最后决定是否购置以及购置顺序，这是为公司董事层决策服务的矿权价值评估。

此外，以油气矿权为纽带的公司间联合兼并、政府矿权政策的制定和调整等也需要进行资产评估。还要说明的是，不同目的油气矿权评估，权益相关者的要求也不同、评估的侧重点是不同的，当然，正是基于不同权益保护目的的不同，油气矿权评估的方法和理论才得以发展和完善。

6.2　矿权价值评估的历史与现状

6.2.1　西方国家矿权评估方法发展

在发达的西方市场经济国家，矿权价值评估是随着长期的矿业实践逐步发展起来的。从西方国家的实践看，矿权价值评估的基本原则在19世纪末20世纪初已大致确定下来，此后一直变化不大。评估一般分为两部分：一是对矿产资源进行技术可行性评估；二是确定矿权的货币价值，即矿权价值评估。

虽然评估的基本原则从20世纪初迄今变化不大，但矿权评估的方式方法，确定货币价值的机理和原则等，却发生了较大的变化。

探明储量矿权的价值评估，发展得较早也较快，相对也较成熟。这最早可追溯到1877年霍斯科尔德（H. D. Hoskold）所著的经典著作"工程师的评估助手"一文，即以贴现现金流为基础的双利率方法，针对的是含探明储量的矿产资产，其依据是计算年金的价值，这种年金相当于矿山生产的年利润，并可根据矿山企业的储量耗竭情况及其他因素进行调整。利用这种方法的关键是选择投资利率及无风险利率。在19世纪初，为了满足对评估日益增加的需求，人们还提出了一些简单的评估方法，如油气矿权可简单地以租地面积或油井的日产量为基础计算。

在 20 世纪 50 年代以前，评估主要采用的是 Hoskold 评估公式。但到了 20 世纪 50 年代后期，随着证券业中收益与风险及资本资产定价财务理论的建立，以及 60 年代中期资本资产定价模型的出现，Hoskold 公式丧失了其地位。当然，这些财务理论并未全部为矿业界所采用，但其对矿权价值评估的影响是深远的，特别是它为计算净现价值时所采用的资本成本提供了令人满意的理论基础。20 世纪 60 ~ 70 年代以计算机为基础的财务模型成为矿权评估最常见的方式，并借此可以更深地进入灵敏性分析。

20 世纪 80 年代以来，矿权评估工作开始较大规模地、有组织地开展起来。如澳大利亚采矿冶金协会专门成立了矿产资源和矿产证券价值评估委员会，并出台了矿产资源和矿产证券评估章程和指南；加拿大采矿冶金协会也根据银行的规定和股票交易所的要求发表了矿权价值评估指南和原则；南非矿山协会在总结过去评估实践的基础上提出了一些新的原则。在这一阶段，同时还提出了一些新的矿权价值评估方法，但主要是针对探矿权的，如加拿大基尔伯恩提出的地质工程法及其演化而来的由澳大利亚人改进的地学排序法、勘查费用倍数法和联合风险经营条款法等，这与矿产资源勘查活动的活跃度是相辅相成的。甚至可以认为，探矿权的评估方法主要是从 20 世纪 80 年代发展起来的，特别是地质工程法和选择权定价理论，这是因为，以前对探矿权阶段的矿产资产进行评估的客观要求并不多，由此其评估方法发展也比较缓慢。但随着矿产勘查经济的活跃，大量的勘查公司上市融资，大量的探矿权转让，大量的联合风险勘查协议和矿产勘查买卖选择权协议的签订，以及大量的公司间兼并、联合和分设等事件发生，由此对探矿权的客观要求，即评估需求增加，于是探矿权的评估方法也得到较大发展。

6.2.2 矿权评估理论和方法规范

矿权评估实践过程中所出现的一些问题要求加强对矿权评估理论和方法的研究和对评估过程的规范。1971 年墨尔本股票交易所（当时澳大利亚股票交易所尚未成立，6 个州的交易所分别运作）被迫聘请澳大利亚采矿冶金协会为其设计一套勘查及矿业公司上市的报告指南。因为当时有人在报告中竟然写道：（某矿产地）铜品位高达 20%，由于这种误导，以至于西方国家有些矿业经济专家称，20 世纪 80 年代初的矿业衰退，与矿业咨询员有关，咨询员们难辞其咎。这些评估师一直喊这块矿产地好、好、好，要开发、开发再开发，呼吁公众投资再投资，造成生产能力过剩，矿业衰退。另一个例子是澳大利亚昆士兰的 ReedBank 铜矿山，1971 年 Westmoreland 公司的董事长说赶快买股票吧，此矿产地蕴藏有大量的铜，但到现在该矿产地还未形成矿山。这方面的例子还很多，如 1964 年 Windfall 石油矿山公司的丑闻，70 年代西方国家的镍胶暴涨事件等，最近发生的布桑丑闻也可归于此类。未探明矿区矿权评估出现的偏差就更多了，如 1986 年 2 月澳大利亚北部地区 Todd 山地区将 4 个矿权申请及一些其他租地以 56 万澳元转让给了 Zapopan 公司，按当时一个独立评估师的观点，这是一个"公平合理的"价格，但在 1987 年初，Zapopan 公司与澳大利亚壳牌公司签订了一份协议，壳牌公司出 20 万澳元取得在 Todd 山租地 50% 的权益，相当于这一阶段该矿权价值为 40 万澳元，而一年之后，通过勘查圈定了 Batman 金矿床，1991 年 3 月 13 日向交易所初步报告的储量达 187 万盎司，也就是说其价值约 5 000 万~8 000 万澳元（净现值）。再如，1987 年 11 月，一名独立评估人对 Mount Peter 黄金公司的几处未探明矿区权估出了 115 万澳元的价值，但由于股市崩溃上市彻底失败。对以上矿权价值反映的问题及解决，促进了矿权价值评估理论和方法的发展，以及相关储量管理制度的规范。这些发展使得：（1）矿产资源储量的管理纳入了正轨。包括资源国政府矿政管理部门、投资管理部门、行会组织和中介机构各负其责，相互配合，矿政与投资管理部门均要求矿业公司提交储量报告。（2）股票交易所和证券委员会制定了矿业公司和勘查公司的信息报告制度。（3）政府调整和完善了地质资料、报告、信息汇交管理制度。

6.2.3　我国矿权评估的历史与研究现状

在发达的市场经济国家，矿权评估是一门古老而年轻的行业。在传统的矿业大国中，包括以英国为代表的欧洲国家、美国、加拿大、澳大利亚和南非等国家，矿权评估理论基础雄厚，发展得比较成熟，但从以上的分析中知，矿权评估理论与方法还存在一些问题有待完善。我国由于有较长一段时期处于计划经济体制之下，大多数矿业公司都属于国有企业，地质勘探成果也是由国家出资形成，往往是通过行政划拨方式，交由矿业公司无偿使用。因此，在 20 世纪 90 年代以前由于缺乏对矿权评估的需求，矿权评估理论与方法很少讨论或研究。

就我国矿业情况看，矿权评估与流转问题是 20 世纪 90 年代后期以来矿业界讨论的热点问题，与其相关的法律法规也逐步建立和完善。但是，就其技术性和可操作性而言，特别是矿权流转以后具体的市场运作，还存在诸多问题，其中包括矿权评估。我国的矿权评估是在市场巨大需求下展开的，是近年来我国矿业体制改革涉及的热点问题之一。虽然矿权评估并不是改革的直接对象，但在矿业由计划经济向市场经济转轨的过程中，许多重要环节的改革涉及矿权评估问题。

6.3　改进收益现值法模型及在我国油气资产价值评估中的应用

6.3.1　油气资产价值评估方法及评述

资产评估常用的方法有收益法、成本法和市场法，由于油气资源资产的特殊性，这些方法在油气资产的评估中并不能简单地运用。国内外的有关资产评估理论及实践中，以上述方法为基础已经形成一些评估方法。这里将对这些方法加以讨论。油气资源资产通常可以分为探明矿区和未探明矿区，因此，这里分别未探明矿区矿权评估的方法和探明矿区矿权评估的方法加以讨论。

1. 未探明矿区矿权价值评估方法

对于未探明矿区价值的评估，由于并不知道地下是否有油气储量，如果有油气储量的话，不知是否经济可采储量等，因而其并不适用未来现金流量估计法。同时又由于每个矿区的特殊性，也没有市场价格可以借鉴。因此，未探明矿区矿权评估方法还主要是一些定性的评估方法，其用途又不同于技术经济评价，矿权评估的关键是为委托人提供全面的决策信息和决策依据。常见的未探明矿区矿权评估方法如下：

（1）地质要素评序法。此方法是由加拿大证券委员会及多伦多股票交易所顾问 L. C 基尔伯恩 1990 年提出的，是在地质工程法基础上改进而成的。其基本原理是以基础购置成本为基数，以地质技术信息为标准，确定调整系数（价值因子），以基础购置成本乘以地质要素价值影响系数或价值因子来评估探矿权价值。

$$P = CR \cdot \alpha \qquad (6-1)$$

式中：

P——未探明矿区矿权评估值；

CR——基础购置成本；

α——各项价值影响系数的乘积。

评价价值影响系数（价值因子）的要素共有六项：成矿显示、异常显示、品位显示、成因显示、蕴藏规模显示和前景显示。根据各种显示的分级由专家确定其价值指数，然后将各项价值指标相乘后得到 α。

（2）重置成本法。利用资产评估的重置原理，在模拟现行技术条件下，按原勘探规范要求实施各种勘探手段，依据新的工业指标，将所投入的有效实物工作量，按新的价格和费用，重置与被评估矿产地的探矿权具有相同勘探效果的全新探矿权的全价，扣除技术性贬值，以得到探矿权的评估值。

$$
\begin{aligned}
P &= P_b(1 + \lambda)(1 - \xi) \\
&= \sum_{i=1}^{n} [U_{bi} P_{bi}](1 + \varepsilon)(1 + \lambda)(1 - \xi)
\end{aligned}
\qquad (6-2)
$$

式中：

P——未探明矿区矿权评估值；

P_b——未探明矿区资产重置全价；

U_{bi}——各类地质勘查实物工作量；

P_{bi}——相对应的各类地质勘查实物工作量的现行价格；

ε——其他地质工作、综合研究及编写报告、工地建筑等费用分摊系数；

λ——地勘风险系数；

ξ——技术性贬值系数；

i——第 i 项地质勘查实物工作；

n——地质勘查实物工作量项数。

（3）勘查支出倍数法。这一方法的基本原理和地质要素评价法类似，只是地质要素价值影响系数或价值因子变成了前景提高系数。所谓的前景提高系数，即该矿权项目的找矿前景，基础项是该未探明矿区矿权已经投入和已经承诺的勘查支出，称为相关和有效勘查支出。相关和有效勘查支出乘以这个系数，即探矿权评估价值。

$$P = CR \cdot \theta \qquad\qquad (6-3)$$

式中：

P——未探明矿区矿权评估值；

CR——相关和有效勘查支出；

θ——前景提高系数。

在我国，国务院第 240 号令《矿产资源勘查区块登记管理办法》第十二条规定"国家实行探矿权有偿取得的制度。探矿权使用费以勘查年度计算，逐年缴纳。"因此，基础购置成本费中包含两项内容，一是探矿权使用费；二是有效地质勘查支出。

$$CR = CRS + CRZ \qquad\qquad (6-4)$$

式中：

CRS——探矿权使用费；

CRZ——有效地质勘查支出。

前景提高系数一般为 0~5，小于 1 表示到目前的勘查工作没有提高矿地产的前景和潜力，而且矿权项目的潜力变小。

2. 探明矿区矿权价值评估方法

（1）丰度基价法。丰度基价法的基本原理是：油气资源不管投入多少劳动耗费，都不会改变资源的丰度，因此将油气不同丰度产生的差价所获得的不同超额收益，当作油气资产的真正收益。其计算公式为：

$$W_p = \frac{P_{dt}}{r}\Big[1 - \frac{1}{(1+r)^n}\Big] \qquad (6-5)$$

$$P_{dt} = \sum_{l=1}^{m} p_{dl}$$

$$P_{dl} = \Delta \bar{L} \cdot C_q \cdot Q_j$$

$$= \frac{1}{n}\sum_{i=1}^{n}\big[(P_{ji} - S_{gi} - S_{ki})\cdot(C_p - C_0)\cdot Q_j\big]$$

式中：

W_p——探明矿区矿权评估值；

P_{dt}——历年的油气资源矿权平均基价；

r——贴现率；

m——评估年限；

P_{dl}——第 l 年的资源资产基价；

$\Delta \bar{L}$——油气产品单位品位的平均收益增量；

P_j——该油气产品的销价；

S_g——该油气产品的开采成本；

S_k——该油气矿区的勘查成本；

C_q——扣除边界品位的油气产品品位；

C_p——油气产品品位；

C_0——油气产品边界品位；

Q_j——油气探明储量（经济储量）；

n——不同油气矿区的个数。

（2）勘探成本法。勘探成本法的基本模型认为：否认自然资源的价值是不现实的，而且，自然资源的价值仍然应该以马克思的劳动价值理论为依据。不仅人们探寻和认识自然资源的活动本身就是一种人类劳动，而且资源的再生和替代都需要劳动投入，这是自然资源的价值基础。对于石油资源的价值评估：以平均勘探成本和勘探业平均利润为基础，考虑石油储量单元或储层的自然禀赋条件引起的级差收益。建立起下述评估模型：

$$V = P_0 + \Delta P \qquad (6-6)$$

式中：

V——单位石油可采储量的价值；

P——单位石油可采储量的基本价格，由平均勘探成本和平均勘探业成本利润率水平决定，即：$P = C(1 + f)$。平均勘探成本 C 的计算公式如下：

$$C = \frac{\sum_{t=1}^{n} I_t (1 + r)^{n-1}}{\sum_{t=1}^{n} \Delta N \cdot R}$$

式中，在矿权评估时点之前 t 年的投资于勘探活动中的资金为 I_t，n 为勘探开始至矿权价值评估时的年数获得的新增地质储量为 ΔN，近几年来的平均物价上涨率为 r，平均采收率为 R。f 为平均成本利润率。

ΔP 为调整价格，集中反映了不同储量单元的级差收益水平。

$$\Delta P = (C_{max}^* - C_{min}^*) \frac{G_{max} - G}{G_{max} - G_{min}}$$

G 为某石油储量单元资源成本级差等级值，$G \geq 1$，G_{max} 和 G_{min} 分别为全国油田企业最劣和最优两个储量单元的成本级差等级值。C^* 为按照开采成本函数计算的某储量单元的拟合开采成本，即：$C^* = F(G)$，C_{max}^* 和 C_{min}^* 是分别按上式计算的最劣和最优储量单元的拟合开采成本。为了使研究更细致，应该通过回归分析方法来研究 C 与 G 的经验函数，从而确定拟合开采成本 C^* 作为计算储量价格的重要依据。

（3）贴现现金流量（DCF）模型。贴现现金流量（DCF）模型又称为收益现值法，其实质是期望作为评估对象的矿权在未来开发利用中获得超额收益，因为探明矿区矿权评估价值是超额收益中的一部分，所以在计算中应把这部分切割出来，为此，必须在未来总预期收益中扣除预测的开发投资应获收益，然后计算全部评估期内的各年资源净收益，并贴现成现值。基于上述原理，评定探明矿区矿权的价值的方法比较多：

第一，基本贴现收益模型：

$$P = \sum_{t=1}^{n} (C_I - C_o)_t (1 + i_c)^{-t} - I \tag{6-7}$$

式中：

P——探明矿区价值；

C_I——现金流入量；

C_0——现金流出量；

$(C_I - C_0)_t$——第 t 年的净现金流量；

n——计算期（$t = 1, 2, 3, \cdots, n$）；

i_c——基准收益率或设定的收益率

I——为油气资源开发建设的未来投资。

第二，从剩余收益中扣除平均收益的方法：

$$P = \sum_{t=1}^{n} (W_{at} - W_{bt}) \cdot \frac{1}{(1 + i)^t} \qquad (6-8)$$

$$W_{at} = E_{pt} - S_{jt} - Y_{st} - Y_{qt}$$

$$W_{bt} = E_{pt} \cdot \delta$$

式中：

P——探明矿区价值；

W_{at}——年剩余收益额；

W_{bt}——年社会平均收益额；

i——资金贴现率；

n——评估年限（$i = 1, 2, 3, \cdots, n$）；

E_{pt}——年销售收入；

S_{jt}——年经营成本；

Y_{st}——年资源税；

Y_{qt}——年其他税费；

δ——社会平均利润率。

第三，从剩余收益中扣除投资收益的方法：

$$P = \sum_{t=1}^{n} (W_{at} - W_{tt}) \cdot \frac{1}{(1 + i)^t} \qquad (6-9)$$

$$W_{tt} = T_{ut} \cdot \rho$$

式中：

W_{tt}——年投资收益额；

T_{ut}——油气矿区年建设投资；

ρ——投资收益率；

其他符号同上。

除了上述介绍的外，还有一些其他关于收益贴现模型的改进方法，这里不再赘述。

3. 油气资产价值评估方法评述

这里将对前面介绍的油气资产价值评估方法的使用范围和特点加以评述，以便在财务估价实践中选择运用。

（1）地质要素评序法评述。地质要素评序法以基础购置成本为基数，以地质技术信息为标准，确定调整系数（价值因子），以基础购置成本乘以地质要素价值影响系数或价值因子来评估探矿权价值。这种方法适用于普查及普查之前的阶段，该方法有比较规范的评估程序，便于操作。但是影响地质要素价值系数确定（价值因子）的要素有成矿显示、异常显示、品位显示、成因显示、蕴藏规模显示、前景显示六项。因此，这种方法评估的结构具有相当的主观性，需要选取的各种要素指标太多，容易造成选取不当引起误差增加。

（2）重置成本法。重置成本法是在模拟现行技术条件下，按原勘探规范要求实施各种勘探手段，依据新的工业指标，将所投入的有效实物工作量，按新的价格和费用，重置与被评估矿产地的探矿权具有相同勘探效果的全新探矿权的全价，扣除技术性贬值，以得到探矿权的评估价值的方法。这种方法适用于详查或普查阶段，其优点是各项指标易于确定，计算较方便和规范。这种方法最大的缺点是，以矿权中蕴涵的资源为依托的探矿权价值与该矿权区投入的勘查支出两者之间并无严格的、内在的和必然的联系。

（3）勘查费用倍数法。勘查费用倍数法的基本原理和地质要素评价法类似，只是地质要素价值影响系数或价值因子变成了前景提高系数。这种方法适用于普查及普查以前阶段。其优点是方法简单、使用方便，缺点是前景提高倍数难以确定。

（4）丰度基价法。丰度基价法是将油气不同丰度产生的差价所获得的不同超额收益，当作油气资产的真正收益。这种方法适用于已探明油气资源资产的矿区，由于油气资产丰度不同或丰度差异较大，所以该方法的个别参数确定困难，适用范围受到很大限制。

（5）勘探成本法。勘探成本法是以平均勘探成本和勘探业平均利润为基础，考虑了石油储量单元或储层的自然禀赋条件引起的级差收益的一种探明矿区的价值评估方法。这种方法的优点是结果客观、精确，但个别参数确定困难，使其适用范围受到很大限制。

（6）贴现现金流量（DCF）法。贴现现金流量（DCF）法是在未来总预期收益中扣除预测的开发投资应获得的收益，然后计算全部评估期内的各年矿产资源净收益，并贴现成现值的方法。贴现现金流量（DCF）法是进行采矿权评估的最为成熟的方法，但在应用此法进行采矿权评估时，对于评估计算中所采用的折现率、现金流量等参数如何确定，目前还存在着较多的不同观点，在方法上也有待通过评估实践加以改进和完善。

这里将油气资产财务估价方法的使用范围和特点评述汇总，见表 6-1 所示。

表 6-1　　　　　　各种油气资产估值方法的适用和特点评述

方法	适用阶段	特点
地质要素评序法	普查及之前	比较规范的评估程序，便于操作。但地质要素价值系数确定具有相当的主观性，需要考虑要素指标多
重置成本法	详查或普查	各项指标易于确定，计算较方便和规范。但探矿权价值与该矿权区投入的勘查费用两者之间并无严格的、内在的、必然的联系
勘查费用倍数法	普查及普查以前	方法简单、使用方便。但前景提高倍数难以确定
丰度基价法	探明矿区	个别参数确定困难，适用范围受到较大限制
勘探成本法	探明矿区	结果客观、精确。但个别参数确定困难，适用范围受到较大限制
贴现现金流量模型	探明矿区	方法成熟、结果精确、客观。折现率、收益和扣除的成本估计有较大的不确定性。参数确定存在较多的不同观点

因此，寻求更为科学合理、简便实用的矿权评估方法，仍是有待继续研究的课题。

6.3.2　油气资产价值评估改进收益现值法模型建立

对于石油公司来讲，在油气资产权益保护这一问题上，油气资产未探明矿区权益上的争议比较少，权益争议的焦点主要来自探明矿区。因此，这一节将对探明矿区的估值问题进行探讨。

前面的讨论中已经述及，在众多的评估方法中，贴现现金流量模型法相对于其他各种方法更为成熟，但其应用中的参数确定还存在较多的不同观点。这里也将以基本的贴现现金流量模型为基础，探讨更符合油气资产估值实际，也是更加完善的方法。

1. 模型考虑依据

油气储量资产价值评估的过程中，一般不考虑储量风险因素和投资生效的时间延迟等因素，所以有值得改进和完善的地方。这里将综合考虑油价、资金时间价值和投资收益时间延迟等因素，从原油价格的波动和生产成本的变化上考虑，对油气资源的贴现现金流量模型加以改进。

（1）原油价格变化。我国原油价格 1998 年 6 月后与国际接轨，与国际原油价格波动基本一致。而近年国际原油价格波动剧烈，布伦特（Brent）原油价格从 1999 年的 19 美元/桶上涨到 2008 年 7 月的超过 147 美元/桶，然后下跌，2010 年 6 月国内外的原油基本在 70 多美元/桶，期间基本上是一路上涨，但是 2014 年 6 月后则一路下跌（2008 年 1 月至 2015 年 8 月国际原油价格走势见图 3 - 9）。2015 年北海布伦特（Brent）原油现货年平均价格比上年同期下降 47.1%；美国西得克萨斯中质原油（WTI）现货年平均价格比上年同期下降 47.8%①。

（2）成本费用上涨。自 1978 年改革开放后，工业出厂价格基本上是在波动中上涨。如 1993 年 1 月至 2015 年 12 月原材料、燃料、动力购进类的工业品月度出厂价格指数为 104.79，即每月比上个月度平均上涨 4.97%；如果从 2001 年计算至 2015 年该价格指数为 102.77。具体见图 6 - 1。

自改革开放以后，我国企业的工资性费用平均上涨幅度远大于工业品出厂价格及其他价格的上涨幅度。如 2003 ~ 2014 年我国城镇采掘业和制造业就业人员的工资情况见图 6 - 2。如果以上一年度为 100 计算工资费用指数，则 2004 ~ 2014 年采掘业和制造业就业人员的工资费用指数平均为 114.9 和 113.6，也就是说 2004 ~ 2014 年城镇采掘业和制造业人员工资性

---

① 数据来自中石油公司 2015 年年报。

费用平均上涨 14.9% 和 13.6% 。

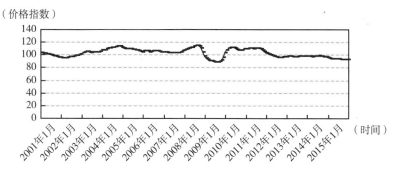

图 6 - 1 原材料、燃料、动力购进类的工业品月度出厂价格指数示意

资料来源：凤凰网/财经网站，工业品出厂价格指数—原材料、燃料、动力购进，http：//app. finance. ifeng. com/data/mac/gypcc. php? symbol = 2，2016 - 10 - 26.

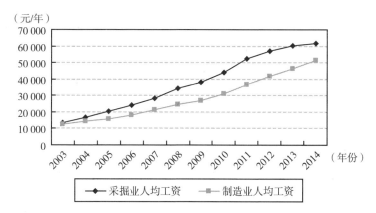

图 6 - 2 采掘业和制造业人员年均工资统计

资料来源：2015 年中国统计年鉴。

在经济环境的影响下，油气生产企业的成本费用必然随着材料、燃料和人工费用的上升而上升。

（3）考虑时间延迟的影响。时间延迟的影响主要是考虑原有的贴现现金流量模型，销售收入、成本费用支出和折现率的时间延迟假设并不切合实际，这里将加以改进。

2. 改进的收益现值法模型

下面将以我国陕北地区某油田为例进行讨论。

（1）油价估计。我国的原油价格是随国际油价的波动而波动的。假设

P_0 是初始油价, E_p 是价格变化率, 可以得到任意 t 时刻的原油价格为:

$$P_t = P_0 (1 + E_p)^{t-1} \tag{6.10}$$

国际石油价格波动, 多数年份处于上涨期间, 如从 1999～2010 年总体上涨幅度比较大, 但 2014 年下半年国际油价剧烈下降后, 一直处于调整小幅上涨。考虑替代能源的出现, 国际油价不可能大幅度的上涨, 因此, 这里 E_p 确定为 3% 左右。

(2) 油气产量。陕北地处鄂尔多斯盆地, 油田属于浅层低渗透油藏, 稳产期一般比较短, 甚至一开始就形成产量递减, 在采取注水等增产措施下, 也只能使得产量下降的速度减慢。在油气生产所处的不同的递减阶段, 油田的产量应该采用不同的评估方法, 如递减早期用指数递减法, 中期用双曲线递减法, 而到了后期适合用调和递减法。本例中的油田属于近年开发低渗透油田, 因此这里选取的是指数递减法估计油气产量。假设 Q_0 是第一年的产量, D_t 是产量递减率, 即

$$Q_t = Q_0 e^{-Dt} \tag{6.11}$$
$$t = 2, 3, 4, 5, \cdots, n$$

其中 n 为油田开采寿命。

由公式 (6.10) 和公式 (6.11), 得出在任意 t 年的销售收入 R_t 为:

$$R_t = P_0 Q_0 (1 + E_p)^{t-1} e^{-Dt} \tag{6.12}$$

(3) 成本和费用。油气生产中, 企业除需要支出日常生产经营的操作成本。而储量资产的评估中, 通不考虑成本的上升, 不符合本研究的设计思想, 这里不予采用; 这里的成本费用估值将考虑成本的上升。由于油气生产成本会随着原油价格的上升而, 因而单位操作费上升率也不能像 2008 年前那样大幅上涨。这里, 选取 $\eta = 5\%$。

油气生产中, 企业除需要支出日常生产经营的操作成本, 还需要支付销售税费、期间费用、所得税。其中销售税费包括资源税、城建税、教育附加费、矿产资源补偿费、特别收益金等。根据税法及油田以往的数据估计, 这些销售中的税费和期间费用占销售收入的 11.2%, 这一税率在评估中保持不变。假设 C_0 为初始操作成本, TD 为每期税费和期间费用率。则每年采油成本公式如下:

$$C_t = Q_t (C_0 (1+\eta)^t + TD) \tag{6.13}$$

（4）资金的时间价值的考虑。折现率对储量价值影响较大，这里假设 i 表示年折现率，按照年中法，以年度中间的净现金流值折算成现值，将折算因子 $1/(1+i/2)^{2n}$ 引入收入与成本公式中，一般取石油行业的基本折现率 12%，则每期的收入和成本费用贴现值的计算公式如下：

$$R_t = P_0 Q_0 (1+E_p)^{t-1} e^{-Dt} \left(1 + \frac{i}{2}\right)^{-2t} \tag{6.14}$$

$$C_t = Q_t (C_0 (1+\eta)^t + TD) \cdot \left(1 + \frac{i}{2}\right)^{-2t} \tag{6.15}$$

（5）投资收益时间延迟的考虑。实际上，现金流量并不是均发生在年末，因此应该以开始投资的时间为项目起点，所有的现金流量都应该折算到年末，再折算到投资起点。成本是从投资开始就产生，而销售收入是从生产开始才有的。因此应将时间延迟因素引入计算中。

（6）改进收益现值模型计算

用公式（6.14）的收入减去公式（6.15）的成本，将各年差额求和后再减去 I（投资），得到寿命周期 n 内项目的净现值：

$$NPV = \sum_{t=1}^{n} (R_t - C_t) - I = \sum_{t=1}^{n} \left(1 + \frac{i}{2}\right)^{-2t} Q_t (R_x - C_x) - I \tag{6.16}$$

其中：$R_x = P_0 (1+E_p)^{t-1}$，$C_x = C_0 (1+\eta)^t + TD$

公式（6-16）就是在综合考虑了油价、经营成本变化、资金时间价值及投资收益时间延迟等条件下得到的改进模型。公式中，P_0 是初始油价，E_p 是价格变化率，C_0 为初始操作成本，η 为操作费用变化率，TD 为每年税费和期间费用率，i 为年折现率，Q_t 是 $Q_0 e^{-Dt}$ 经过时间延迟调整后第 t 年的产量，Q_0 是第一年产量，D_t 是产量递减率，n 为油田开采寿命。

6.3.3 油气资产价值评估改进收益现值法模型应用

这里应用的实例是陕北油田的一个油气区块 XAB 项目，起始年是 2009 年，其参数确定如表 6-2 所示，其中考虑到国内油价与国际略有差异，确定含增值税的油价为 3 000 元/吨，折算为不含的增值税油价为

2 564.10 元/吨，其他具体情况见表 6-2 所示：

表 6-2 　　　　　　　　　　XAB 油区储量及有关数据

参数及单位	数值	参数及单位	数值
项目总寿命（年）	15	所得税率（%）	25
产量递减率（指数）	0.0612	初始操作成本（元/吨）	836.86
油气初始价格（元/吨）	2 564.103	折耗（元/吨）	19.91
投资收益时间延迟（年）	0.5	2009 年初始产量（万吨）	5.342
销售税费和期间费用率（%）	11.2	贴现率（%）	12
追加投资（万元）	28 237.59	价格变化率（%/年）	3

陕北油田 XAB 油区已经采用收益现值模型的计算结果见表 6-3 所示。

表 6-3 　　　　　　　　　　收益现值模型计算汇总

年份	油价（元/吨）	产量（万吨）	现金流入（万元）	成本（万元）	销售税费及期间费用（万元）	税前现金流量（万元）
2009	2 564.103	5.342	13 697.438	4 470.506	1 534.113	7 692.819
2010	2 564.103	4.829	12 382.484	4 365.226	1 411.384	6 605.874
2011	2 564.103	4.366	11 193.766	4 262.425	1 298.473	5 632.868
2012	2 564.103	3.946	10 119.164	4 162.045	1 194.595	4 762.524
2013	2 564.103	3.568	9 147.724	4 064.028	1 099.028	3 984.668
2014	2 564.103	3.255	8 269.543	3 968.321	1 011.106	3 290.117
2015	2 564.103	2.916	7 475.667	3 874.867	930.217	2 670.583
2016	2 564.103	2.636	6 758.003	3 783.613	855.800	2 118.590
2017	2 564.103	2.383	6 109.234	3 694.509	787.336	1 627.389
2018	2 564.103	2.154	5 522.748	3 607.504	724.349	1 190.895
2019	2 564.103	1.947	4 992.564	3 522.547	666.401	803.616
2020	2 564.103	1.760	4 513.278	3 439.591	613.089	460.598
2021	2 564.103	1.591	4 080.003	3 358.589	564.042	157.373
2022	2 564.103	1.438	3 688.323	3 279.494	518.918	− 110.089
2023	2 564.103	1.300	3 334.244	3 202.262	477.405	− 345.423
小计		43.401	111 284.184	57 055.525	13 686.256	40 542.403

续表

年份	税前贴现现金流量（万元）	税前累计现金流量（万元）	所得税（万元）	税后现金流量（万元）	税后贴现现金流量（万元）	税后累计现金流量（万元）
2009	7 692.819	7 692.819	1 923.205	5 769.614	5 769.614	5 769.614
2010	5 898.102	13 590.921	1 651.469	4 954.406	4 423.577	10 193.191
2011	4 490.488	18 081.409	1 408.217	4 224.651	3 367.866	13 561.057
2012	3 389.871	21 471.280	1 190.631	3 571.893	2 542.403	16 103.460
2013	2 532.329	24 003.608	996.167	2 988.501	1 899.247	18 002.706
2014	1 866.901	25 870.509	822.529	2 467.588	1 400.175	19 402.882
2015	1 353.000	27 223.509	667.646	2 002.937	1 014.750	20 417.632
2016	958.342	28 181.852	529.647	1 588.942	718.757	21 136.389
2017	657.275	28 839.127	406.847	1 220.542	492.956	21 629.345
2018	429.449	29 268.576	297.724	893.172	322.087	21 951.432
2019	258.743	29 527.319	200.904	602.712	194.057	22 145.489
2020	132.411	29 659.730	115.150	345.449	99.308	22 244.797
2021	40.394	29 700.123	39.343	118.030	30.295	22 275.092
2022	−25.230	29 674.894		−110.089	−25.230	22 249.863
2023	−70.680	29 604.213		−345.423	−70.680	22 179.182
小计	29 604.213		10 249.479	30 292.924	22 179.182	

运用改进收益现值模型计算的 XAB 油区的油气储量资产价值如表 6－4 所示。

表 6－4　　　　　　　　改进收益现值模型计算汇总

年份	油价（元/吨）	产量（万吨）	现金流入（万元）	成本（万元）	销售税费及其间费用（万元）	税前现金流量（万元）
2009	2 564.103	5.342	12 190.671	4 272.331	1 365.355	6 552.985
2010	2 641.026	4.829	10 102.330	3 605.391	1 131.461	5 365.478
2011	2 720.257	4.366	8 371.735	3 042.715	937.634	4 391.385
2012	2 801.865	3.946	6 937.602	2 567.974	777.011	3 592.617
2013	2 885.921	3.568	5 749.146	2 167.402	643.904	2 937.839
2014	2 972.498	3.225	4 764.280	1 829.392	533.599	2 401.288
2015	3 061.673	2.916	3 948.127	1 544.159	442.190	1 961.778

续表

年份	油价 （元/吨）	产量 （万吨）	现金流入 （万元）	成本 （万元）	销售税费及其间 费用（万元）	税前现金流量 （万元）
2016	3 153.523	2.636	3 271.788	1 303.449	366.440	1 601.899
2017	3 248.129	2.383	2 711.309	1 100.302	303.667	1 307.340
2018	3 345.573	2.154	2 246.844	928.850	251.647	1 066.348
2019	3 445.940	1.947	1 861.945	784.140	208.538	869.267
2020	3 549.318	1.760	1 542.982	661.997	172.814	708.171
2021	3 655.798	1.591	1 278.659	558.897	143.210	576.553
2022	3 765.472	1.438	1 059.616	471.867	118.677	469.072
2023	3 878.436	1.300	878.097	398.401	98.347	381.350
小计		43.401	66 915.131	25 237.267	7 494.495	34 183.369

年份	税前贴现 现金流量 （万元）	税前累计现 金流量所得 税（万元）	所得税 （万元）	税后现金 流量 （万元）	税后贴现 现金流量 （万元）	税后累计 现金流量 （万元）
2009	6 552.985	6 552.985	1 638.246	4 914.739	4 914.739	4 914.739
2010	4 790.605	11 343.591	1 341.369	4 024.108	3 592.954	8 507.693
2011	3 500.785	14 844.376	1 097.846	3 293.539	2 625.589	11 133.282
2012	2 557.153	17 401.529	898.154	2 694.462	1 917.865	13 051.147
2013	1 867.050	19 268.580	734.460	2 203.380	1 400.288	14 451.435
2014	1 362.555	20 631.135	600.322	1 800.966	1 021.916	15 473.351
2015	993.898	21 625.033	490.445	1 471.334	745.424	16 218.775
2016	724.618	22 349.651	400.475	1 201.424	543.463	16 762.238
2017	528.013	22 877.663	326.835	980.505	396.010	17 158.247
2018	384.536	23 262.199	266.587	799.761	288.402	17 446.649
2019	279.881	23 542.079	217.317	651.950	209.911	17 656.560
2020	203.582	23 745.662	177.043	531.128	152.687	17 809.246
2021	147.987	23 893.648	144.138	432.414	110.990	17 920.236
2022	107.499	24 001.148	117.268	351.804	80.624	18 000.861
2023	78.032	24 079.179	95.337	286.012	58.524	18 059.384
小计	24 079.179		8 545.842	25 637.527	18 059.384	

如果将以上计算的结果与传统收益现值法比较，同样的条件下应用两种方法计算得到的储量价值如表6-5所示。

表 6 – 5　　　　　　　　　　两种方法结果比较

计算方法		税前贴现现金流量值（万元）	税后贴现现金流量值（万元）
未扣除原始投资额	收益现值法	57 841. 803	50 416. 772
	改进收益现值法	52 316. 769	46 296. 975
扣除原始投资额	收益现值法	29 604. 213	22 179. 182
	改进收益现值法	24 079. 179	18 059. 384

通过应用分析可以看到，一方面，改进后的模型计算的税前、税后储量价值均低于原模型数据，其原因是改进后模型考虑了油价的上涨和操作成本的增加。而原模型变量的理论假设单一，没有兼顾到国际油气的大环境变化，高估了整个项目的年现金流量值。因此，改进后的模型无论从理论上和实践上，都更符合客观现实。另一方面，原模型从第 14 年开始税前现金流量已经变成负数，也就是说该项目的总生产周期其实是第 13 年，但应用了改进后的模型，到了第 15 年时税前现金流量还是正数，项目的生命周期也更长些。希望通过以上改进，使得收益现值法更加吻合我国的价值评估需求。

6.4　我国油气矿权价值评估中的风险及控制

6.4.1　矿权价值评估风险及来源

1. 矿权价值评估风险

风险是经济社会和工程实践中，由于人的知识水平受限、经验能力不足和现实状况的不断变化，在决策或实践中所导致损失的事件发生的可能性。一切经济社会和工程的决策与实践都不会是绝对正确、万无一失的，国内外因为决策或实践中的失误而给国家、企事业单位或个人带来巨大损失的例子不胜枚举，因此任何经济社会和工程的决策都存在风险，都要尽可能去避免或减少可能带来的损失。完全规避风险通常是无法实现，也没有必要的。风险是不可避免的，关键是要在保证收益的情况下减少风险所带来的实质后果，也就是降低损失发生的可能性。造成风险存在的主要原因，一是人的知识水平、经验能力和认知程度；二是事物客观存在的不确定性因素。

风险并不是不可以认识的，在一定条件下，风险有它自身的规律，这种规律使得人们可以通过风险分析，通过对风险因素的识别和判断，采用各种分析手段来估计各种因素发生的可能性及其影响程度，来揭示风险存在的规律，并采取措施把风险减小到最低程度。

前面已经论及油气矿权估值的重要性，油气矿权估值如果缺乏可靠性，也就失去了估值的意义，因此油气资产估值中的风险控制的重要性也是显而易见的。本节将对油气矿权估值中的风险，主要是财务风险及其控制问题加以研究。

矿权估值的风险评价，就是基于矿权市场规律，用估计可能出现的不确定性因素的变化，分析其对评估结果的影响程度，判断影响矿权市场价值的主要因素，及各因素的变化趋势。经过对矿权评估价值变动风险的评价，便于受让人对矿业项目市场价值的不确定性有充分认识，使受让人对未来风险有初步了解并作为交易谈判的依据。

2. 矿权价值评估风险来源分析

矿权估值所采用的参数大多基于预测，从某种程度上说，矿权估值结果就是这些基于预测的参数的期望结果，这一估值结果包含着某种规律，这种规律主要受估值参数的支配，由于这些参数都有不确定性，从而影响了矿权估值结果的可靠程度，形成矿权估值风险。

油气矿权估值时，由于油气资源的隐蔽性和复杂程度增加了研究分析和决策的难度。各种参数和隐含参数及基础资料，如投资规模、地质条件、生产成本、产品价格和预测产量均可能与未来生产中的实际情况有所出入，因而其评估价值也必然具有不确定性。从而形成较一般产品更为复杂的风险来源。矿权估值风险的主要来源有以下几个方面：

（1）地质情况风险：各种地质构造、水文地质条件以及灾害地质条件和油气资源丰度与质量因素带来的风险；

（2）各种参数风险：如收益率、贴现率等参数选取不当带来的风险；

（3）市场变化风险：市场经济中必然存在着各种风险，其中市场变化的风险尤其巨大，尤其是油气产品价格的变化，社会人力资本的变化等都会对矿权估值带来很大的风险；

（4）技术因素风险：资源开发技术进步及应用可能对生产周期和开发投资产生影响，技术水平提高也可能引起成本的变化；

（5）政策变化风险：国家产业政策及法律法规的修正或地方政策变动，如油气税收政策的变化等，都会对油气矿权评估价值带来有利或不利的影响；

（6）不同估值方法的选择带来的风险。

总之，油气勘探、开发是个风险集中的行业，其中蕴涵了许多易于被人们忽视的风险因素，正是这些因素使得油气矿权的估值充满了争议，因此进行风险分析就显得非常有必要。

6.4.2　油气矿权价值评估风险分析

矿权价值评估风险分析是采用定性分析和定量分析相结合的方法，估计各种风险因素变动对矿权估值结果的影响程度。油气矿权估值的定量风险控制主要基于两个方面：一是矿权评估中不确定性因素对矿权评估结果影响的敏感性分析与评价，二是矿权评估的风险系数的计算与分析。

1. 油气矿权估值的敏感性分析

敏感性分析是指项目主要因素发生变化时对经济评价主要指标——矿权价值评估结果的影响程度或敏感程度。

对项目评价指标影响的因素主要有原油售价、产量（储量）、经营成本、投资、建设期、汇率和物价上涨指数等。

通过敏感性分析，可以使决策者了解项目今后可能遇到的风险及对项目经济效益的影响程度，从而可以提高投资决策的准确性和客观性。敏感性分析的结果可以用敏感性分析图来表示。以贴现现金流法的第二个公式，即从剩余利润中扣除投资收益法计算的结果为例进行分析，本例中，选择油气产品产量—储量，油气产品收入—价格，经营成本，投资等因素进行分析，当然也可以选择更多的因素进行分析，在此不一一列举。表6-6和图6-3是油气产量、投资、经营成本和收入（价格）这些不确定因素变化对矿权价值变化的影响分析。

从表6-6及图6-3中可看到：

表6-6 **不确定性因素对采矿权价值的敏感性分析** 单位：%

变化幅度	-20	-10	-5	5	10	20
油气产量	-46	-23	-12	12	23	46
投资	26	13	7	-7	-13	-26
经营成本	40	20	10	-10	-20	-40
收入—价格	-88	-44	-22	22	44	88

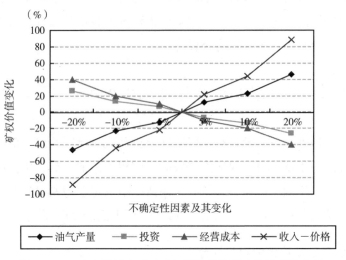

图6-3 不确定性因素对采矿权评估价值影响的敏感性分析
（按扣除投资收益方法计算）

（1）各种不确定因素增减相同比例，其引起的估值的变化比率绝对值是相同的，即各曲线关于原点对称；

（2）各不确定因素变化比可引起估值相同比率的变化，即各曲线近似直线；

（3）产量及价格的增加会引起矿权估值的提高，曲线斜率为正值，投资与成本的变化相反，曲线斜率为负；

（4）各种不确定因素中最为敏感的是油气产品价格及其引起的收入的

变化，因此，虽然估值中的价格是根据当期价格来计算，但市场交易能否成功，受让方更加关心未来油气产品的价格，而不太注意成本的变化，油气产品价格相对于成本来说显得更为重要。因此，合理地估计未来油气产品市场形势，是增强油气投资者信心的最主要动力，也是矿权转让（或出让）、受让双方谈判的重要砝码。

敏感性分析的意义在于使受让人认识不确定性因素对油气矿权估值的影响程度，了解在油气矿权投资开发中可能遇到的风险，掌握各项不确定性因素对估值的贡献，从而判断是否具有投资价值，以及掌握市场交易谈判的信息。

2. 油气矿权估值的风险系数计算与分析

风险的不确定性通常说明风险基本上是一种随机现象，不确定性的期望值称为风险，它的值应等于各变动因素敏感度的概率和。其计算公式：

$$E_i = \sum_{i=1}^{n} P_i \cdot C_i$$

$$\sum_{i=1}^{n} P_i = 1 \qquad (6.17)$$

式中：

E_i——期望值；

P_i——不确定性因素 i 出现的概率；

C_i——出现不确定性因素 i 时的结果（敏感度）。

不确定性系数反映了不确定性的程度高低，不确定性系数的大小意味着对油气矿权某一方面的不确定性认识或控制程度的大小。油气矿权价值未来收益的实现过程具有高风险性，通过上面的分析，已经了解了投资中主要的风险因素。L. D. 史密斯提出的评价贴现率组合的方法就是很好的体现，其计算式为：

$$r_{fi} = \frac{P_i \cdot K_i}{\sum_{i=1}^{n} P_i \cdot K_i} \cdot R_f \qquad (6.18)$$

式中：

r_{fi}——变动因素 i 的风险系数；

P_i——变动因素 i 的不确定性精度；

K_i——变动因素 i 对估值结果的敏感度；

R_f——贴现率中的风险利率。

通常把不确定性看成各变动因素（如投资、产量、经营成本、油气价格等）的精度，在油气勘探、开发的不同阶段，同一变动因素的精度是不同的，在由勘查阶段进入预可行性研究阶段和可行性研究阶段，直至进入设计、建设和生产各个阶段时，各项变动因素变动幅度减小，随着其变动的油气矿权估值的贴现率也相应减小。

L. D. 史密斯在对一般的矿产品研究后，认为在可行性研究后，这投资、产量、经营成本和矿产品价格变动因素的范围（或预测误差）应在 ±10% 以内。所以，通常用不确定性因素变动 10% 时进行分析。在以上公式中，还可以对每个变动因素所造成的后果用敏感度来表示；从而计算不同贴现率下的产量、投资、经营成本和价格等变化 10% 下的风险系数，就那个风险系数的大小作为进一步测试风险和控制风险的依据。

6.4.3 控制油气矿权价值评估风险的措施

在分析了油气矿权估值风险的基础上，下面提出了控制油气矿权财务价值评估风险的主要措施。

1. 合理选择各种油气矿权估值的参数

各种参数和影响因素变化的不确定性是矿权估值可靠性较差的主要原因，所以全面考察各种投资环境，合理选择各种参数，提高参数预测精度，尽量减少参数的源头误差是减少风险，提高决策可靠性的主要途径。

2. 合理运用估值的方法

合理运用估值的方法是降低风险的根本措施，同时也是矿权交易双方对矿权估值认可的法宝。如果估值的方法运用合理，可以增加交易双方的透明度，提高决策效率。

3. 进行敏感性分析和风险度计算

通过敏感性分析及风险度的计算，了解风险的程度及可能导致的损失，为决策提供依据。

6.5　我国油气资产产权价值评估管理研究

6.5.1　我国油气资产产权价值评估管理存在的问题

我国矿权估值业自 1998 年诞生至今，主要服务于矿权出让、市场转让交易、企业资产重组、贷款抵押、司法鉴定等方面。但由于油气资源交易市场并未形成，因而，在油气行业的价值评估应用却并不多见。油气矿权管理由计划经济时期向市场经济管理转换时期形成了许多油气资源矿权问题，这些矿权问题的解决并没有科学、合理地运用相应的油气矿权估值理论与方法。如 2003 年陕北两市 15 县以政府发文的形式，无偿将 5 000 余口民间投资油井被全部无偿收归县钻采公司所有。而后，陕西方面虽然允诺给予部分补偿，但初始补偿估价估计不足油井价值 20% 的补偿①。当然，这其中虽然有油气资源管理中存在的问题，如民营资本对油气的勘探并不具备合法资质，但从油气矿权管理及矿权转移的实践看，油气矿权价值评估理论由与实践尚存在较多的问题。

1. 油气矿权评估法制建设尚待完善

为了规范评估行为，国土资源部 2008 年 8 月发布了《矿业权评估管理

---

①　自 1990 年开始，陕西省民营资本通过与陕北各县钻采公司的联营，承包等手段介入石油开采领域，以获取石油资源利益。面对这种局面，陕西省属石油开采企业及中央石油企业则以油气资源登记来保护自己的利益。1993 年，油气资源登记工作由原能源部移交国家计委，进行了新的一轮登记，在陕北 8 万平方公里的资源面积中，长庆油田登记面积 6.6 万平方公里，中石化登记面积 0.36 万平方公里，延长油矿登记面积 1.0752 万平方公里。但是，存在登记面积界限不精确，范围划界不准的问题。省属石油企业与中央石油企业及其属钻采公司就开采边界经常发生纠纷。1994 年 4 月 13 日，为避免和解决石油开采中出现的纠纷，陕西省和中石油公司商议，共同对陕北的石油开采权进行了切分，陕北各产油县区较为合法地在一定范围取得石油开采权。但是"413 协议"并未得到很好落实，"委托开发区"具体界定工作没有全部完成，四界也没有划清，民营资本投资以及县属钻采公司采矿权权属手续并不合法。2003 年陕北两市 15 县均以政府发文的形式，限期民间投资者退出。截至 2003 年 6 月，5 000 余口民间投资油井被全部无偿收归县钻采公司所有。后陕西方面虽然允诺给予部分补偿，但开始的补偿估价不足油井价值 20% 的补偿。

办法（试行）》，中国矿权评估师协会 2007 年 1 月一届二次常务理事会，通过了《矿业权评估机构资质管理暂行办法》《矿业权评估机构年检管理办法》《中国矿业权评估准则体系（框架）》，而行业规范《评估机构及评估师违规行为惩戒规定》《制止不正当竞争行为自律规定》和《矿业权评估收费标准》还在研讨中，目前已初步形成由国务院关于矿权管理办法为主干、以矿权评估行政主管部门颁布的规范性文件为补充的矿权估值法规体系。作为制度建设来讲，我国已接近有几十年估值发展历史的外国同行，内容也与外国同行的协会所制定的规范相当。但根据行政许可法，这些规范性文件不能解决矿权估值管理的法律依据问题，尤其是针对油气矿权评估，与注册会计师行业和律师行业相比，仍显得滞后。我国许多有关矿权评估业的规定仍体现在矿权估值行政主管部门颁布的规章制度中，由于无执法上的法律依据，缺乏制约手段，影响了油气矿权估值业作为市场经济重要中介服务行业的法律地位。油气资产估值法制不完善，既限制了油气矿权价值评估业的发展空间，也不利于矿权价值评估业的自我规范。

2. 油气矿权价值评估理论和方法的研究尚需完善

目前油气矿权评估理论和估值方法尚不完善，针对目的和利益诉求的估值研究不够，办法少，尤其是价款估值不完全等同于国外矿业资产评估。

收益途径方法作为国际公认的估值方法有着深厚的理论基础和广泛的应用范围，但是收益途径方法在估值实践中的应用也存在一些问题。其估值参数选取的要求与估值原理不一致，估值原理要求估价师确定一组能够反映中等偏上的技术、经济和管理水平参数，而在估值实践中，要求采用估值矿区的实际数据或相关设计数据，企业经营情况对矿权形成影响很大。

成本途径方法估值参数选取人为因素较大；同时成本途径方法估值中没有考虑不同勘查风险的矿床造成估值结果与实际价值的差异。

3. 油气矿权价值评估机构和执业管理机制尚不成熟

加入 WTO 以来，我国开始兑现入世承诺，投资和外贸等方面进一步开放，随着油气勘探、开发国际经济合作的深入，会有越来越多的社会公众、机构和组织依赖矿权估值结果进行交易和决策，这体现了油气矿权估值业在社会经济生活中的重要性。虽然 2006 年 3 月 24 日在北京成立中国矿业权评估师协会①，但从机构建立到其完善还需要相当长的时间，而针对油气产权估值的复杂性，对评估机构和评估人员的知识技能、职业行为、风险承担等方面的管理也更为重要。

6.5.2 我国油气资产产权评估管理提升措施

1. 加强油气资产产权评估理论和方法应用的研究

价值评估（估值）理论和方法应用的研究是估值技术和标准规范为主体的估值准则体系的前提和基础。矿权估值准则是矿权估值理论和实践经验的高度概括，其制定必须建立在坚实的理论和实践基础上，并与矿权估值学科建设、教材与考试改革等工作紧密结合起来。

油气资产产权估值理论与方法研究，应以研究机构和院校的理论研究为主，并吸纳执业评估师和评估机构参与；同时在油气资产估值理论研究的基础上，积极开展以估值技术和标准规范为主体的估值准则体系的研究制定工作。基于我国油气矿权评估业的发展状况，需要全面研究、分析油气矿权资产评估等专业的评估准则、理论和评估实践。对其评估准则及评估方法进行"扬弃"，要求评估机构加强评估理论研究和实务操作探索，要成立研究小组，对现有的评估理论和现行的评估方法做深入的整理和研究，指导实践；应当站在更高、更远的起点上对专业技术理论做些超前的、指导层面上的研究；研究具体的评估操作技术，真实反映矿权的客观价值，使矿权估值真正发挥市场定价的参谋作用。

2. 建立和完善油气行业价值评估管理体制

建立行政管理与行业自律相结合的管理体制，政府主管部门负责监督管理，出台法规政策，其他交由行业协会实行自律管理。通过建立科学的

---

① 中国矿业权评估师协会在国土资源部的指导下，由 14 家矿业权评估机构发起，经过 3 年多的筹备，报请国务院同意、民政部批准，于 2006 年 3 月 24 日在北京成立。

监管体系，行政管理与行业自律各负其责、相互配合、优势互补、形成合力，为行业健康发展奠定体制基础。

政府的支持固然很重要，但评估行业更应加强自身建设，建立和有效执行行业自律性规章制度和执业道德基本准则体系，建立评估师、评估机构执业自律、违规行为惩戒、责任追究、诚信记录等制度，研究探索建立按评估能力、诚信程度分等定级制度，建立失信惩戒机制和市场退出机制等，形成较完整的行业自律管理制度体系。以服务和监管作为评估行业自律管理的基本要求，充分发挥会员代表大会、理事会、常务理事会的作用。同时还应建立较完整的评估机构的诚信档案、评估师的个人诚信档案系统，执业质量监管体系，提高行业的社会公信力。

我国的油气矿权评估业是在政府直接培育和扶持下发展起来的，市场需求比较小。大量的评估仍是矿权人或矿权申请人出资委托，这里就存在一个共同利益点，因而有可能形成评估机构受到多方利益牵制、拼凑数据、参数以符合定价范围或委托人的需求，使得评估报告质量出现下降的可能，对矿权评估的科学性、严肃性产生影响。这就要求，在油气资产产权评估管理体制建设中以"独立、客观、公正"为依据，促进矿权评估业的健康发展。

3. 以制定评估法律为核心，建立和完善行业法规、准则体系

为规范评估行业的管理，促进评估行业的发展，使评估能尽快地服务于市场经济的发展需要。在有关方面的共同努力下，2006年《资产评估法》的制定在人大立项，2016年7月人大常委会二十一次会议通过，并颁布；国土资源部2008年8月［174号文］颁布《矿业权评估管理办法（试行）》，这两个文件是矿权评估的上位法依据，根据当前我国矿权评估行业发展和实际情况，充分发挥行业的专业优势、人才优势和经验优势，积极参与行业法律和执业规范体系建设，着重研究已有的或试行的评估师和评估机构的准入管理、评估行业管理体制、矿权评估准则、职业道德或执业操守、有关当事人的权利、义务和法律责任等规范在实施中存在的问题，构建和完善矿权评估行业执业规范及其具体实施细则。

构建和完善矿权评估规范，将使评估师及评估业的重要性得到更广泛

的认可，为评估行业乃至整个经济社会带来积极影响。执业准则不仅是评估行业自律的基石，也是评估行业规范发展的标志，是展现评估师诚信和能力的尺子，还是让客户信赖、公众放心、投资者增强信心的保障。矿权评估规范的修订和完善是市场经济体制改革发展中的一项重要基础设施建设，通过规范评估师执业行为，评估规范体系在促进市场主体行为规范、权利清晰、决策得当等方面可以发挥重要作用。

4. 加强对于油气产权价值评估人才的培养

油气产权评估是一门专业性、技术性很强的工作，这就要求执业人员既要有财会、油气矿业经济管理和市场等经济学科方面的知识，又要具备地质勘探、开发和生产等工程技术方面的知识，将其综合良好运用并非易事。我国现阶段还处于评估理论、方法和评估管理、矿政管理完善的时期，不断有新的知识需要更新，加强油气产权评估人员的业务素质培训，提高评估水平和理论素质是发挥油气产权评估作用的前提。

油气产权评估人员的技能可以通过参加业务素质培训加以提升，培训内容除了油气矿权评估的基本知识、基本理论的训练，还需要通过提供一些国内外成功案例，研究总结成功的经验，增强规避风险意识，还可以利用中国矿业权评估师协会网站，借助网络信息技术，开发在线培训系统及课程，使教育培训与实际需要相结合，执行请进来和走出去的教学方式，因材施教，因人施教，相互间的交流，答疑解惑，不断提高执业人员的总体业务素质。同时，加强评估从业人员（非矿业权评估师）及评估机构行政管理人员培训，形成评估教育的梯次和系统培训，真正培养一支符合市场需求的评估师队伍。

5. 建立风险基金和执业保险机制

在行业协会的指导下成立评估争议调解委员会及执业责任鉴定委员会，对因评估机构与客户或评估机构之间在评估依据、评估方法以及评估结果等方面产生的分歧进行调解。对执业责任的鉴定交由执业责任鉴定委员会投票表决，全体委员的 2/3 以上通过可为有效。鉴定委员会如无法得出结论，交仲裁机关裁决。

为了抵御职业风险，实现执业安全，由矿业权评估师协会牵头，采取强制参加的办法，建立风险基金和执业保险机制，覆盖所有的评估机构和从业人员，以切实维护评估从业人员、客户和社会公众的利益；风险基金和执业保险既要考虑商业保险公司的利益，又要考虑协会、评估机构及评估从业人员的经济承受力，确定比较适当的保险费率。矿权评估机构可以单独设立执业风险基金的银行专用账户，并将该执业风险基金的存入和支取等情况如实地反映在其提供的相应的会计报表中。一般地，按照净利润的10%提取执业风险基金，当该执业风险基金达到企业的所有者权益的100%时，可以不再提取。也可通过购买商业保险方式提高抵御执业责任风险的能力。

本章参考文献

［1］杨惠贤，金玉琳．油气储量评估收益现值法模型之改进［J］．财会月刊，2011（3）（下）：46 – 49.

［2］金玉琳．油气储量资产的计量与披露问题研究［D］．西安石油大学．2011：31 – 41.

［3］钱明阳．上市石油公司油气储量和产量披露研究［J］．国际石油经济，2009（10）：36 – 41.

［4］胡健，刘永爱，杜小武．石油储量价值评价中价格级差分级模型的设计［J］．石油工业技术监督，2006（1）：20 – 22.

［5］李志学，张宝娟．石油储量价值评估方法及其参数分析［J］．地质技术与经济管理．2004（12）：58 – 64.

［6］王广成．煤炭资源资产评估理论和方法研究［M］．北京：中国经济出版社，2000：111 – 142.

［7］陈四祥，葛艾继．国内石油资源资产价值评估理论和方法探讨——石油储量资产价值评估研究（下）［J］．国际石油经济，1997（4）：20 – 22.

［8］李志学．油气储量价值评估的收益现值途径及其实证研究［J］．石油经济，1999（2）：15 – 17.

［9］中国石油天然气总公司计划局，石油规划设计总院编．石油工业建设项目经济评价方法与参数［M］．北京：石油工业出版社，1994，10.

［10］刘超英，郭娜，闫相宾．国内油气储量评估及信息披露与 SEC 对比分析

［J］. 资源与产业, 2009 (2): 18.

［11］Alciatore, Mini L. New Evidence on SFAS No. 69 and the Components of the Change in Reserve Value［J］. The Accounting Review, 1993, 68 (3): 639 – 656.

［12］Clinch, Greg, Joseph Magliolo. Market Perceptions of Reserve Disclosures under SFAS No. 69［J］. The Accounting Review, 1992, 67 (4): 843 – 861.

［13］中国石油天然气总公司开发局. 石油可采储量计算咨询报告集［R］. 1996: 10 – 12.

［14］［美］Dennis R. Jennings, 王国梁等译. 石油会计核算——原则、程序和问题［M］. 北京: 石油工业出版社, 2002: 510 – 558.

［15］FASB. Statement of Financial Accounting Standards No. 69. Disclosures about Oil and Gas Producing Activities［S］. 1982.

［16］胡健, 吴文洁. 油气资源矿权与土地产权的冲突——以陕北油气资源开发为例的分析［J］. 资源科学, 2007 (5): 8 – 16.

［17］尹志军, 刘胜富, 吕辉. 敏感性分析在矿业权评估中的运用［J］. 矿业快报, 2005 (2): 25 – 27.

第7章

我国油气
矿权资产交易会计问题研究

获得储量，实现储量的良性接替是石油公司成功的关键。从目前世界通行惯例来看，石油公司获得油气储量的方式主要有两种：一是勘探寻找和发现储量；二是购买储量。油气储量交易作为石油市场的有机组成部分，对石油公司的生产经营有着重要影响。国际储量交易（主要是可采储量的交易）市场主要有三个，即美国、加拿大和英国，近年非洲和俄罗斯的交易也有所增长，并且各区域和各年度的储量交易额和交易量的变化较大。瑞士咨询公司自 1990～1997 年共记录了2 800 多次储量交易[①]；2001～2007 年，全球油气上游并购交易量不断增加，2007 年交易量达到最高的 411 笔，较 2001 年增长 128%；受2008 年油价波动影响，2009 年一季度，全球油气上游并购交易降至前10 年最低水平，交易量仅为 47 笔，交易额为 284 亿美元，交易主要来自北美地区，二季度交易数量增至 85 笔，交易额达到 480 亿美元，比一季度增长近一倍，交易主要来自非洲和俄罗斯—里海地区；此后，世界油气储量交易活跃，但受 2014 年原油价格下降的影响，2015年上半年交易量减至 139 笔，拉丁美洲交易最为活跃，2015 年下半年

---

① 刘松，李志宏. 油气储量资产市场交易 [J]. 石油企业管理，2000 (3)：39 - 40.

交易量增长到 184 笔，主要仍集中在北美地区[①]。从市场的发展来看，各交易市场的储量价格有一定差别，一般是随油价变化而变化，大约是油价的 1/5~1/40[②]。近年，交易资源类型也由常规油气向非常规油气发展，非常规油气交易比例大幅增加。2006 年非常规油气的交易量较 2005 年增长 254%，2010 年较 2009 年增长 127%，交易数量从 2001 年的 6 笔增长到 2014 年的峰值 245 笔[③]。

近年，我国石油公司海外收购和合作经营发展迅速，中石油公司、中石化公司和中海油公司的海外大型油气储量收购及并购项目也屡有发生，收购和并购的油气资源既有常规油气，也有非常规油气，这在前面这一章已经有所阐述。我国国内油气储量市场受国家法律规范影响较大，交易并不活跃。1998 年 2 月国务院颁布的《矿产资源勘查区块登记管理办法》《矿产资源开采登记管理办法》《探矿权、采矿权转让管理办法》等一系列法规，确认了探矿权、采矿权的财产属性，规定了探矿权与采矿权的有偿取得和依法转让，划分了探矿权采矿权审批登记的管辖权限等，从法律上使得我国具备了油气储量交易的可能性，为建立油气储量交易市场提供了法律保障。但是我国国内油气上游公司勘探开发油气资源的资格仍然有较为严格的规定，勘探开发领域准入门槛高，因此造成国内油气储量交易量虽然已经有所发展，但并不活跃。随着市场的开放和与世界的接轨，国内油气公司的各种合资开发也有进一步的发展。储量交易会计问题是随我国储量交易产生的、需要加以讨论和研究的油气会计内容之一。

①③ 赵宏军，陈艳芳，祝道平. 2001~2015 年全球油气上游并购特点及趋势分析［J］. 国际石油经济，2016（5）：73-77.

② 刘松，李志宏. 油气储量资产市场交易［J］. 石油企业管理，2000（3）：39-40.

7.1 油气矿权及油气资产产权关系

7.1.1 油气矿权概念及油气产权关系

1. "产权"概念

产权制度是制度集合中最基本、最重要的制度，是影响经济运行绩效的重要因素，但"产权"是一个意义相当含混的概念。巴泽尔（1989）在《产权的经济分析》一书的前言中认为："'产权'这一概念常令经济学家莫测高深，甚至时而不知所云……对产权的内涵各取所需，却能各得其所。"在产权理论发展过程中，产权概念本身趋于抽象，更多地把产权看作是一种权利关系，把产权看作是一种社会工具，产权所有者拥有允许他人以特定方式行事的权利。产权是界定自己或他人受益或受损的权利以及必须向谁提供补偿以修正人们所采取的行动原则（Demsetz, 1967；李贝卡普，1989）。"……产权不是指人与物之间的关系，而是指由物的存在及关于它们的使用所引起的人们之间相互认可的行为关系……它是一系列用来确定每个人相对于稀缺资源使用时的地位的经济和社会关系。①"

对于产权概念有着不同的界定和解释的同时，对产权概念所包含着的属性描述也不尽一致。如《牛津法律大辞典》认为产权"……包括占有权、使用权、出借权、转让权、用尽权、消费权和其他与财产有关的权利。②"英国学者 P. 阿贝尔认为，产权包括"所有权……使用权……管理权……分享残余收益或承担负债的权利……对资本的权利（处置权）……安全的权利……转让权……重新获得的权利……其他权利……"③，平乔维

---

① E.G. 菲吕博腾，配杰威齐等. 产权与经济理论：近期文献的一个综述，财产权利与制度变迁 [M]. 上海：上海人民出版社，1991：204.

② 引自：光明日报出版社 1988 年 8 月出版，[英] 戴维沃克编撰的《牛津法律大词典》。

③ [英] P. 阿贝尔. 劳动—资本合伙制：第三种政治经济形式 [A]. 见新的所有制形式管理与就业. 孙铮，姜秀华. 国企改制与财务会计——来自国际的经验和借鉴 [M]. 上海：立信会计出版社，2000：196.

奇认为，产权即所有权，包括四个方面的权利：使用权、收益权、处置权和交易权①。张五常从私有产权功能出发，认为产权包括三个权利：私有的使用权、私有的收入享受权和自由的转让权②。

在产权的所有属性中，收益权是产权的根本权能。产权"界定了一个人或他人受益或受损的权利"（Demsetz，1967）。实际上，上述不同形式的财产权能，只是人们维持或实现受益或受损关系的不同方式和途径；或者说，是人们获取经济利益的不同根据和理由。一个人拥有某种形式的产权，意味着他在这种产权所反映的行为关系中，履行了自己的财产行为责任后有权分享相应的经济收益。可以有保障地获取一定的经济利益，是人们具有某种行为权利和实施相应权利行为的根本动机和目的。所以，产权所反映的人们的行为关系和意志关系，根本上是人们的利益关系；一定形式的产权，根本上是收益的一定形式；而没有一定形式的收益权，产权的一定形式并不能构成一定形式的产权。财产权利关系的变化，实质上是收益关系或收益权实现方式的变化。收益权是产权的根本权能，不仅因为不同形式的财产权能本质上是一定的收益权；而且各种财产权能的相对大小根本上还取决于其中所实现的收益权的大小。一个财产权能主体拥有该产权的程度，取决于他在多大程度上拥有与该财产权能相适应的收益权或外部性的大小。或者说，收益权的实现程度，决定着某种财产权能的实现程度和某主体对其拥有的程度。

2. 油气资源所有权及油气资产产权

物或者财产的所有权是指"对物的一般的实际主宰或潜在主宰"③，"是对于物有绝对无限制地使用、收益及处分的权利，但法令所禁止的除外④。"我国《民法通则》第71条规定："财产所有权是指所有人依法对自己的财产享有占有、使用、收益和处分的权利。"油气资源是一种特殊

---

① Svetozar Pejovich. The economics of property rights: towards a theory or comparative systems [M]. Netherlands: Academic Publishers. 1990 (7): 27 - 28.

② 张五常. 中国的前途 [M]. 香港: 信报有限公司, 1989: 176.

③ 引自: 团结出版社 1994 年 1 月版《法学大词典》中罗马法所有权定义。

④ 引自: 光明日报出版社 1988 年 8 月出版，[英] 戴维沃克编撰的《牛津法律大词典》。

的财产，我国《矿产资源法》明确规定油气资源的所有权归国家。也就是说，（1）国家作为特殊民事主体，对我国油气资源行使占有和控制权。（2）国家可以按照油气资源性质和用途加以开发利用，从而实现国家利益。实际上，国家主要是通过出售矿权，由矿权人进行勘查、开发活动，从而达到矿产资源使用的目的。（3）国家获取油气资源使用利益。国家收益主要是通过矿权人经营利益的征缴取得。如《矿法》规定探矿权、采矿权权利人向国家支付费用，准予其占有、使用探矿权、采矿权权利，探矿权、采矿权费用按年度、面积缴纳。如申请由国家出资勘查形成矿产地的探矿权、采矿权，还需交纳矿业权价款，偿还国家作为勘查投资者的权益。另外，国家向采矿权人征收矿产资源补偿费，从而实现对国家所有权和矿业权的经济利益上的保护。如财政部、国土资源部《探矿权、采矿权使用费和价款管理办法》中规定探矿权和采矿权价款以国务院地质矿产主管部门确认的评估价格为依据，一次或分期缴纳；但探矿权价款缴纳期限最长不得超过 2 年，采矿权价款缴纳期限最长不得超过 6 年。探矿权使用费以勘查年度计算，按区块面积逐年缴纳，第一个勘查年度至第三个勘查年度，每平方公里每年缴纳 100 元，从第四个勘查年度起每平方公里每年增加 100 元，最高不超过每平方公里每年 500 元。采矿权使用费按矿区范围面积逐年缴纳，每平方公里每年 1 000 元。（4）国家以所有者的身份变更、消灭或者设定在油气资源上的其他权能。主要表现在，油气资源的行政管理机关对油气资源的规划分配权，决定矿业权的设定、变更和终止。在国家或社会公共利益需要的情况下，国家可以对矿权进行征用。

油气资产产权，也称油气矿权。油气矿权也是一种他物权，它是由矿产资源所有权派生出来的。矿产资源所有权人可以对其拥有的矿产资源的占有、使用、收益和处分的各项权能进行让渡或有偿转让，在这种让渡或有偿转让中则形成各种形态的油气矿权。按照物权理论，油气矿权属于限制物权，即他物权，同时又是用益物权以及不动产物权，即油气矿权是财产权的一种形式，具有明显的资产属性。从产权关系来看，油气矿权是矿产资源所有权的他项权利，属于经营权的范畴。由于矿产资源是一种稀缺的不可再生的耗竭性资源，这种特殊性决定了油气矿权又不是简单意义上的使用权。从采矿活动前后所有权的关系变化来看，在矿产资源处于自然状态时，油气矿权的主体可以为国家或油气矿权人，客体均为矿产资源。随着采矿活动的进行，矿产资源不断转化为脱离自然赋存状态的矿产品，此时的矿产品归油气矿权人所有，矿产资源实物也随之消失。从这个意义上讲，采矿过程实际上是矿产资源所有权逐渐转移的过程。从经济学的角度看，所有权有四项基本权能：占有权、使用权、收益权和处分权，而油气矿权实际上也体现了这四项权能，因此说油气矿权也是约定时间和范围内油气资源的所有权。在此时间范围内油气矿权人对矿产资源享有上述的四项权能。从上述可以看出，油气矿权显然是一种财产权，是一种特殊的商品——要素商品。

油气矿权财产的价值主要通过流转来实现，在流转过程中反映出来的经济关系决定了油气矿权财产收益的分配关系。油气矿权的流转反映出三对基本的经济关系：（1）是国家作为矿产资源的所有者与油气矿权人之间的经济关系，此时国家是特殊的民事主体，与油气矿权人之间是相互平等、等价有偿的关系，国家的主要权利是获得油气矿权收益，主要义务是让渡油气矿权；（2）是国家作为矿产资源的管理者（地矿行政主管部门）与油气矿权人之间的经济关系，这种经济关系是纵向的、强制性的、不平等的，国家的主要义务是颁布油气矿权管理法规、对油气矿权人实施监督管理和对油气矿权收益实施征管等；（3）是油气矿权人之间是平等互利的经济关系，这种关系主要反映在油气矿权流转的二级市场中。体现油气矿权收益及管理的经济关系主要是前两种。在第一种经济关系中，国家体现的是所有权职能，在第二种经济关系中，国家体现的是一种行政管理职能。

3. 油气资源资产所有权关系的形成

经济学上财产权的定义是："财产权规定了人与人之间关于使用物品时的适当关系，以及破坏这些关系时的处罚[①]"。在法学上财产所有权的概念，是根据经济中的所有制确定的，财产所有权具有物权的一切法律特征，它是以标的物的占有、使用、收益和处分为内容的权利。但是从根本上说，把所有权看成物权并不是指所有权关系就是人与物的关系，而是说

---

① ［美］阿兰·兰德尔著，施以正译. 资源经济学［M］. 北京：商务印书馆，1989：147.

物的所有人通过对物质财富的占有和支配而产生的人与人之间的关系。这是研究包括矿产资源产权在内的一切财产关系的切入点和落脚点。

油气资源因其稀缺性和人类的巨大需求而成一国财富的主体之一，油气资源所有权和其派生出来的矿权作为一项财产权是毫无疑问的。《民法通则》是把采矿权作为物权（财产权的一种）处理的。可是长期以来，虽然在理论上从未反对过油气资源所有权和矿权作为财产权的存在，但在实际操作中，却是把它作为一项行政权力看待的，特别是在法律上禁止矿权流动，造成矿权的凝固性，这是行政配置资源的典型特征。虽然从形式上看，地勘单位和矿山企业也可以相对独立地行使探矿权和采矿权，实现了油气资源所有权的分解。但是，这种权利并非是平等人之间通过谈判达成契约取得的，因而其行为必须严格体现所有者的意志，这种权能在一定时限和程度上的分解不可能具有永久性，所有人始终保持着绝对的追索权。这样形成两方面的结果：一方面，由于所有权并无人格化的代表，油气企业可以通过合法程序侵占所有权人——国家和探矿权人——地勘单位的权益；另一方面，油气企业和地勘单位又最易受到具有扩张性质和特征的国家权力的侵害。常常使权利结构转化为权力结构，权力成了权利的表现形式。其结果是消灭了一般意义上所有权，造成矿法初始界定的权利关系产生了"不确定性"，最终导致"所有权失效"。

为解决所有权失效问题，修改后的矿法不仅在第三条规定了"由国务院行使国家对油气资源的所有权"，解决了所有者缺位问题。更重要的是在第五条规定了矿业权需要有偿取得，第六条规定了矿业权可以流动转让，第十九条规定了禁止进入他人矿区采矿，强调了油气资源的排他性收益权和让渡权。根据现代产权理论，这是所有权制度安排中的最重要权利和主要内容。因此说，修改后矿法的这几条抓住了矿业管理体制的主要矛盾，为我国矿业步入市场经济打开了通道。

4. 油气资源资产所有权中的关系

落实油气资源国家所有权与所有权制度安排中的排他性收益权和让渡权，目前把主要着眼点放在当务之急的具体操作方法和程序上是必要的。但一些迫切需要廓清和宣传的理论问题也应引起重视，因为理论上的模糊是造成实际上执法和管理混乱的一个主要因素，如下一些油气资源产权关系问题，迫切需要解决。

（1）油气资源所有权与油气企业采矿权关系问题。从采矿活动前后所有权的关系变化来看，在油气资源处于自然赋存状态时，油气资源所有权与采矿权的主体分别属于国家和采矿权人，客体均为同一油气资源。随着采矿活动的进行，油气资源不断转化为脱离自然赋存状态的油气品，此时的油气品已由国家所有变为采矿权人所有，成为矿山企业（个人）财产所有权的客体。采矿活动不断进行，国家所有权和油气企业采矿权的客体——油气资源，不断转化为油气企业财产所有权的客体——油气品，两个客体此消彼长，直至油气资源开采殆尽。也正是在这个意义上，油气开采活动实际是所有权的逐步转移过程。这个过程是客观存在，并非理论分析的结果。这是采矿权作为一项使用权，与土地使用权的根本不同所在。

从物权理论来看，所有权和采矿权都是物权，因此都属于财产权利，均具有强烈的排他性和独占性。所有权与采矿权是自物权与他物权的关系，后者是由前者派生出来的、并从前者那里取得油气资源使用权从而获得利益的权利，这样就理清了国家和采矿权人的关系。但是从严格意义上讲，采矿权也不是完整意义上的他物权①。正如上述分析的那样，国家所有的油气资源一经采矿权人"使用"，其形态变化成为采矿权人所有的油气品，这与其他的他物权在标的物的最终处分上需要回归所有权人有了根本区别。因此需要重复上面的结论，即采矿权人不仅取得了油气资源的使用、收益权，同时也取得了油气品的所有权。这句话反过来说就是，采矿权人在其法定矿区范围内开采出来的油气品属于其所有，但对其未采出的油气资源，尽管在其开采范围内，仍归所有权人——国家所有。理论上的结论虽然看起来简单，但是在实践中却并非是很容易把握的。

（2）所有权收益与采矿权人收益的关系问题。油气资源所有权是作为自物权，是指作为所有权人的国家依法对属于它的油气资源享有占有、使用、收益和处分的权利。其中的收益权常被认为是国家权益的具体体现。

---

① 江平. 中国矿业权法律制度研究［M］. 北京：中国政法大学出版社，1991：236.

矿业权作为他物权，是油气资源所有人，以稳定地、持续地取得矿业收益为代价，而向矿业权人让渡了自己的油气资源所有权的具体权能，使得矿业权人可以对归国家所有的油气资源行使排他的占有、使用、处分和收益的权利。其中的收益权是矿业权人经营活动的动力。现在的问题是，这两个收益权各自的内涵和关系怎样？通常经济学意义上的收益权是指剩余决定权和剩余索取权。所谓剩余，即生产成果抵消生产成本（含人员工资）后剩下的利益。在油气资源所有者与投资开采者分离的情况下，剩余索取权应作为投资者的回报。只有允许那些创造了利润的人分享（严格地说是占有）利润，这样的经济制度才是有效率的。但是作为采矿权人的经营"剩余"，并非全部是投资者追加资本投入带来的，其中相当一部分正是通过采矿权"使用"国家所有油气资源形成的。因为按照我国矿法规定，国家只是把所有权中的部分权能——矿业权有偿进行出让，并没有发生全部产权（所有权）的永久性让渡，拥有初始界定的资源合法所有权的国家（中央政府）只是经过采矿权这一点上分解了而并非失去了作为一个所有者的权利。因此，采矿权人可以把采矿权而不能把矿区范围内的油气资源作为自己的财产权。所有者将从采矿权人的经营"剩余"中如期收取相应的部分，作为资源消耗后的价值补偿——矿产资源补偿费。这是所有者的权利金。当然，这里收取的"剩余"只能是"相应的部分"，而不是整个剩余索取权。否则，别说是其他经济成分的采矿权人，就是国有矿山也是不干的。由此可以看出，用所有权使用价值和价值形态的分离来解释矿业权改革是多么的不恰当。

我国计划经济下的油气资源以技术管理为主，考察的是油气资源的使用价值，而其作为重要的经济资源所具有的价值的规定性，就相对地被忽视了，油气资源的勘探和开采均是无偿的。在市场经济条件下，油气资源收益的合理分配无疑对促进油气资源的有效利用有着积极的意义。我国自20世纪90年代以来逐步征收了资源税、资源补偿费等。这与以前的油气储量无偿使用相比，可说是一个实质性的进步，是改革管理体制的一个开端。但从目前的收费标准来看，明显地存在着经济手段不力、经济杠杆使用不充分甚至不合理的问题。其根本原因在于，迄今为止在相关理论上还没有获得突破性的成果，实践方面的理论指导不足所致。

（3）国家权力在矿权交易中的定位问题。油气资源国家所有权是通过国家权力强制做出的安排。同时急需要对国家权力予以定位。在地矿行政工作领域，除国家一级出让矿权市场外，提供法律和秩序，保护产权以换取税收和资源补偿费是国家的基本功能。而且在法律上，采矿权虽然是他物权，但他物权一经设立，其行使就有优于所有权的地位，所有权人对所有权的行使，不应该限制他物权的行使。即所有者国家不仅不能妨碍采矿权人行使权利，并有义务保障采矿权人的合法权益。

历来我国将国有油气资源的产权看作是国家主权构成的一部分，是不能参与商品流转过程的。但随着市场经济关系的深化和拓展，资源的产权不能流转已极大地妨碍了对资源的合理开发和利用。承认资源产权的流转性，确立相应的规范，是改革油气资源管理体制的重要内容之一。而油气资源资产产权流转中，如油气矿权拍卖、租赁、招标承包和合作经营等，需要对油气资产产权交易过程中的价值评价，以及油气资产产权转让价格的确定。油气资产价值评估和转让价格的确定是保护油气交易各方利益的重要手段之一，而到目前为止，我们对油气资源资产的价值缺乏足够的认识，没有形成市场机制下健全的资源价值评估理论和实践体系。

7.1.2 我国油气资产产权形态

1. 我国陆上油气资产产权形态

油气资产产权派生于油气资源所有权，既是油气资源所有权的实物载体，又独立于油气资源所有权。它是在油气资源所有权流转中形成的各种权利。油气资产产权是与油气矿权有关的勘探、开发和生产等各种权利。无论在哪个国家，油气矿权权益最初的所有权和相关权益都是合而为一的。由于油气勘探、开发和生产活动的巨大风险以及所需的巨额资金，而石油天然气资源的所有者往往缺乏资金、技术、设备和人力投入这些生产要素的一次或多次，或不愿承担巨大的投资风险，因而需要通过某种安排将经营权益转让出去。同时，经营权益所有者为分担风险、筹措资金或提高经营效率，也会将经营权益再度分割转让。在油气矿权交易流转过程中，油气矿权权益不断被分割，从而形成了复杂的油气矿权形式。

在我国油气资源归国家所有。油气生产企业要想在特定矿区或工作区内勘探和开采一定的矿产资源，即取得矿产品的权利，必须从国家管理部门获得相应的许可。其中勘探一定的矿产资源的权利，称为探矿权；开采一定的矿产资源并取得矿产品的权利，称为采矿权。

我国矿山企业获得探矿权和采矿权的方式有两种：一种是采取招标—审批—登记—发证的方式；另一种是采取申请—审批—登记—发证的方式。

探矿权人和采矿权人通过招标投标方式有偿取得探矿权和采矿权的程序为：登记管理机关依其权限确定招标区块或招标矿区范围、发布招标公告、提出投标要求和截止日期；但是，对境外招标的区块或境外招标的矿区范围由国务院地质矿产主管部门确定。登记管理机关组织评标，采取择优原则确定中标人。以上运作方式根据公平、公开、公正和竞争的市场经济法则加以实施。

采取申请—审批—登记—发证的方式时，矿山企业向登记管理机关提出取得探矿权或者采矿权的申请，由该登记管理机关审查，对符合要求者予以矿权登记，颁发勘查许可证或者采矿许可证。获得探矿权和采矿权的人依法分别缴纳探矿权使用费或采矿权使用费，在申请国家出资勘查并已经探明矿产地的区块的探矿权场合或采矿权场合，还应当分别缴纳经评估确认的国家出资勘查形成的探矿权价款或采矿权价款后，办理登记手续，领取勘查许可证或采矿许可证，成为探矿权人或采矿权人，并履行《矿产资源勘查区块登记管理办法》和《矿产资源开采登记管理办法》中规定的义务。

我国陆上油气企业获得油气勘探权和开采权，勘查石油和天然气矿产的，需经国务院指定的机关审查同意后，由国务院地质矿产主管部门登记，颁发勘查许可证，并且一般采用申请—审批—登记—发证的方式。

2. 国际石油合作形式

在国际油气勘探开发合作项目中，资源国与承包商之间的合作方式主要有租让制和合同制，合同制包括产品分成合同（PSC）、服务合同（servic）

和回购合同（buyBack）等几种，其中油气产品分成合同模式较为普遍，新兴的回购合同模式在中东一些国家得到应用①。

租让合同制模式是国际石油合作中最早使用的一种合同模式，资源国政府的收益主要是承租人交纳的矿区使用费（矿区使用费为油气产量的 1/8 或 1/12 等）和税费，所以又称为矿税制合同。美国是实行矿税制合同模式最具有代表性的国家，英国、挪威、巴基斯坦、秘鲁和阿拉伯联合酋长国等国也使用。

产品分成合同是指资源国拥有石油资源的所有权，政府主管部门或国家石油公司拥有石油勘探、开发、生产、运输和销售的专营权，外国石油公司与资源国政府（或其他国家石油公司）签订合同，在合同区内从事石油勘探、开发和生产作业。外国石油公司需承担勘探干井费用等风险；可以从发现油田投产后的产量的"成本油"部分回收成本，从"利润油"分成中获得利润，并缴纳所得税；用于合同区内石油作业的全部设备和设施通常属资源国所有。产量分成合同起源于 20 世纪 60 年代中期的印度尼西亚，后来，这种合同逐渐被一些石油资源主权国和一些国际石油公司所接受，在 20 世纪 70 年代和 80 年代形成一种较为通用的合同类型。目前，全世界有很多国家和地区的国际石油合作采用这种模式②。

风险服务合同是指外国石油公司提供全部资本，并承担全部勘探和开发风险的合同。如果没有商业发现，外国石油公司为此支出的成本将全部沉没或部分沉没，投资无法收回；如果勘探有商业发现，作为投资回报，资源国政府允许外国石油公司通过出售油气来回收成本，并获得一笔服务报酬。由于外国石油公司对其服务要承担风险，故此而得名③。

回购合同模式下，合同乙方作为总承包商，承担全部油田勘探、开发和建设的先期投资，并为项目运作提供资金、设备、技术、开发方案设计和公司运营管理等全方位服务。在项目投产并移交业主后，总承包商就能在一定时期内，从项目产出原油的部分销售收入中回收经业主审计确认的

① 鄂春江. 中国石油企业海外油气合作模式研究 [D]. 哈尔滨工业大学，2006：31.

② 管东北，王玉伟. 产量分成中的成本回收 [J]. 中国石油企业. 2014 (8)：106 – 109.

③ 漆多俊，沈明宇. 国际石油合作模式演变及合作领域扩张 [J]. 河北法学，2007 (12)：46 – 50.

实际完成付款的投资支出、按照实际投资支出计算的银行利息、按固定内部收益率计算的报酬费、投产后的操作费和技术支持费等费用[①]。这一方式首先由伊朗在 1997 年采用，后被伊拉克采用。

3. 我国国际合作开采中的油气矿权形态

我国海上及国际合作开采中的油气矿权形态与国际上相同，通常油气矿权权益按照权益所有者是否参与经营进行分割，即权益分为非经营权益和经营权益，它们还可以继续分割。非经营权益通常不参与经营，也不承担生产费用，但是却可以获得一定的油气产量。油气资产产权的非经营权益主要形态有矿区使用费权益、保留的或附加的矿区使用费权益、产量支付权益和净利润权益等。经营权益可以是一个企业单独的，也可以是若干企业共同拥有的联合经营权益。

（1）非经营权益。

第一，矿区使用费权益。矿区使用费权益是油气资源的所有者让渡油气的勘探权和开采权，保留从油气生产经营者处获得油气生产经营的成果——油气产量的权益。一般是油气产量的 1/8 ~ 1/12。即油气资源的所有者出租、出让油气资源经营权，自己保留非经营权益的交易。在此种权益结构安排下，油气资源所有者保留的非经营权益也称为基本矿区使用费权益，他不参与生产经营，也不负担生产成本，但可以获得油气产品的权益。

世界大多数国家油气资源属国家所有，但也有一些国家油气资源属于个人所有。在油气资源所有权归国家所有的情况下，油气资源的经营权通常是通过招标授权、招标与合作相结合两种方式。大部分产油国实行的是招标授权这一方式。如埃及、安哥拉、南非、尼日尔、阿联酋、伊朗、阿塞拜疆、吉尔吉斯斯坦、乌兹别克斯坦、智利和白俄罗斯等 30 多个国家。实行授权方式的国家并不多，其中授权方式可以是政府直接授权，也可以是政府部门相应管理机构部长授权，如沙特阿拉伯和马里等国家。

在油气矿权归私人所有的国家，经营权益一般通过租赁取得，如美

---

① 李振，徐岩. 回购合同模式下石油项目财务管理的提升 [J]. 财会月刊，2015（9）：25 –29.

国。但拥有矿区使用费权益的人就其取得的收益缴纳必要的税金。

第二，附加的矿区使用费权益。附加的矿区使用费权益者不参与生产经营，也不负担生产成本，但可以获得油气产品的权益。附加的矿区使用费权益可以是保留的附加矿区使用费权益，也可以是分出的附加矿区使用费权益。

保留的附加矿区使用费权益是原油气资源经营权益者出让油气资源的经营权益，保留非经营权益形成的。

分出的附加矿区使用费权益是经营权益的拥有者为鼓励或补偿有关单位或雇员在石油天然气经营活动中所做出的贡献，从自己经营权益中分割出的一项非经营权益，这种分出的权益属于附加的矿区使用费权益。

第三，产量支付权益。产量支付权益是所有权者在一定时期内取得采出油气产量的一定比例数量或收入的一项非经营权益。产量支付权益同样不参与生产经营，也不负担生产成本，与其他非经营权益不同的是，产量支付权益仅限于一定时期，而不是横跨整个矿区的全部生产期。产量支付权益可以是保留的产量支付权益，也可以是分出的产量支付权益。

保留产量支付权益是油气资源经营权益者出让油气资源的经营权益，保留非经营权益形成的。分出的产量支付权益是指矿区经营权益的所有者因资金需要等原因分给他人的一项非经营权益。

第四，净利润权益。净利润权益的拥有者有权取得石油天然气经营净利润的一定比例份额。该权益的持有者对经营中产生的损失不承担责任，但经营权益的持有者可以从未来经营利润中优先补偿经营中产生的损失。净利润权益安排还可以用来代替基本的矿区使用费权益（一般为近海）。净利润权益可以是保留的净利润权益，也可以是分出的净利润权益。

保留的净利润权益是原油气资源经营权益者出让油气资源的经营权益，保留非经营权益形成的。

分出的净利润权益是经营权益所有者为取得资金等方面的需要，从自己经营权益中分出的一项非经营权益——矿区生产净利润权益。

（2）经营权益。

油气经营权益的所有者可以自己独立负责勘探、开发和生产作业，自己负担成本费用并获得相应的经营利润。但是油气经营权益的所有者也可能为了分散经营风险，提高经营效率或者按照政府规定实施联合经营或者合并经营。具体采取的方式包括联合经营、联营经营和一体化经营等。

第一，联合经营权益。联合经营权益是经营权益的拥有者为补偿有关单位在石油天然气经营活动中所做出资金或技术等贡献，从自己经营权益中分割出一部分，形成多人共同拥有油气经营的权益。在联合经营权益下，有一方（通常是经营权益最大的一方）负责矿物的开发和经营，该方被称为作业者。另一方则需要负担生产成本和费用，并获得生产成果。联合经营可以是为了获得资金、技术和免费钻井等经营目的形成的。

第二，联营经营。联营经营权益是指将两个或两个以上矿区组合起来形成的权益结构。被组合矿区的经营权益的拥有者可能是一个，也可能是多个。通过矿区的组合，经营权益被组合起来，非经营权益也要加以组合。如果经营权益为两方或多方持有，则应通过联合作业协议，将一方指定为作业方。联营既可以是自愿的，也可以是强制的。通常，联营可以提高作业效率。

第三，一体化经营权益。一体化经营权益与联营经营权益相似，也是指两个或多个矿区权益的组合。所不同的是，一体化经营是不同经营权益的结合，且一体化通常发生在生产（开采）开始以后，而联营经营通常发生在开发之前。

由于一体化经营是多个经营权益的组合，一般要指定一方为作业者，负责整个一体化矿区的开发与生产。一体化经营可能是自愿或强迫的方式形成的。为提高作业效率，在二次开采或三次开采时更需要一体化经营。

7.1.3 油气矿权会计理论基础

美国学者哈罗德·德姆塞茨指出：在产权与价值的比较与衡量中，任何资源配置机制，要为社会所接受，都必须解决好两类任务：一是不管资源如何使用，必须充分揭示资源收益的信息；二是必须促使人们认真考虑这些信息。如果经济组织的计量能力很差，报酬与生产力之间只有松散的联系，生产效率将较低，但如果经济组织的计量能力很强，生产效率就较高。当然，油气资产产权会计及其信息既依靠会计部门做出充分揭示与披露，公司所有者与经营者及社会的各个相关方面也需要依靠这类信息做出进一步的决策。因此，现代会计发展的历史渊源都与产权经济的发展密切相关，正如美国著名会计学家瓦茨与齐默尔曼指出的："会计与审计都是产权结构变化的产物，是为监督企业契约签订和执行而产生的。"这表明：会计的发展与产权经济问题的发展关系密切而又历时久远。可以说无论是产权经济对于会计的影响，还是会计对产权经济的贡献都是与生俱来的。产权价值运动决定着财务、会计在市场经济发展中重要地位的确立与不断提升，又决定着它们在市场经济管理控制中的基础性作用。

油气资源矿权会计是通过会计对油气矿权交易进行确认、计量提供信息的过程，油气矿权会计在对产权价值的比较、衡量及反映中所形成的信息是一个完整且相互关联的系统，在宏观意义上有助于国家作为社会管理者和决策者做出投资决策；在微观意义上，油气资产产权会计及其信息是油气生产企业产权主体（利益相关者）进行有关油气资产资源的占有、使用、收益和处置等产权决策的基本依据。从这个角度，油气矿权会计是一种产权管理信息系统，即提供油气资产资源产权界定、优化重组决策相关的信息系统，为油气资产资源产权管理提供有用的信息。

7.2 油气矿权交易导致的会计问题

油气矿权有关研究涉及的最基础性问题之一是油气企业会计信息的提供和使用问题。从前面的分析中，可以看出油气矿权具有特殊性和经营的复杂性，因而也使其会计确认、计量和信息披露较其他一般的企业资产产权的交易会计复杂得多。我国 2006 年 CAS NO. 27《石油天然气开采》对油气矿权的规范较为简单，因此，对比西方国家及国际财务报告准则，对我国油气矿权会计所涉及的确认条件计量模式和会计报告内容等问题加以研究是非常有必要的。

7.2.1 油气矿权会计研究内容

油气矿权会计研究以油气资源行业矿权交易特征为基础，内容包括：

油气矿权、油气矿权资产等概念界定、矿权交易会计确认、会计计量模式选择和会计信息披露模式和内容等基本会计问题。我国油气矿权会计应以我国企业基本会计准则为依据，以油气资源行业特点和国家管理体制为前提，研究相关概念、理论和方法，为 CAS NO.27《石油天然气开采》中有关矿权会计内容的完善提供建议。具体研究主要内容包括：油气矿权概念，油气矿权权益资产和油气成本的确认与计量，油气储量的计量及其报告方式和内容等基本问题。

1. 油气矿权确认与矿区权益转让问题研究

以竞争方式取得油气矿权，即探矿权、采矿权的流转成为各国矿业市场发展的必然。油气资源的勘探与开发存在投入资本数量大，勘探开发周期长以及经营所在地区政治经济不稳定等风险，因此，油气上游企业往往采用合作或联合经营方式，以分散风险。在实践中形成了租出、部分转让权益、产量分成合同等经营模式。我国现有会计准则中关于油气矿权流转形成的油气矿权权益确认、计量与信息披露滞后于会计实务涉及的问题，因而需要对有关的会计科目、确认计量模式和信息披露等方面进行研究，为其会计准则完善提供参考。

2. 历史成本计量模式——成果法和全部成本法

由于对油气勘探、开发过程中的风险认识不同，从而产生了成果法和全部成本法会计模式。2006 年我国 CAS NO.27《石油和天然气开采》对油气矿权支出的资本化问题进行了规定：发现油气探明"经济可采储量的"矿区权益取得支出和探井支出应予以资本化，其他的取得成本和勘探支出予以费用化。即明确了我国的石油和天然气企业在会计处理上只能采用成果法而没有其他"备选方法"。这一规定与中国内外主要石油公司大都采用成果法的事实相吻合。对此方法会计学术界和实务界进行了广泛研究，提出了多种解决问题的方案，认为成果法和全部成本法存在优点的同时存在着各自的缺点，主张建立一套兼容成果法和全部成本法的优点，能够适应中国国情和我国油气行业特点的新的会计确认计量方法。

从前面章节的述叙述可以看出，我国学者研究主要集中在油气成本核算方法优缺点的分析比较、使用条件的分析，鲜有学者就 CAS NO. 27 实施以来的实践状况作实证研究，从实证数据验证油气会计计量的效用。

3. 油气资源资产价值运动中的产权价值确认和计量问题

油气资源资产产权流转中的会计问题是资源资产产权流转中必须解决的问题。油气资源资产产权流转中的会计问题主要是指油气资产产权交易中的会计确认和计量问题，它主要是研究油气资产交易中的收益和成本（费用）的确认与计量问题，也是油气资产产权制度具体安排的组成内容，是对特定油气资产产权制度的执行和维护。

4. 油气资源资产会计信息的揭示问题

油气资产产权会计提供的信息是构建油气资产资源外部性内在化的激励和约束机制的基础（如油气资产效益的补偿机制问题），是油气资产产权会计在界定油气资产产权，保护油气资产产权主体利益方面的功能体现。

7.2.2 油气储量信息披露问题

油气企业经营活动的目标是发现、取得、开发、生产和销售不可再生的自然资源。与其他行业相比，油气及采掘业所拥有的最重要资产是商业可采油气（或矿物）储量。一个企业的业绩在很大程度上取决于其拥有权益的储量和储量所能带来的未来现金流量。会计信息表内披露是以历史成本为基础的资本化的寻找和开发油气储量成本，由于油气储量发现成本与发现储量价值之间不存在密切相关关系，因此，除了用历史成本揭示企业的财务信息外，如何使油气企业会计信息具备"可靠性"和"相关性"，即能够给油气企业带来经济利益的储量信息如何披露，一直以来是学者研究的重点问题。因此，借鉴西方国家会计准则理论与实践，研究储量信息披露内容与模式对于完善我国油气会计准则理论有着重要意义。本节从矿权信息的表内和表外披露、油气储量数量与价值披露和油气储量合并信息披露等方面加以讨论。

1. 表内和表外披露问题研究

油气储量是自然存在于地下的资源，其勘探耗费不是它的生产成本，而仅仅是一种发现成本。资源所处矿区的地质条件、油层分布状况决定了勘探开发成本的多少。按照历史成本原则，用取得费用及部分或全部勘探费用来标志探明油气储量的价值，即用发现成本来承担与发现价值无关的费用，这是一种对油气资产的不恰当的反映，与会计的充分披露和相关性信息质量要求相矛盾。因此，若要准确地揭示企业现时的财务状况，仅仅反映其油气勘探开发的历史成本是不够的。如何解决历史成本计量结果相关性不够的问题是学者研究的重点之一。对历史成本计量油气资产的局限性解决方案学者研究观点主要要三种：一是改变油气资产计量的基础，按价值基础计量。从会计计量理论以及会计准则实践角度，资产以现值计量已经被广泛认可。但是油气资产计量一直以来是学者研究重点，如倡导的储量认可会计，由于储量价值计量方法缺乏客观性，此项研究探讨多，缺乏实践检验。二是在历史成本计量基础上提供数量补充报告；如 2006 年 CAS NO. 27《石油天然气开采》中规定：企业应当分别披露其在国内和国外拥有的油气储量的年初与年末数据。其中对石油天然气储量信息披露的具体要求显然是"非价值——储量数量"披露模式。三是在第二种解决办法的基础上进一步提供补充价值报告。美国的"历史成本 + 储量价值"模式，是目前只在美国被使用的一种以历史成本为基础，"非价值与价值披露相结合"的模式。国际会计准则理事会（IASB）在 2005 年颁布的《矿产资源的勘探与评价》中赞成或倾向于财务报表应以历史成本为基础、采用成果法，并没有将储量数量和储量价值作为补充报告信息。是否应该披露储量信息，是目前学者研究的重要问题。储量信息表外披露各国会计理论与实践仍无共识，学者涉及储量信息相关性实证研究也不多，本研究试图以我国石油企业年度会计信息为基础研究储量信息的相关性问题。

2. 油气储量与储量价值披露问题研究

美国会计准则 SFAS NO. 69 对储量的揭示给予了详细的规定：从储量分类来看，披露企业应在年初和年末对石油和天然气的已探明储量和已开发储量中的权益净额进行报告。这里的"净额"包括与企业在矿区中的作业权益和非作业权益相关的全部储量；按地理区域报告探明储量净额及其变化。即按照企业所属国和每一个外国地理区域分别加以披露；说明下列每一种情况的变化分别列出及适当说明：（1）探明储量原估计数的修正。（2）改进开采技术而增加的探明储量。（3）因购买矿区而增加的探明储量。（4）因扩展和新发现而增加的探明储量。（5）因开采减少的探明储量。（6）出售矿区减少的探明储量要求披露的探明储量净额；液体的储量应以桶为单位，天然气储量应以立方英尺为单位。（7）与储量有关的其他因素的揭示等。对一个企业的探明储量有特殊影响的某些重要经济因素或重大不确定因素，应提供详细说明。

学术界提出了六种储量价值估计方法，即公允价值、净销售价格、现时重置成本、正常经营过程中预期的退出价值、净现值法和标准化计量。从会计理论角度，商业可采储量是未来能够给企业带来经济利益的资源，其价值等于未来现金流量现值。SFAS NO. 69 关于油气生产活动的揭示要求有关探明油气储量的未来净现金流量现值的标准化计量，以标准化的折现率计算储量价值信息，规范了操作方法。我国学者关于油气储量价值计量问题研究大多在理论与方法层面，缺乏实证与实践性研究。

3. 油气储量合并信息披露问题研究

为了控制经营及政治风险，石油企业经营模式日趋复杂，包括控股、合营或联营、租赁、共同控制资产和共同控制经营等。油气企业需要披露合并会计信息，油气探明储量和产量也应是报表合并后的油气探明储量和产量。油气探明储量以及油气产量的合并范围或披露口径成为研究热点之一。CAS NO. 20《企业合并》和 CAS NO. 33《合并财务报表》规定了合并报表合并范围，CAS NO. 27《石油天然气开采》对合并储量信息未进行规范。美国会计准则 SFAS NO. 69 涉及子公司和被投资企业的披露要求：其报告的石油和天然气储量应该包括属于母公司的全部探明储量，以及属于其合并子公司（无论是否被母公司全部拥有）的全部探明储量。如果母公司最终报告的全部储量的大部分数量属于母公司拥有重要少数权益的合并子公司，那么这种情况和这部分储量数量应予以披露。假如企业的财务报表包括了按比例合并的投资，那么企业的储量应该包括按被投资方比例分成的石油和天然气储量净值。假如企业的财务报表包括了按权益法计算的投资，那么在披露储量时不应该包括被投资方的石油和天然气储量净额。但按投资比例计算的，本企业（投资方）所拥有的被投资方石油和天然气储量净额的比例份额，应在年末报表中单独报告。借鉴西方国家合并储量信息披露方式，研究合并储量信息范围，尤其是合营、联营和租赁等经营模式下储量信息范围与口径更为紧迫。

7.2.3　油气开采环境保护成本问题研究

环境保护是国家持续发展的关键，各国都制定法律保护环境。我国《环境法》《海洋环境保护法》《海洋石油平台弃置管理暂行办法》和《矿产资源法》等都规定，开采矿产资源必须遵守有关环境保护法的法律规定，防止环境污染，或拆除相关设施。油气开采影响矿区环境，尤其是近年来油气企业事故对环境的恶劣影响，使人们越来越重视环保设施建设以及经济效益与环境成本的平衡。

CAS NO. 27 规定："企业承担的矿区废弃处置义务，满足 CAS NO. 13《或有事项》中预计负债确认条件的，应当将该义务确认为预计负债，并相应增加井及相关设施的账面价值。不符合预计负债确认条件的，在废弃时发生的拆卸、搬移和场地清理等支出，应当计入当期损益。"可见，我国CAS NO. 27 第一次对矿区废弃活动的会计处理进行规范，具有重要的历史意义。油气井及其设施的废弃清理通常是现行法律法规的最低要求，弃置费用的确认、计量和披露还不能适应人们对油气企业承担环境责任的期望。

环境成本使企业产品成本构成与结构观念发生改变，若以此在财务报告、尤其是在企业利润表项目中反映，对于企业自觉履行社会责任有重要意义，促使企业在经营活动追求利润的过程中应兼顾环境保护的要求。因此，环境成本研究对社会生态环境能够产生积极正效应，解决环境与经济发展协调问题。

根据环境经济学的观点，矿区废弃清理时发生的支出构成环境成本的一部分予以资本化，应由企业承担，并在资产负债表列项反映。

7.3　我国油气矿权会计确认、计量与披露规定

石油公司在对地下矿产进行勘探、钻井和生产之前，必须获得进行这些活动的权利，即首先获得油气矿权。在计划经济时期，我国油气企业通过无偿划拨获得矿业权，矿业权没有价值，也不需要进行会计核算。我国于 1986 年 3 月颁布，并于 1996 年 8 月修订的《矿产资源法》，将无偿开采矿产资源改为"有偿开采"，规定"国家实行探矿权、采矿权有偿取得的制度"，1999 年我国三大石油公司开始改组上市，因而，油气资源的无偿取得和使用变为有偿取得和使用。2006 年财政部颁布的企业会计准则中对油气矿权的确认、计量和信息披露做出规范。油气矿权属于递耗资产，从实质上讲，油气矿权虽然属于无形资产，但其确认与计量却与其他无形资产的确认与计量方法不同。以下将对我国油气矿权取得、油气矿权摊销与减值、油气矿权转让及废弃，油气矿权信息揭示等问题加以分析和探讨。

7.3.1　油气矿权取得的确认与计量

1. 油气矿权确认与计量的条件

资产不仅是企业经营的基础，而且是权益所有者求索的对象；资产不仅是企业收益的基础，而且是企业存在的基本原因之一。资产是企业经营的前提，也是企业收益的来源；是承担企业风险的基础，也是权益求索者的对象。鉴于资产和资产信息的重要性，经济学界和会计学界一直在为其如何界定、计量进行研究，资产作为经济资源，其实质就在于能够给拥有或控制它的主体带来经济利益。

《企业基本会计准则》第二十条规定：资产是指企业过去的交易或者事项形成的、由企业拥有或者控制的、预期会给企业带来经济利益的资源。企业过去的交易或者事项包括购买、生产、建造行为或其他交易或者

事项。预期在未来发生的交易或者事项不形成资产。由企业拥有或者控制的资产，是指企业享有某项资源的所有权，或者虽然不享有某项资源的所有权，但该资源能被企业所控制。预期会给企业带来经济利益，是指直接或者间接导致现金和现金等价物流入企业的潜力。同时，我国企业基本会计准则第二十一条规定：符合本准则第二十条规定的资产定义的资源，在同时满足以下条件时，确认为资产：

（1）与该资源有关的经济利益很可能流入企业；

（2）该资源的成本或者价值能够可靠地计量。

可见必须符合与该资源有关的经济利益很可能流入企业和该资源的成本或价值能够可靠地计量这两个条件才能被确认为资产。

我国《矿产资源法》规定矿区权益是指依法在矿区内取得勘探、开发和生产油气的权利，取得方式主要有以下三种：第一，矿产资源主管部门申请取得，此种方式遵循申请在先的原则，先申请先得；第二，通过招标拍卖挂牌方式竞争取得；第三，通过别的探矿权人转让取得。

我国 CAS NO. 27《石油天然气开采》将油气矿权称为矿区权益①，下面论述中对油气矿权和矿区权益不加区分。准则将油气矿权又分为探明矿区权益和未探明矿区权益。探明矿区是指已发现探明经济可采储量的矿区；未探明矿区是指未发现探明经济可采储量的矿区。探明经济可采储量，是指在现有技术和经济条件下，根据地质和工程分析，可合理确定的能够从已知油气藏中开采的油气数量。由此可见石油企业要进行石油的开采、勘探和加工就必须取得油气矿区的开采权利。

油气企业为了获得油气权益而付出的成本，当其符合资产确认的条件时，即当企业获得的油气矿权可以给企业带来经济利益的流入，付出的成本能够可靠计量时，应将其确认为资产，否则，企业没有付出，或者企业付出不符合资产确认的条件时，就不会形成油气矿权权益，同时，企业付出应当计入当期损益。

---

① 企业会计准则第 27 号第四条规定；企业取得的在矿区内勘探、开发和生产油气的权称为矿区权益。

2. 油气矿权取得及维护成本的确认与计量

油气矿权的取得是指获得某一地质区域里勘探和开发油气的权利，油气矿区的维护则是指在取得某一地质区域油气矿权后，为保持在该区域里油气勘探、开发的权利需要支付费用的行为。我国企业会计准则第 27 号准则规定矿区权益取得和维护应当在发生成本支出时予以确认。具体可分为两种情况：

（1）初始取得矿区权益的会计处理。初始取得矿区权益的支出符合资本化的条件，应当在发生时计入油气资产，即油气资产、矿区权益或未探明矿区权益。取得矿区权益的支出包括申请取得矿区权益支出和购买取得矿区权益支出的处理。

申请取得矿区权益的成本包括探矿权使用费、采矿权使用费、土地予以资本化的成本。企业取得的矿区权益，应当按照取得时的成本进行初始计量。或海域使用权支出、中介费以及可直接归属于矿区权益的其他申请取得支出。

购买取得矿区权益的成本包括购买价款、中介费以及可直接归属于矿区权益的其他购买取得支出。

具体会计处理为：

借：油气资产——矿区权益/未探明矿区权益

　　贷：银行存款等

（2）维护矿区权益支出的会计处理。按照我国资源勘探权法和资源开采权法规定，在矿区权益取得后支付的探矿权使用费、采矿权使用费和租金等维持矿区权益的支出，不符合资本化成本的要求，应当计入当期损益。

具体会计处理为：

借：油气生产成本

　　贷：银行存款等

7.3.2　油气矿权摊销及减值的确认与计量

由于探明矿区权益的摊销在前面第 3 章中的油气资产折耗部分已经述

及，因此，这里只讨论未探明矿区权益的摊销与减值问题。

由于未探明矿区权益给企业带来的利益的巨大不确定性，其价值决定于未来发现的经济可采储量的价值，在其成为探明矿区之前不会被耗减。因此，CAS NO. 27 规定：未探明矿区权益不进行摊销，但是，对于未探明矿区权益应当至少每年进行一次减值测试。

对于未探明矿区权益的减值测试，准则分类规定如下：

单个矿区取得成本较大的，应当以单个矿区为基础进行减值测试，并确定未探明矿区权益减值金额；

单个矿区取得成本较小且与其他相邻矿区具有相同或类似地质构造特征或储层条件的，可按照若干具有相同或类似地质构造特征或储层条件的相邻矿区所组成的矿区组进行减值测试。

未探明矿区权益公允价值低于账面价值的差额，应当确认为减值损失，计入当期损益。未探明矿区权益减值损失一经确认，不得转回。

未探明矿区权益减值的会计处理为：

借：资产减值损失

　　贷：油气资产减值准备——未探明矿区权益减值准备

7.3.3　油气矿权转让及废弃的确认与计量

1. 油气矿权流转中的资产转让特点与形式

油气矿权的价值不在于油气资产本身，而在于其代表的地下油气储量。也就是说，油气矿权的实质是对一定规模和质量的油气资源实施开采的权利。因此，油气矿权的转让实质是油气储量的转让，或油气勘探和开采权的转让。这种转让的风险很大，即使是探明储量，其未来收益也会因产量水平和递减规律等不确定性而难以预料。由此，与一般企业无形资产的转让不同，油气矿权的转让有三种方式：非货币性转让，货币性转让和油气资产的产品支付协议转让。非货币转让形式主要有矿区与矿区的交换、相邻不同矿区的联合经营以及单独矿区部分权益转让导致的联合经营等形式。我国油气会计准则只对油气矿权交易的货币性转让给出了相应的处理。

2. 油气矿权流转中的资产转让的确认与计量

资产转让的核心问题是是否确认损益。一般的非货币性资产转让，无论是转让其使用权还是转让其所有权，都要在转让的同时确认收益，而石油天然气行业矿权流转中收益的确认却不然。见于油气矿权中未探明矿权的不确定性与探明矿权显然不同，因此其转让损益的确认与计量也不同。

我国 CAS NO.27 规定：企业转让矿区的权益分为探明矿权权益和未探明矿权转让。转让探明矿区的权益一般需要确认损益；转让未探明矿区时，当转让全部的单独计提减值的未探明矿权权益，则确认损益，否则，只确认收益，不确认损失。具体规定如下：

（1）转让探明矿权权益。转让全部探明矿区权益的，将转让所得与矿区权益账面价值的差额计入当期损益；转让部分探明矿区权益的，按照转让权益和保留权益的公允价值比例，计算确定已转让部分矿区权益的账面价值，转让所得与已转让矿区权益账面价值的差额计入当期损益。

［例7-1］某石油公司转让了其拥有的 A 探明矿区，其账面原值为1 000 万元，已计提减值准备200 万元，目前账面价值为800 万元，转让所得900 万元。该公司采用产量法计提折耗，截至转让前未对 A 矿区进行开采，因此产量和累计折耗均为0。

该公司应当将转让所得大于矿区权益账面价值的差额确认为收益。相关账务处理如下：

借：银行存款   9 000 000

    油气资产减值准备   2 000 000

    贷：油气资产——矿区权益   10 000 000

        营业外收入   1 000 000

如果转让所得为700 万元，该公司应当将转让所得小于矿区权益账面价值的差额确认为损失。相关账务处理如下：

借：油气资产减值准备   2 000 000

    银行存款   7 000 000

    营业外支出   1 000 000

    贷：油气资产——矿区权益   1 0000 000

[例7-2] 某石油公司转让了其拥有的探明矿区 B 中的 20 平方公里，转让部分的公允价值为 400 万元，转让所得 500 万元。整个矿区 B 的面积为 50 平方公里，账面原值为 1 000 万元，已计提减值准备 200 万元，目前账面价值为 800 万元，公允价值为 900 万元。该公司采用产量法计提折耗，截至转让前未对矿区 B 进行开采，因此产量和累计折耗均为 0。

该公司转让了部分矿区权益，且剩余矿区权益成本的收回不存在较大不确定性，因此应按照转让权益和保留权益的公允价值比例，计算确定已转让部分矿区权益账面价值：

400/900×800＝356（万元）

随转让部分矿区转出的油气资产减值准备：

400/900×200＝89（万元）

相关账务处理如下：

借：油气资产减值准备　　　　　　　　　　　890 000
　　银行存款　　　　　　　　　　　　　　5 000 000
　　　贷：油气资产——矿区权益　　　　　　　　4 450 000
　　　　　营业外收入　　　　　　　　　　　　1 440 000

如果转让所得为 300 万元，相关会计处理如下：

借：油气资产减值准备　　　　　　　　　　　890 000
　　银行存款　　　　　　　　　　　　　　3 000 000
　　营业外支出　　　　　　　　　　　　　　560 000
　　　贷：油气资产——矿区权益　　　　　　　　4 450 000

（2）转让单独计提减值准备的未探明矿区权益。转让单独计提减值准备的全部未探明矿区权益的，转让所得与未探明矿区权益账面价值的差额，计入当期损益。转让单独计提减值准备的部分未探明矿区权益的，如果转让所得大于矿区权益账面价值，将其差额计入当期收益；如果转让所得小于矿区权益账面价值，以转让所得冲减矿区权益账面价值，不确认损失。

[例7-3] 某石油公司转让未探明矿区 C，其账面原值为 100 万元，已计提减值准备 30 万元，目前账面价值 70 万元，转让所得 90 万元。

该公司转让全部未探明矿区权益 C，应当将转让所得大于矿区权益账面价值的差额确认为收益。相关账务处理如下：

借：油气资产减值准备 300 000
　　银行存款 900 000
　　贷：油气资产——矿区权益 1 000 000
　　　　营业外收入 200 000

如果转让所得为 60 万元，该公司应当将转让所得小于矿区权益账面价值的差额确认为损失。相关账务处理如下：

借：油气资产减值准备 300 000
　　银行存款 600 000
　　营业外支出 100 000
　　贷：油气资产——矿区权益 1 000 000

[例7-4] 某石油公司拥有的一个未探明矿区，面积 50 平方公里，其账面原值为 1 000 万元，已计提减值准备 200 万元，目前账面价值为 800 万元。

（1）该公司转让矿区中的 20 平方公里，转让所得为 700 万元。

因转让所得（700 万元）小于矿区的账面价值（800 万元），故该公司应将转让所得冲减被转让矿区权益账面价值。相关账务处理如下：

借：银行存款 7 000 000
　　贷：油气资产——矿区权益 7 000 000

（2）如果该公司转让矿区剩下的 20 平方公里，转让所得为 400 万元。

该公司转让部分矿区权益的所得大于该未探明矿区权益的账面价值（100 万元），应将其差额计入收益。相关账务处理如下：

借：油气资产减值准备 2 000 000
　　银行存款 4 000 000
　　贷：油气资产——矿区权益 3 000 000
　　　　营业外收入 3 000 000

（3）转让以矿区组为基础计提减值准备的全部未探明矿区权益。

转让以矿区组为基础计提减值准备的全部未探明矿区权益，如果转让所得大于矿区权益账面原值，将其差额计入当期收益；如果转让所得小于矿区权益账面原值，以转让所得冲减矿区权益账面原值，不确认损失。转让该矿区组最后一个未探明矿区的剩余矿区权益时，转让所得与未探明矿区权益账面价值的差额，计入当期损益。

[例7-5] 某石油公司拥有的未探明矿区 D_1 和 D_2 在进行减值测试时构成一个矿区组。其中 D_1 矿区权益账面原值为1 000万元，D_2 矿区权益账面原值为2 000万元，矿区组已计提减值准备600万元，目前矿区组账面价值为2 400万元。该公司转让矿区 D_1，转让所得1 100万元。

转让所得大于未探明 D_1 矿区权益的账面原值，该公司应将其差额确认为收益。相关账务处理如下：

借：银行存款　　　　　　　　　　　　　　　11 000 000

　　贷：油气资产——矿区权益（未探明矿区 D_1）　10 000 000

　　　　营业外收入　　　　　　　　　　　　　　1 000 000

如果转让所得为900万元，转让所得小于未探明 D_1 矿区权益的账面原值，该公司应将转让所得冲减矿区组权益的账面价值。相关账务处理如下：

借：银行存款　　　　　　　　　　　　　　　9 000 000

　　贷：油气资产——矿区权益（未探明矿区 D_1）　9 000 000

（4）转让部分未探明矿区权益、且该矿区权益以矿区组为基础计提减值准备。

根据油气会计准则，如果转让所得大于该未探明矿区权益的账面原值，企业应将其差额计入当期收益；如果转让所得小于该未探明矿区权益的账面原值，企业应将转让所得冲减该矿区的账面原值，冲减至零为止。

[例7-6] 某石油公司拥有的未探明矿区 F_1 和 F_2 在进行减值测试时构成一个矿区组。其中 F_1 账面原值1 000万元，F_2 账面原值为2 000万元，矿区组已经计提减值准备600万元，矿区组账面价值为2 400万元。2015年4月和10月分别转让矿区 F_1 的一部分，10月将整个 F_1 转让完毕。

第一，4月，转让所得为500万元。

转让所得小于 F_1 的账面原值，该公司应将转让所得冲减 F_1 矿区的账面原值。相关账务处理如下：

借：银行存款　　　　　　　　　　　　　　　5 000 000

　　贷：油气资产——矿区权益（未探明矿区 F_1）　5 000 000

第二，10 月，如果转让所得为 600 万元。

转让所得已经大于 F_1 的账面原值，该公司应将其差额计入收益。相关账务处理如下：

借：银行存款　　　　　　　　　　　　　　　　6 000 000

　　贷：油气资产——矿区权益（未探明矿区 F_1）　5 000 000

　　　　营业外收入　　　　　　　　　　　　　　1 000 000

第三，10 月，如果转让所得为 400 万元。

F_1 被全部转让，该公司应将 F_1 矿区的账面原值冲减至 0，但是不确认损失。相关账务处理如下：

借：银行存款　　　　　　　　　　　　　　　　4 000 000

　　矿区权益减值准备——矿区组　　　　　　　1 000 000

　　贷：油气资产——矿区权益（未探明矿区 F_1）　5 000 000

3. 矿区权益废弃的确认与计量

石油天然气企业未探明矿区因最终未能发现探明经济可采储量而放弃的，应当按照放弃时的账面价值转销未探明矿区权益并计入当期损益。因未完成义务工作量等因素导致发生的放弃成本，计入当期损益。

7.3.4　油气矿权信息揭示

油气企业生产活动会计信息揭示的内容、形式和范围与普通制造业不同，所以应由特殊会计准则来规范。我国油气生产公司目前的信息披露方式，对国内信息使用者按我国《企业会计准则》的标准进行。我国石油天然气准则制定中，油气矿权会计信息披露应是研究讨论的重要问题之一。

我国石油天然气开采准则要求企业应当在附注中披露的油气矿权会计信息包括：

（1）拥有国内和国外的油气储量年初、年末数据。其中油气储量包括母公司和子公司的全部储量、合营油气储量的份额。

（2）当年在国内和国外发生的矿区权益的取得、勘探全部支出。

（3）探明矿区权益的期末金额、累计折耗金额和减值准备金额。

（4）探明矿区权益累计折耗金额和减值准备的计提方法。

7.4　油气矿权会计的国际比较

这一节将介绍美国和国际有关准则中关于油气矿权确认、计量与披露方面的有关规定，并与我国油气矿权会计进行比较和分析，以利于我国油气矿权会计的完善。

7.4.1　国际油气矿权会计有关规定

1. 油气矿权取得及其确认与计量

美国油气会计准则规定：油气矿权的取得可以通过租赁、购买矿产权益或通过购买收费权益来获取。用收费权益购买的矿区意味着取得了超越矿产权益的地面权利和破产权益。矿区取得成本具体的处理方法是：取得矿区时所发生的矿区取得成本暂时予以资本化，记入"未探明矿区"账户。当日后没有发现具有商业开采价值的油气储量时，再作为费用予以核销；若日后发现了具有商业开采价值的资源时，再转入"探明矿区"账户。当矿区开始实施开采时，将取得成本按一定方法折耗进入生产成本。

国际财务报告准则（IFRS NO.6）规定，企业应按照取得的资产性质，将勘探与评价资产分为有形资产和无形资产（例如，钻井权）两类，并按照国际会计准则第 38 号（IAS NO.38）《无形资产》的规定，确认资产价值。

2. 油气矿权摊销及减值的确认与计量

美国 SFAS NO.19 规定，资本化的探明矿区取得成本的摊销方法，通常使用单位产量法；资本化的未探明矿区取得成本不计算摊销，未探明矿区应定期评估，确定是否出现减损。成果法下，石油天然气企业辅助设备设施使用折旧方法、探明矿区取得成本（油气资产）使用折耗方法，而对企业拥有的其他公司非经营权益则予以摊销，像无形资产一样，在使用年限内系统地分摊其取得成本金额。

国际财务报告准则及国际会计准则规定：石油天然气矿权作为企业的一项无形资产，无形资产应在其使用年限的最好估计内系统地摊销。摊销应自无形资产可利用之日起开始。随着体现在无形资产中的经济利益为企业所消耗，该资产的账面金额应予减少，以反映这种消耗。这可以通过在无形资产的使用年限内系统地将其成本或重估值（扣除残值）摊销为费用来实现。资产的公允价值或可收回金额是否将增加，不影响对无形资产进行的摊销。在确定无形资产的使用年限时，需要考虑的多项因素有：（1）企业对该资产的预期使用情况，以及资产是否可能有效地由另外的管理小组管理；（2）该资产通常的生产寿命周期，以及有关以类似方式使用的类似资产的使用年限估计的公开信息；（3）技术、工艺或其他方面变得过时；（4）该资产经营的行业的稳定性和资产生产的产品或劳务的市场需求变化；（5）现在或潜在的竞争者预期采取的行动；（6）为从该资产获得预期未来经济利益并保持公司稳定所要求的维护支出的水平，以及达到这个水平的预算；（7）对该资产的控制期限，以及对该资产使用的法律或类似限制，如相关租赁合约的到期日；（8）资产的使用年限是否依赖于企业其他资产的使用年限。对无形资产使用年限的估计，随着使用年限的增加而变得不可靠。该准则采用了一项假定，即无形资产的使用年限不可能超过4年。在极少的情况下，可能存在令人信服的证据表明某项无形资产的使用年限是一个长于20年的特定期间。在这些情况下，使用年限通常不超过20年的假定应予反驳，而且企业：（1）应在其使用年限的最好估计内摊销该无形资产；（2）至少应每年对该无形资产的可收回金额进行估计，以确定是否发生了减值损失；（3）披露假定为何应予反驳的原因，以及在决定该资产使用年限时起重要作用的各项因素。

国际会计准则规定当资产的可收回价值小于其账面价值时，资产的账面价值应减计至可收回价值，减计的价值即为资产减值损失。资产减值损失应在损益表中确认为一项费用，除非根据其他国际会计准则，例如，根据国际会计准则 IAS NO. 16《固定资产》中允许选用的会计处理方法，该资产是以重估值计量。根据该项国际会计准则，重估资产减值损失应作为重估价值降低进行处理。重估资产的减值损失应在损益表中确认为一项费用。但是，在重估资产减值损失没有超过该资产的重估价准备的范围内，减值损失直接贷记重估资产减值准备。如果减值损失的估计数超过相关资产的账面价值，当且仅当其他国际会计准则有要求时，企业应确认负债。在确认该项资产减值损失后，资产的折旧（摊销）费用应在未来期间予以调整，以便在资产剩余使用期限内，在系统的基础上摊销已调整资产的账面价值扣除其残值（如果有的话）后的金额。

3. 油气矿权转让与废弃的确认与计量

美国 SFAS NO.19 规定，某些交易，有时称为转让，实际上是以现金或等价物偿还的借款。在下列转让类型中转让交易时不应认可损益：（1）出售拥有权益的一部分，剩余权益相应的成本能否收回很不确定。（2）出售拥有权益的一部分，出售者对将来的作业负有很大的义务和责任。如转让未探明矿区资产中的作业权益，保留非作业权益，以换取受让者在矿区进行钻井、开发和作业。在这种情况下，出让者不应该认可损益，出让者的原始权益成本应该成为保留权益的成本。未探明矿区资产中的一部分作业权益，可以通过达成协议进行转让，称为结转权益，受让者同意支付全部钻井、开发和作业费用，除了任何第三方权益之外，受让者有权取得该矿区全部产量的收入，直到其全部成本收回为止。

SFAS NO.19 规定，探明矿区资产中一部分权益的销售，或者探明矿区资产的全部权益的销售应该作为资产销售处理，并且应该认可损益。如以现金销售探明矿区财产中的作业权益，同时保留非作业权益，应该作为资产销售处理，也应该认可发生的任何损益。另外，对于保留产量支付权益的探明矿区资产的销售，只有当取得规定份额的矿区产量时才表示为固定数额的应付款，矿区财产的购买者应承担未来发生的矿区作业成本。

4. 油气矿权信息揭示

美国油气矿权信息揭示要求比较简单，是与其他油气资产披露一起做出规定的。如美国 SFAS NO. 69 要求中有重大石油和天然气生产活动的股票上市公司，在其年度报告中应揭示的补充资料中包括油气矿权内容是：揭示企业"发生在矿区取得、勘探和开发活动时的成本"。[①]

美国 SFAS NO. 19《石油和天然气生产公司的财务会计与报告》要求石油天然气公司期末会计报告对有关特殊资产进行补充揭示，其中包括与油气矿权有关的内容有"资本化成本的原值与净值"。[②]

美国 SFAS NO. 19 规定矿权的转让应该揭示储量变化情况。

7.4.2 中外矿权会计的比较

1. 矿区权益定义的比较

在矿区权益的定义上，美 FASB 现行会计准则认为：矿产权益包括所有权、租约、特许权或其他一些根据权益转让条款所获得的开采油气资源的权益，也包括矿费权益以及企业与外国政府或权力机构签订的一些协议中所规定的权益。例如，企业根据协议的规定，可以参加矿产资源的开采作业或作为储量的开采者。而我国会计准则认为：矿区权益是指企业取得的在特定区域内勘探、开发和生产油气的权利。

2. 矿区权益取得会计的比较

在矿区取得上，我国与美国准则基本一致，即都认为为取得矿区而发生的支出应在发生时予以资本化，这些支出包括购买或以其他方式取得矿区权益的费用。IFRS NO. 6 将勘探权的取得成本作为"矿产资源勘探与评价资产"成本的一部分，并根据取得资产的性质分为无形资产

---

① 美国 FASB 第 69 号文件要求中有重大石油和天然气生产活动的股票上市公司，在其年度报告中应揭示下列项目的补充资料：（1）探明储量数量资料；（2）有关石油和天然气生产活动的资本化成本；（3）发生在矿区取得、勘探和开发活动时的成本；（4）石油和天然气生产活动的经营成果。同时，还要求公开上市或非公开上市公司揭示用于核算石油和天然气生产活动的核算方法以及资本化成本的处理方式。

② 美国财务会计准则委员会颁布的 19 号会计文件"石油和天然气生产公司的财务会计与报告"要求石油天然气公司期末会计报告对有关特殊资产进行补充揭示，内容包括：储量变动情况、资本化成本的原值与净值及石油和天然气生产活动分阶段发生的成本。

（例如，钻井权）和有形资产（例如，运输工具和钻机）。我国 CAS NO.27 和美国油气会计准则认为，为取得矿区而发生的支出应在发生时予以资本化，这些支出包括购买或以其他方式取得矿区权益的费用。我国 CAS NO.27 还规定矿区权益取得后发生的探矿权使用费、采矿权使用费和租金等维持矿区权益的支出计入当期损益。此外，我国的矿区权益不属于无形资产准则中规范的范围，CAS NO.6《无形资产》规定："石油天然气矿区权益，适用《企业会计准则第 27 号——石油天然气开采》"。可见，虽然矿区权益属于无形资产，但其确认与计量却与其他无形资产的确认与计量方法不同。

3. 矿区权益摊销与减值的比较

（1）矿区权益摊销的比较。关于探明矿区权益的摊销，我国和美国准则都规定可采用单位产量法进行摊销，摊销应按单个矿区或具有相同或类似地质特征或地层条件的集合体计算。但美国准则同时规定，当企业取得相当数量的矿区，且单个的取得成本不大的开采权益时，可将这些开采权益作为一个集合，而不必考虑其地质结构特征或地层条件的统一性。同时，美国准则规定摊销可按产量法外的方法计算，而我国会计准则明确指出，除产量法外，可采用使用年限法计算摊销。

国际 IFRS NO.6 没有明确规定矿区权益的折耗如何处理，但规定勘探与评价资产确认后应进一步分类为有形资产和无形资产两类，矿区权益的主要组成部分勘探权的取得支出，被分类为无形资产，按照《国际会计准则第 38 号——无形资产》（简称"IAS NO.38"）的规定，无形资产在有效使用年限内平均摊销。我国 CAS NO.27 和美国油气准则都规定可采用单位产量法进行摊销，摊销应按单个矿区或具有相同或类似特征或地层条件的集合体计算。

（2）矿区权益减值的比较。对未探明矿区的减值测试，美国准则规定应定期评估以确定是否遭受损失，并列举了几种可能遭受损失的情况。我国油气准则则规定应每年进行一次减值测试。对减损的确认，美国准则规定可通过评价备抵账户或通过矿区的摊销来实现，而我国油气会计准则则规定将公允价值低于账面价值的差额确认为减值损失。当未探明矿区转为探明矿区后，美国准则规定已确认的减损矿区的净值应划为探明矿区或对摊销储量的总的取得成本重新划分，而我国准则规定应按照账面价值转为探明矿区权益。

关于矿区权益的减值，国际 IFRS NO.6 是对全部矿产资源勘探与评价资产而言，包括矿区权益在内，不单独对矿区权益的减值进行规定。同时，IFRS NO.6 对矿产资源勘探与评价资产减值的确认与计量、列报和披露分别按照不同的准则进行，其中对矿产资源勘探与评价资产减值的确认按照 IFRS NO.6 的规定进行评估，并列举了减值评估的 4 条标准，而对所有已形成的减值损失的计量、列报并披露则按照 IAS NO.36《资产减值》执行。而我国 CAS NO.27 则规定将公允价值低于账面价值的差额确认为减值损失。

4. 矿区权益转让与废弃的比较

（1）矿区权益转让的比较。关于矿区权益的转让，我国和美国都将权益分为探明矿区和未探明矿区，并进一步细分为权益全部转让和部分转让，对转让中的货币性转让的会计处理做出了完全一致的规定。一般是将转让所得与矿区（或部分探明或未探明矿区）权益账面价值或原值之间的差额确认为损益或只确认利得。只是美国的准则更为详细，除上述规定外，还包括了非货币性转让的涵义与范围的确认及相关事例、不能确认收益或损失的情况以及一些特殊类别的转让的会计处理等内容。

关于矿区权益的转让，国际 IFRS NO.6 未做出明确规定，但规定矿区勘探权取得支出分类为无形资产后，按照 IAS NO.38 的规定，无形资产转让所得价款与该无形资产的账面价值之间的差额计入当期损益。

（2）矿区权益废弃的比较。我国企业会计准则规定未探明矿区因最终未能发现探明经济可采储量而放弃的，应当按照放弃时的账面价值或原值转销未探明矿区权益并计入当期损益。因未完成义务工作量等因素导致发生的放弃成本，计入当期损益。而美国对矿区权益的废弃处理规定废弃资产应该全部摊销，其成本计入累计折旧，折耗或摊销，当一个单独矿区或一个矿区组的最后一口井停止生产，整个矿区或矿区组废弃时应该认可损益。当放弃或废弃未探明矿区，或认为其没有价值，与其相关的资本化取得成本应该冲销相关的已经提取的减损备抵。由此可见我国与美国对矿区权益废弃的处理是不同的。

关于矿区废弃的会计处理，我国 CAS NO. 27 要求企业确定对矿区废弃义务要承担的责任，且为此而发生的将来可能支付的废弃支出，有两种处理方法：一是当企业承担的矿区废弃义务符合 CAS NO. 13《或有事项》中预计负债确认条件的，应当将义务确认为预计负债，并相应地增加井和相关设施的账面价值；二是该义务不符合确认条件的，将矿区废弃时发生的支出计入当期损益。美国油气准则与我国 CAS NO. 27 的规定基本一致，只是美国还规定企业承担的资产废弃义务符合或有事项确认条件的，可以将其在每个会计期间分别预计负债和油气资产折耗与摊销费用。

7.5　研究结论及建议

7.5.1　研究结论

1. 未探明矿区减值规定难以实施

我国油气会计准则规定，未探明矿区权益公允价值低于账面价值的差额，应当确认为减值损失，计入当期损益。未探明矿区权益减值损失一经确认，不得转回。

但是未探明矿区公允价值的获得是非常困难的。公允价值是指在公平交易中，熟悉情况的交易双方自愿进行资产交换或债务清偿确定的金额。通常其价值确定通过三种方式确定：（1）存在活跃市场的资产公允价值以资产自身或相同资产在活跃市场中的报价或交易价格为基础确定；（2）不存在活跃市场，但是类似资产有交易市场的，采用相同环境下同类资产的市场价格确定；（3）既不存在活跃资产市场，也没有同类资产的市场的，可采用该项资产未来现金流量折现的方法确定。对于油气矿权中的未探明矿区，这三种方式均不适合。未探明矿区几乎是没有交易的，矿区自身和类似矿区根本没有市场或报价可以参考，甚至类似的矿区也非常难找到，寻找中可能还需要做大量的评估。同时，未探明矿区由于并不知道其地下可能的储量，因此，未来现金流量也是无法确定的。

在无法确定公允价值的情况下，将未探明矿区权益公允价值与账面价值比较来确定其减值，实施几乎是不可能的。对未探明矿区进行估值是一项特殊的资产评估工作，在收益现值途径和市场比较途径都是不可行的情况下，采用什么方法对其价值进行估算尚且值得研究。

2. 矿区权益废弃确认与计量的规定是粗线条的

我国准则规定：石油天然气企业未探明矿区因最终未能发现探明经济可采储量而放弃的，应当按照放弃时的账面价值转销未探明矿区权益并计入当期损益。因未完成义务工作量等因素导致发生的放弃成本，计入当期损益。同时规定，未探明矿区权益在单个矿区取得成本较小且与其他相邻矿区具有相同或类似地质构造特征或储层的条件下，可按照若干具有相同或类似地质构造特征或储层条件的相邻矿区所组成的矿区组进行减值测试。

但是，未探明矿区如果是单独计提减值的，其账面价值是清晰明确的，可以以未探明矿区放弃时的账面价值转销未探明矿区权益，但是当未探明矿区以组为基础计提减值时，因无法确定其计提的减值准备，因此其账面价值并不明确。

3. 对于非货币油气矿权转让的会计确认与计量并没有做出规定

我国油气会计准则中只对油气矿权的货币性转让做出了会计处理，对于油气矿区的非货币转让则并没有做出规定。鉴于油气勘探、开发的风险大于一般的企业经营，因而在国际油气勘探开发中，未探明的非货币转让也是非常普遍的。并且随着我国油气企业对外合作的增加，我国油气生产企业也必然会面临这样的问题。

4. 油气实务中关于油气矿权会计信息揭示也需要细化

我国三大石油公司油气会计信息揭示中是将油气矿权取得勘探和开发活动的成本合并披露的，没有专门的油气矿权取得成本支出信息。

7.5.2　完善我国油气矿权会计的建议

1. 我国油气矿权会计理论与实务将国际惯例与我国国情结合

（1）我国油气矿权会计准则与实务与国际惯例基本趋同。会计准则国际趋同已成定势，随着美国证券交易委员会（SEC）对美国会计准则与国际财务报告准则趋同日程表的提出和运行，世界主要经济体和主要会计主体将更多地采用国际财务报告准则。

从我国油气矿权会计的中外比较可以看出，我国油气矿权会计在矿权取得、计提折耗、计提减值、矿区权益转让与废弃、油气矿权会计信息披露的要求基本一致。

从我国三大石油公司油气矿权会计信息披露实务与国际财务报告准则趋同程度的检验可以看出，趋同度在 $0.739 \sim 0.856$ 之间，趋同比较高。其中中海油公司数值最大，趋同度也最高。

（2）我国油气矿权会计既考虑了国际惯例，也结合我国的国情。我国CAS NO. 27《石油天然气开采》制定中，既考虑了我国国情，又尽可能遵循国际惯例。例如，我国油气矿权会计的折耗与摊销采用的国际通用的产量法和我国惯用的年限平均法结合。

通过比较可以看出，CAS NO. 27 主要是借鉴了美国的油气准则，单独规定了与矿区权益相关的会计处理，较为全面、系统，具有较强的可操作性，但是，我国 CAS NO. 27 在矿区取得、转让等相关交易方面的规定仍有不足，需要加以修订与完善。

2. 增加油气矿权信息披露说明

我国油气会计应在油气矿权信息披露上应详细披露：

（1）增加未探明矿区的计价方法及减值准备的计提方法。

（2）增加油气资产减值迹象判断标准。油气生产与一般工业生产大为不同，仅仅依据一般资产减值迹象来判断油气资产是否发生减值是不够的，但是 CAS NO. 8《资产减值》和 CAS NO. 27 都没有油气资产特殊减值迹象的规定。对此我们可以参照 IFRS NO.6 增加典型的减值迹象，比如主体在特定区域的勘探权将到期并且未预期续约等。

3. 拓展矿区权益会计处理范围

当前在矿产资源会计处理上有美国 FASB 的油气准则和 IFRS NO.6 准则。为节约准则制定成本和制度变迁成本，我国在矿产资源会计准则修订立项阶段应有战略性的把握，明确准则趋同方向。IASB 在制定了 IFRS NO.6 之后，积极同美国 SFAS NO.13 协调合作，借鉴美国的油气准则体系，对矿产资源采掘业的开发、开采和废弃等问题进行深入研究，并计划进一步修订原有准则或制定新准则。我国油气准则较多地是借鉴美国油气准则制定的，因此应在将来追踪 IASB 的研究动态，借鉴国际会计准则，在充分的理论研究基础上将我国油气准则应用范围扩展到整个矿产资源采掘业，并拓展矿区权益会计处理范围。

4. 加强油气矿权会计研究

现阶段，还需要加强对于油气矿权理论及方法的研究，内容包括未探明区减值估算的方法和条件；非货币油气矿权转让的处理及其与其他会计准则的协调等。

对于未探明区减值估算的方法，在收益现值途径和市场比较途径都是不可行的情况下，研究是否采用重置成本途径还是参照美国油气会计准则考虑减值的条件确定减损百分比。研究未探明矿区减损具体应该如何实施，包括对未探明矿区的效用或功能衰减状况进行估计的方法等；未探明矿区是否已减损的条件应该包括矿区或相邻矿区的勘探资料（如在该租赁矿区或相邻的租赁矿区是否已钻有干井，或是否获得了一些增加否定的地质和地球物理信息）、在未探明矿区是否有其他的公司计划钻井、未探明矿区矿权还有多长时间到期等。未探明矿区减损估算是困难和主观的。

对于油气矿区的非货币性转让需要进一步研究的问题包括是否应该遵循我国非货币性资产转让准则，对于不符合非货币性资产转让条件的，应如何分类，应遵循什么的原则进行会计处理等。

此外，还应加大我国油气储量信息揭示的研究，尤其是实证研究。从国际财务报告准则的标准趋同到实务趋同，我们需要大量的研究数据作为我国准则修改的依据，使我国油气储量信息的披露更加完善，更适宜投资者使用。

本章参考文献

［1］刘松，李志宏．油气储量资产市场交易［J］．石油企业管理，2000（3）：39－40．

［2］赵宏军，陈艳芳，祝道平．2001～2015年全球油气上游并购特点及趋势分析［J］．国际石油经济，2016（5）：73－77．

［3］E. G. 菲吕博腾，配杰威齐等．产权与经济理论：近期文献的一个综述，财产权利与制度变迁［M］．上海：上海人民出版社，1991：204．

［4］Svetozar Pejovich. The economics of property rights towards a theory or comparative systems［M］．Netherlands：Academic Publishers. 1990：27－28．

［5］［美］阿兰·兰德尔著，施以正译．资源经济学［M］．北京：商务印书馆，1989：147．

［6］［英］P. 阿贝尔．劳动——资本合伙制：第三种政治经济形式［A］．见孙铮，姜秀华．国企改制与财务会计——来自国际的经验和借鉴［M］．上海：立信会计出版社，2000：196．

［7］张五常．中国的前途［M］．香港：信报有限公司出版，1989：176．

［8］江平．中国矿业权法律制度研究［M］．北京：中国政法大学出版社，1991：236．

［9］管东北，王玉伟．产量分成中的成本回收［J］．中国石油企业，2014（8）：106－109．

［10］漆多俊，沈明宇．国际石油合作模式演变及合作领域扩张［J］．河北法学，2007（12）：46－50．

［11］李振，徐岩．回购合同模式下石油项目财务管理的提升［J］．财会月刊，2015（9）：25－29．

［12］龚光明．油气会计准则研究［M］．北京：石油工业出版社，2002（8）：22－25．

［13］龚光明．会计政策选择：理论逻辑与经济后果［J］．会计研究，2004（7）：15．

［14］龚光明．油气资产会计论［M］．北京：石油工业出版社，2002（5）：33．

［15］林金高．石油天然气会计问题研究［M］．大连：东北财经大学出版社，

2002：150－156.

［16］中华人民共和国财政部．企业会计准则第 27 号——石油天然气开采．企业会计准则 2006［M］．北京：经济科学出版社，2006：91－93.

［17］财政部会计司编写组．企业会计准则讲解，第二十八章——石油天然气开采［M］．北京：人民出版社，2007：426－433.

［18］周海涛，张自伟．我国矿区权益会计处理国际比较分析［J］．商业会计，2008（22）：12－14.

［19］党红．关于石油天然气会计研究的最新进展及其启示［J］．会计研究，2005（10）：77－81.

［20］王爱东．对石油天然气会计准则的几点理解［J］．财务与会计（综合版），2008（5）：51.

［21］国际会计准则理事会．国际财务报告准则第 6 号——矿产资源的勘探与评价［J］．会计研究，2004（12）：12.

［22］王国梁译．石油天然气会计学基础［M］．北京：石油工业出版社，1997：369－390.

［23］吴杰．美国石油天然气会计准则的发展历史及启示［J］．会计研究，2000（12）：16－18.

［24］龚光明，薛西武．油气资产转让：受让方会计［J］．中国石油大学学报（社会科学版），2004（5）：23－25.

［25］旷晶．石油天然气矿区权益会计处理探讨［J］．财会通讯（综合版），2006（12）：30－34.

图书在版编目（CIP）数据

我国石油天然气会计研究／杨惠贤著．—北京：经济
科学出版社，2016.12
ISBN 978 – 7 – 5141 – 7538 – 7

Ⅰ.①我…　Ⅱ.①杨…　Ⅲ.①石油工业 – 工业会计 –
研究 – 中国②天然气工业 – 工业会计 – 研究 – 中国
Ⅳ.①F407.226.72

中国版本图书馆 CIP 数据核字（2016）第 299964 号

责任编辑：张　频
责任校对：隗立娜
技术编辑：李　鹏

我国石油天然气会计研究

杨惠贤　著

经济科学出版社出版、发行　新华书店经销
社址：北京市海淀区阜成路甲 28 号　邮编：100142
总编部电话：010 – 88191217　发行部电话：010 – 88191540
网址：www. esp. com. cn
电子邮箱：esp@ esp. com. cn
天猫网店：经济科学出版社旗舰店
网址：http://jjkxcbs. tmall. com
北京季蜂印刷有限公司印装
710×1000　16 开　18 印张　280000 字
2016 年 12 月第 1 版　2016 年 12 月第 1 次印刷
ISBN 978 – 7 – 5141 – 7538 – 7　定价：45.00 元
（图书出现印装问题，本社负责调换。电话：010 – 88191510）
（版权所有　翻印必究　举报电话：010 – 88191586
电子邮箱：dbts@ esp. com. cn）